Der gerettete
SCHATZ DER ARMENIER
aus Kilikien

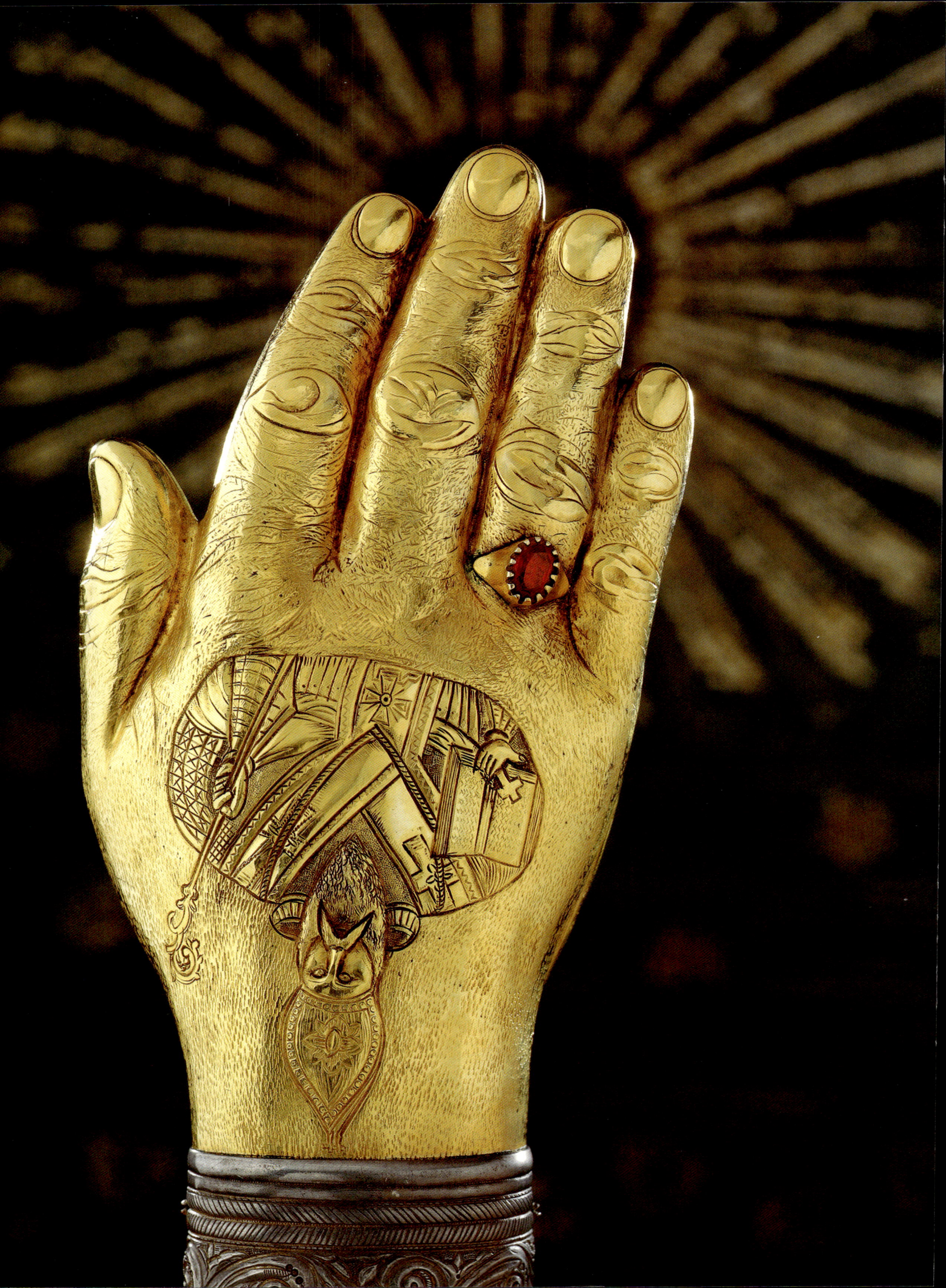

Hermann Goltz
Photographien von Klaus E. Göltz

Der gerettete SCHATZ DER ARMENIER aus Kilikien

Sakrale Kunst aus dem Kilikia-Museum
Antelias, Libanon

Staatliche Galerie Moritzburg Halle
Landeskunstmuseum Sachsen-Anhalt

Dr. Ludwig Reichert Verlag Wiesbaden   2000

Die Burg von Sis, Ansicht von Osten, Photographie von Samuel Arabian aus Adana, um 1910, aus der Sammlung der Aufnahmen kilikisch-armenischer Burgen, Archiv des Katholikosats Antelias

PROLOG · ՆԱԽԱԵՐԳՈՒԹԻՒՆ

EINE REISE NACH SIS IN KILIKIEN · Wer zu Beginn des 20. Jahrhunderts aus Europa nach Kilikien[1] reiste, einer Landschaft im Südosten Kleinasiens, damals im Osmanischen Reich, heute in der Türkischen Republik, benutzte meistens das Schiff, um nördlich von Zypern an der kleinasiatischen Südküste in dem belebten kilikischen Hafen Mersina[2] zu landen.

Bereits vom Meer aus breitet sich vor den Augen der Reisenden die kilikische Ebene aus. Diese türkisch *Çukurova* genannte Ebene, durch Jahrtausende ein wichtiger Schauplatz der Geschichte, wird gegen Norden in einem weiten Halbkreis von den steilen Bergen des Taurus umgeben. Wer sich damals zu dem berühmten Kloster der Armenier in Sis,[3] dem Stammsitz des Katholikos des Großen Hauses von Kilikien,[4] begeben wollte, ritt – da der kilikische Nebenarm der Bagdadbahn zum Hafen von Mersina noch nicht gebaut war – über die Hauptstadt der kilikischen Provinz Adana nach Nordosten der Bergwelt des Taurusgebirges entgegen.

So bewegte sich auch ein deutscher Reisender im Jahre 1899, drei Jahre nach den riesigen Armenier-Massakern unter Sultan Abdul Hamid II.[5] und 16 Jahre vor der ›Endlösung‹ der Armenierfrage in der osmanischen Türkei,[6] diesen Weg hinauf zu dem ehrwürdigen armenischen Kloster von Sis.

Die deutsch-romantische Wegbeschreibung unseres Reisenden, mit Anklängen an die berühmte Athos-Beschreibung Jakob Philipp Fallmerayers, läßt trotz des dunklen politischen Hintergrunds etwas von der Schönheit der Bergwelt im Norden der kilikischen Ebene spüren, in welche das Kloster von Sis eingebettet war.

Daß nur ein Jahrzehnt später die kilikischen Armenier bereits wieder Opfer eines gewaltigen Massakers werden sollten, das als *Massaker von Adana* in die Geschichte eingegangen ist, konnte unser Reisender trotz der kurz zurückliegenden blutigen Ereignisse nicht ahnen.[7] Ebenso konnte auch der größte Skeptiker damals kaum voraussehen, daß wiederum nur fünf Jahre nach dem Adana-Massaker das Kloster von Sis, dieser alte Mittelpunkt kilikisch-armenischer Kirche und Kultur, durch Deportation und Völkermord in den Untergang gerissen wurde.

Unbeschwert von diesem noch in der Zukunft verhüllten *Crimen magnum* gibt sich unser Reisender der Betrachtung der mediterranen Natur am Fuße des Taurusgebirges hin:

So einförmig und wenig einladend die fruchtbare cilicische Ebene ist, so anziehend und erfrischend ist es, durch eines der vielen kleinen Flußtäler in die Bergwelt des Taurus hinein zu reiten. Durch Myrtenwälder und Oleandergebüsch, unter Platanen und durch Dickicht von Tamarisken suchen wir uns den Weg aufwärts an dem klaren Bergbach, der eben so munter, wie daheim die Bode im Harz, das Tal abwärts rauscht. Aber schnell steigt der Weg an. Es geht höher und höher hinauf, und nach den idyllischen Tönen, die uns unter den Myrtenzweigen grüßten, hören wir den Wind durch die alten Kiefern über die wilden Felsen rauschen, und klingt es wie ein altes Heldenlied.

In einer Höhe von 5000 Fuß[8] führt der Bergpfad durch gigantische Felsentore und tiefe Schluchten, die mit alten Zedern und Fichten bestanden sind. Ein überraschender Ausblick folgt dem anderen, bis wir den Kamm des Gebirges erreicht haben. Gewaltig und majestätisch breitet sich vor uns das Panorama der schneebedeckten Berge aus; ein Höhenzug erhebt sich über dem anderen. Und welche tiefe Einsamkeit hier oben! Es erinnert uns der Blick so lebhaft an die deutschen Berge, daß es gar nicht überrascht, plötzlich an einem Abhange eine alte Burgruine zu finden mit Turm und Torbogen, als ob sie vom Rhein herübergetragen wäre.

In lebhafter Erinnerung steht mir solch eine Ruine in einem Seitental des Sarus (heute Sihon)[9], die vielleicht noch aus der Zeit stammt, da die Kreuzfahrer durch das Sarustal hinabzogen, oder Genuesen und Venetier im Mittelalter die Reichtümer des Orients suchten.

Diese alte Zeit, da deutsche Ritter hier in Scharen vorüberzogen, steigt besonders lebendig vor uns auf, wenn wir ein armenisches Kloster besuchen, das am Abhang der Taurus-Berge liegt. Von Missis (dem alten Mopsvest)[10] etwa zwölf Stunden nördlich, bewacht den Eingang in die Berge des Taurus ein schroff ansteigender Bergkegel, der mit den Trümmern einer alten Burg gekrönt ist. Am südlichen Fuße dieses Felsens, bis weit hinaus in die Ebene und auf den Feldern findet man heute noch alte Säulen, Kapitäle, Quadersteine –, die Reste einer untergegangenen Herrlichkeit. Auf der nördlichen Seite des Felsens, unterhalb der Trümmer der Burg, liegt ein armenisches Kloster, umgeben von einem kleinen, halbverfallenen Städtchen. Das ist das alte Sis, im 12. und 13. Jahrhundert die Hauptstadt des kleinarmenischen Königreiches. Wir reiten durch die elenden Gassen hinauf vor die Pforten des Klosters und werden dort freundlich begrüßt und zu dem Bischof geführt. Alles zeugt von entschwundener Herrlichkeit; die meisten Teile des einst so großartigen Baues liegen in Trümmern. Hier und da steht noch ein baufälliger Flügel; nur die St. Sophien-Kirche, die im vorigen Jahrhundert erneuert wurde, ist noch in ziemlichem Zustande.[11]

Von dem berühmten Kloster von Sis und der Sophien-Kathedrale mit ihrem architektonisch-künstlerisch hochbedeutsamen Interieur ist heute in der türkischen Stadt *Kozan*, dem alten Sis, nichts mehr zu entdecken, es sei denn, man greift zum Spaten des Archäologen und erkundet die unterirdischen Überbleibsel des Katholikosats des einst glänzenden *Großen Hauses von Kilikien*. Dessen Fürsten und Könige waren für Rom und Byzanz ein einzurechnender politischer Faktor, dessen Katholikoi wurden als Dialogpartner von der Lateinisch-Römischen und der Griechisch-Byzantinischen Kirche gesucht, und dessen talentierte Handwerker, Kaufleute und Künstler haben die vielschichtige Kultur des späten Mittelalters im Orient und in Europa mit einer neuen Blüte der alten armenischen Kultur geschmückt.[12]

Die kleine Mönchsbruderschaft des Klosters von Sis, die den deutschen Reisenden Ernst Lohmann, Begründer des bedeutenden *Hilfsbundes für Christliches Liebeswerk im Orient*, so freundlich empfangen hatte, wird am 13. September 1915, dem Kreuzerhöhungsfest, nach vorhergehender Deportation des größten Teils der armenischen Bevölkerung von Kilikien[13] vertrieben werden. Die *Vankin karawane (Klosterkarawane)* von Sis nach Aleppo rettete auf einem dreiwöchigen Treck auf Ochsen- und Eselskarren, was an liturgischen Geräten, Gewändern und jahrhundertelang gehüteten Reliquien noch mitgenommen werden konnte.

Der kaiserlich-deutsche Konsul Rößler aus Aleppo schreibt an den deutschen Reichskanzler von Bethmann Hollweg am 27. Juli 1915, daß die türkische Regierung bis *Mitte Juli 1915 mehr als 30.000 unschuldige armenische Untertanen aus dem Wilajet Adana und dem Mutessarriflik Marasch*[14] in die mesopotamische Wüste getrieben hat, wobei die Verschickungen sich immer weiter ausdehnen.[15] Zum Schluß waren nur noch in der kilikischen Provinzhauptstadt Adana armenische Witwen, Waisen und Soldatenfamilien nebst blinden und kranken Armeniern verblieben. Aber *selbst Kranke und Blinde* wurden dann, im September 1915, laut den Rapports der deutschen Diplomaten, deportiert.

Das war der Schlußpunkt der historischen Präsenz des armenischen Volkes in Kilikien, auch wenn es nach dem 1. Weltkrieg noch ein kurzes *Postludium* armenischen Lebens in Kilikien unter der französischen Schutzmacht gegeben hat, die aber bereits Anfang der 20er Jahre unter neuen politischen Konstellationen dem zurückgekehrten Rest des armenischen Volkes den Schutz aufkündigte und diesen auf Gedeih und Verderb den Kämpfern für die nationale Türkei um Mustafa Kemal (Atatürk) überließ. So mußte der zurückgekehrte Rest der Armenier ein weiteres Mal aus der Heimat fliehen.

Das kirchliche Oberhaupt der kilikischen Armenier, Katholikos Sahak II., Erzbischof von Sis,[16] blieb nach der Deportation 15 Jahre in Aleppo. 1930 wurde das Katholikosat nach Antelias im Libanon, einem Ort nördlich von Beirut, transferiert. Der von der *Vankin karawane* gerettete Schatz der Armenier aus Kilikien wurde dabei ebenfalls nach Antelias gebracht, wo er nun in dem jüngst – im Jahre 1998 – eröffneten Kilikia-Museum im Zentrum des Katholikosats der Öffentlichkeit zugänglich gemacht wurde.

Angesichts des modernen, klimatisierten Kilikia-Museums in Antelias muß man sich immer wieder bewußt daran erinnern, wie dramatisch die Ereignisse bei der Rettung des Schatzes der Armenier aus Kilikien waren. Eigentlich war der wertvollste Teil des Schatzes einschließlich des größten Heiligtums, des Armreliquiars des Hl. Gregor des Erleuchters, schon unweit von Sis verloren gegangen, als einer der Eselswagen mit allen Kisten und Kasten beim Übersetzen über den Fluß Ceyhan in die Tiefe des Wassers stürzte. Aber junge Leute aus den kilikischen Orten

Hadjin und Vahka, deren große Deportationszüge am Fluß festlagen, stürzten sich in Todesverachtung in das 4–5 Meter tiefe Wasser des Flusses und brachten unter größter Anstrengung die Schätze wieder ans Ufer. Auch der wunderbar in Antiochien mit Silber beschlagene und ziselierte Kasten mitsamt den drei berühmten Armreliquiaren der Heiligen Gregor, Nikolaus und Sylvester sowie dem Handreliquiar des Heiligen Bar Sauma, heute ein Prachtstück des Kilikia-Museums, wurde damals mit vielen anderen Schätzen von den Deportierten vom Grunde des Flusses gerettet.

Von Antelias nach Halle an der Saale

Anfang August 1915 – im gesamten Osmanischen Reich sind die Deportationen der Armenier in vollem Gange – kommt es in Istanbul zu dem Diskurs des deutschen Theologen und ›Anwalts der Armenier‹, Dr. Johannes Lepsius, mit dem osmanischen Kriegsminister Enver Pascha, einem der Hauptschuldigen am armenischen Völkermord und Garanten des osmanisch-türkischen Bündnisses mit dem kaiserlichen Deutschland. In dieser Begegnung versucht Lepsius – neben Ernst Lohmann Leiter des anderen großen deutschen Armenierhilfswerks in der Türkei seit 1896 – die Maschinerie der Deportationen und des Völkermords an den Armeniern zu stoppen. Das Streitgespräch zwischen dem deutschen Theologen und dem osmanischen *Kriegsgott* ist durch Franz Werfels Epos *Die Vierzig Tage des Musa Dagh* in die Weltliteratur eingegangen.

Der historische Johannes Lepsius trifft sich 1915 in Istanbul aber nicht nur mit Enver Pascha. Er sammelt aus allen ihm zugänglichen Quellen der Reichshauptstadt am Bosporus – bei den verschiedenen Botschaftern, den Missionsgesellschaften, den Augenzeugen aus dem Inland und aus anderen vertraulichen Quellen – zahlreiche Fakten und Daten über das im Gange befindliche Kapitalverbrechen und gibt bald nach seiner Rückkehr in Deutschland den *Bericht über die Lage des Armenischen Volkes in der Türkei* heraus. Dieser Bericht ist die erste umfassende Publikation über den Völkermord an den Armeniern. Er erscheint in Potsdam noch vor den entsprechenden englischen, französischen und amerikanischen Armenier-Dokumentationen und wird von der deutschen Militärzensur bald verboten.

Lepsius, einer der wichtigsten Helfer und Zeugen für das armenische Volk, starb 1926 in Meran in Südtirol. Seine Frau und seine Kinder haben seinen Nachlaß in Potsdam durch die Zeiten der Hitler-Diktatur und des 2. Weltkriegs sorgsam gehütet. Anfang der 80er Jahre gaben sie diesen Nachlaß an Professor Hermann Goltz von der Martin-Luther-Universität Halle-Wittenberg, der zusammen mit einer Arbeitsgruppe die Lepsius-Papiere auswertete und publizierte.[17]

Im Rahmen dieser Arbeit über das Schicksal des armenischen Volkes im 19. und 20. Jahrhundert und die deutsch-armenischen Beziehungen kam es auch zu engen Arbeitskontakten mit dem Katholikosat des Großen Hauses von Kilikien in Antelias.

PROLOG · ՆԱԽԱԲԱՆՈՒԹԻՒՆ

Als die armenologische Arbeitsgruppe der Universität Halle-Wittenberg daran ging, anläßlich des 1700. Jubiläums der offiziellen Proklamation des Christentums in Armenien (301–2001) die Weltkonferenz ARMENIEN 2000 vorzubereiten, wurde gemeinsam in Antelias die Idee geboren, in Halle an der Saale auch den geretteten Schatz der Armenier aus Kilikien in der Moritzburg, dem Landeskunstmuseum von Sachsen-Anhalt, zu präsentieren. Mit dem Segen Seiner Heiligkeit Aram I., Katholikos des Großen Hauses von Kilikien (Antelias, Libanon), wurde dann dieses Projekt in enger armenisch-deutscher Zusammenarbeit in die Tat umgesetzt. Und so geschah es, daß der aus den Fluten des kilikischen Flusses Ceyhan während der Armenier-Deportation 1915 gerettete Schatz des Klosters von Sis genau 85 Jahre nach dieser dramatischen Rettungsaktion in den ehrwürdigen Gemäuern der hallischen Moritzburg über den Ufern der Saale ausgestellt werden konnte.

Mit dieser Ausstellung in Deutschland wird all derer gedacht, die 1915 ihr Leben eingesetzt haben, um den Klosterschatz von Sis in Kilikien zu retten. Sie haben damit eine Reliquie der Weltkultur vor dem Untergang gerettet, die an die große armenische Kulturlandschaft im Osmanischen Reich erinnert, eine Kulturlandschaft, die in Massakern, Völkermord und Vertreibung vernichtet worden ist, die aber – getragen von den Überlebenden dieses Volkes – an vielen Orten der weltweiten armenischen Diaspora und der Republik Armenien ihre Fortsetzung gefunden hat. Auch der gerettete Schatz der Armenier aus Kilikien ist heute – entsprechend dem Motto der hallischen Weltkonferenz ARMENIEN 2000 – ein »Zeugnis für die Zukunft«.

Von der Deportation der Mönchsbruderschaft von Sis und der Rettung des Schatzes existiert noch ein Augenzeugenbericht in armenischer Sprache, dessen Original sich heute im Archiv des Katholikosats des Großen Hauses von Kilikien in Antelias befindet. Im folgenden wird dieser bisher nur in armenischer Sprache existierende Augenzeugenbericht zum ersten Mal in einer Übersetzung publiziert.

Die Klosterkarawane · ՎԱՆՔԻՆ ԿԱՐԱԻԱՆԸ

Augenzeugenbericht von Bischof Chad Adschapahjan[18]

Wie der Schatz des Klosters von Sis in Kilikien im 1. Weltkrieg nach Aleppo transportiert wurde
Im ersten Jahr des Weltkrieges, der im Sommer 1914 seinen Anfang nahm, hatte bereits auch aus verschiedenen Städten Kilikiens die Armenier-Deportation nach Aleppo begonnen. Der größte Teil der Bevölkerung von Sis war schon vertrieben worden. Nur die kleine Mönchsbruderschaft des Mutterklosters von Sis samt einer Handvoll übriggebliebener Armenier glaubte sich noch von der schweren Katastrophe des Exodus nicht betroffen.

Zu Anfang des Krieges verläßt der hochgeweihte Katholikos,[19] Seine Majestät Sahak, seinen Sitz und begibt sich von Sis in die kilikische Hauptstadt Adana in der Hoffnung, bei der Provinzregierung seinen persönlichen Einfluß geltend machen zu können, daß die von der osmanischen Zentralregierung in Istanbul[20] ergangenen Befehle zur Vernichtung der Armenier teilweise gemildert würden. Unglücklicherweise nahm die Armenier-Deportation nach und nach größere Ausmaße an, so daß der greise Patriarch, verzweifelt darüber, daß seine wiederholten Bitten bei der Regierung ohne Folgen geblieben waren, nach Aleppo ging, einem Sammelort der Exulantenströme, wohin allmählich gewaltige Karawanen deportierter Armenier aus Türkisch-Armenien, Kilikien, Istanbul und anderen Gebieten gelangen.

Am 3. September 1915 bringt der Vertreter von Katholikos Sahak, Seine Gnaden Erzbischof Eghische Karojan, bei seiner Rückkehr von dem Vertreter der Regierung in Sis die den Tod bedeutende Hiobsbotschaft der Vertreibung. Der Mönchsbruderschaft wird eine Frist von zehn Tagen für die Abreise nach Aleppo gesetzt. Da dieser aus Istanbul eingegangene Befehl endgültig war, sind wir in der gesetzten Frist sehr hart beschäftigt mit der die Seele quälenden Arbeit, die kostbaren Gefäße und schweren Gewänder als auch die alten Bücher des achthundertjährigen historischen Stuhls von Sis in speziell dafür vorbereitete große Kästen unterzubringen. Nachdem wir den wichtigsten Teil des Klosterbesitzes als Lastgut zusammengepackt hatten, warten wir auf den Befehl zum Aufbruch.

Der 13. September, der Festsonntag der Kreuzerhöhung, wird zum historischen Tag des Weinens und Klagens, sowohl für die Mönchsbruderschaft wie auch für die in Sis verbliebene Handvoll an Armeniern. Am selben Tage

Der Altar·*Surb Choran* der Kathedrale der Heiligen Sophia von Sis, unikale Photographie vor 1915 – Deutlich ist der hohe Stufenaltar mit seinem reichen Schmuck unter dem gewaltigen Ziborium, gekrönt von drei Kreuzen, zu erkennen.

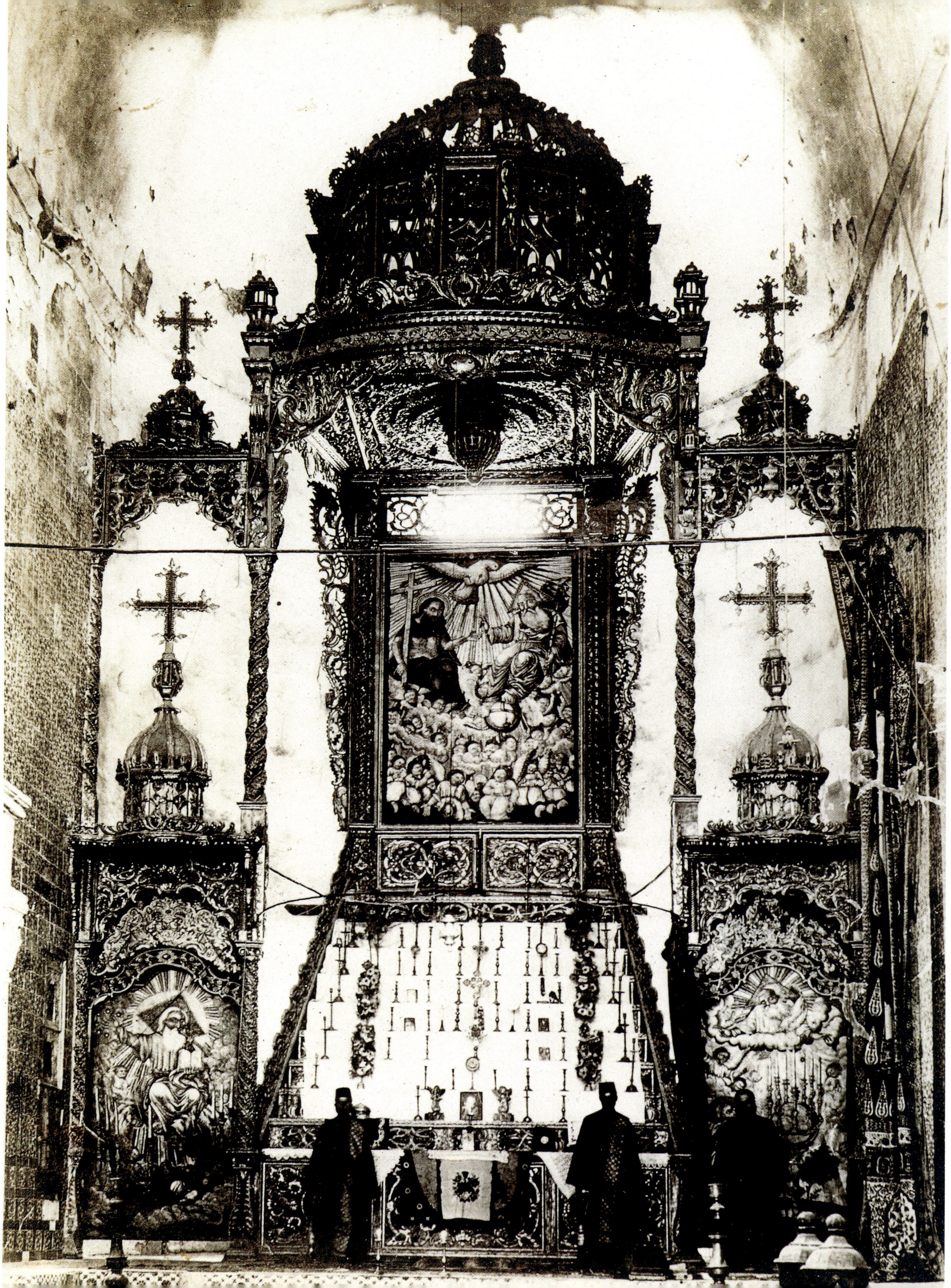

wird das Schlüsselbund des Klosters der Regierung übergeben. Dieser Anblick war herzzerreißend: Nun, als die letzte Stunde des Aufbruchs kam, stürzten die Tränen in Strömen aus unseren Augen. Unter Tränen küssen wir als letztes Lebewohl die heiligen Steine der Mutterkirche des kilikischen Katholikosats und brechen zu einer Reise ohne Wiederkehr auf. Wir überlassen barbarischen Händen das wunderbar gefügte Mutterkloster des Jahrhunderte alten Stuhls von Sis, errichtet in den Tagen des glückseligen Katholikos Kirakos Metzagortz.[21] Ebenso verlassen wir auf immer den majestätisch-prächtigen Palast des Katholikos von Kilikien samt allen dazugehörigen Gebäuden.

Hier ist besonders der Erinnerung wert der wunderschöne kreuzgeschmückte Hochaltar im Allerheiligsten der Mutterkirche und der schön geformte Thron des Katholikos. Der Hochaltar war wunderbar skulptiert und völlig mit Gold überzogen, ein chef-d'œuvre der armenischen Kunst. Der Hochaltar, drei Meter in der Breite, hatte zwölf Stufen, wobei sich über vier feinskulptierten Säulen ein riesiges und ansehnliches Ziborium erhob, dessen Vorderseite mit einem armenischen Adlerwappen geschmückt war. Auch über den zwei Seitentüren im Altarraum befand sich jeweils ein Ziborium, in Form und Gestalt dem Ziborium des Hochaltars entsprechend. Besonders der Thron des Katholikos war einmalig in seiner Art: Auf der Höhe von zwei Stufen stand er auf einem Postament. An seinen Seiten waren skulptierte, marmorne Steinplatten aus einem Stück angebracht. Deren Außenseiten waren mit den Darstellungen der symbolischen Lebewesen der vier Evangelisten versehen. Auf den vier Ecken des Postaments erhob sich über vier marmornen Säulen der Baldachin in Form eines Heiligtums, umgeben mit zwölf Arkaden, in welchen die zwölf Apostel dargestellt waren.

Der Thron des Katholikos · *Surb Ator* in der Kathedrale Hl. Sophia von Sis, unikale Photographie vor 1915

Seite 13: Gefäß für das Heilige Myron · *Surb Myroni katsan* aus der Kathedrale der Heiligen Sophia von Sis, 1817, Konstantinopel, Detail, s. auch Seite 80

DIE KLOSTERKARAWANE · ՎԱՆՔԻՆ ԿԱՐԱՒԱՆԸ

Wir lassen diese für den kilikischen Stuhl historisch wertvollen Heiligtümer von Sis zurück und brechen am selben Tage auf. Kaum daß wir den Stadtrand erreicht haben, bricht durch ein Mißgeschick das Myron-Gefäß und der geweihte Boden von Sis wird noch ein letztes Mal mit drei Litern des heiligen Myron-Öls gesalbt. Daß dieser Vorfall gerade am Tage des Aufbruchs stattfindet, wird für uns zu einem bösen Vorzeichen auf dem blutigen Wege der Vertreibung. Denn von jenem Tage an sind wir von Verzweiflung ergriffen, und die Aussicht des nahen Todes läßt uns schaudern. Dennoch vertrauen wir auf die Hilfe des Herren, vergraben das auf der kilikischen Ebene ausgeflossenen heilige Myron-Öl in einer eigens dafür ausgehobenen Grube und setzen unseren Weg fort.

Am ersten Tag steigen wir in einem Ort namens Gajan ab, kaum zwei Stunden zu Fuß von Sis entfernt, um am nächsten Morgen unseren Weg fortzusetzen. Gegen Abend erreichen wir das Ufer des Flusses Dschihan.[22] Dort warten tausende aus verschiedenen Gegenden Kilikiens vertriebene Armenier darauf, an die Reihe zu kommen, um mit einem Floß an das andere Ufer des Flusses zu gelangen. Die Polizeiwache, vielleicht aus Respekt vor unserem kirchlichen Stand, gewährt uns außerordentliche Erleichterungen, so daß wir ohne tagelanges Warten sofort mit dem Übersetzen der Güter beginnen. In diesem Augenblick jedoch ereignet sich ein neues Unglück. Als wir einen von den Maultier-Wagen, auf welchem sich alle Kästen mit den Schätzen des Klosters befanden, auf das Floß kutschieren, reißt ein Drahtseil, und das Floß, getragen von der heftigen Strömung des Wassers, entfernt sich ziemlich weit vom Ufer und der Wagen sinkt auf den Grund des Flusses. Beim Anblick dieser bösen Überraschung wirft sich aus der Menge der deportierten Armenier eine Gruppe von jungen Leuten aus Hadschin und Vahka sofort in den Fluß. Unter Verachtung der Gefahr des Ertrinkens tauchen sie in das 4–5 Meter tiefe Wasser. Zuerst nehmen sie die Deckbretter von dem Wagen ab und dann holen sie unter langen und kräftezehrenden Mühen die Kästen, einen nach dem anderen, aufs Trockene, darunter auch den silberbeschlagenen und feinziselierten Kasten, in welchem sich die schön verzierten Armreliquiare befinden.

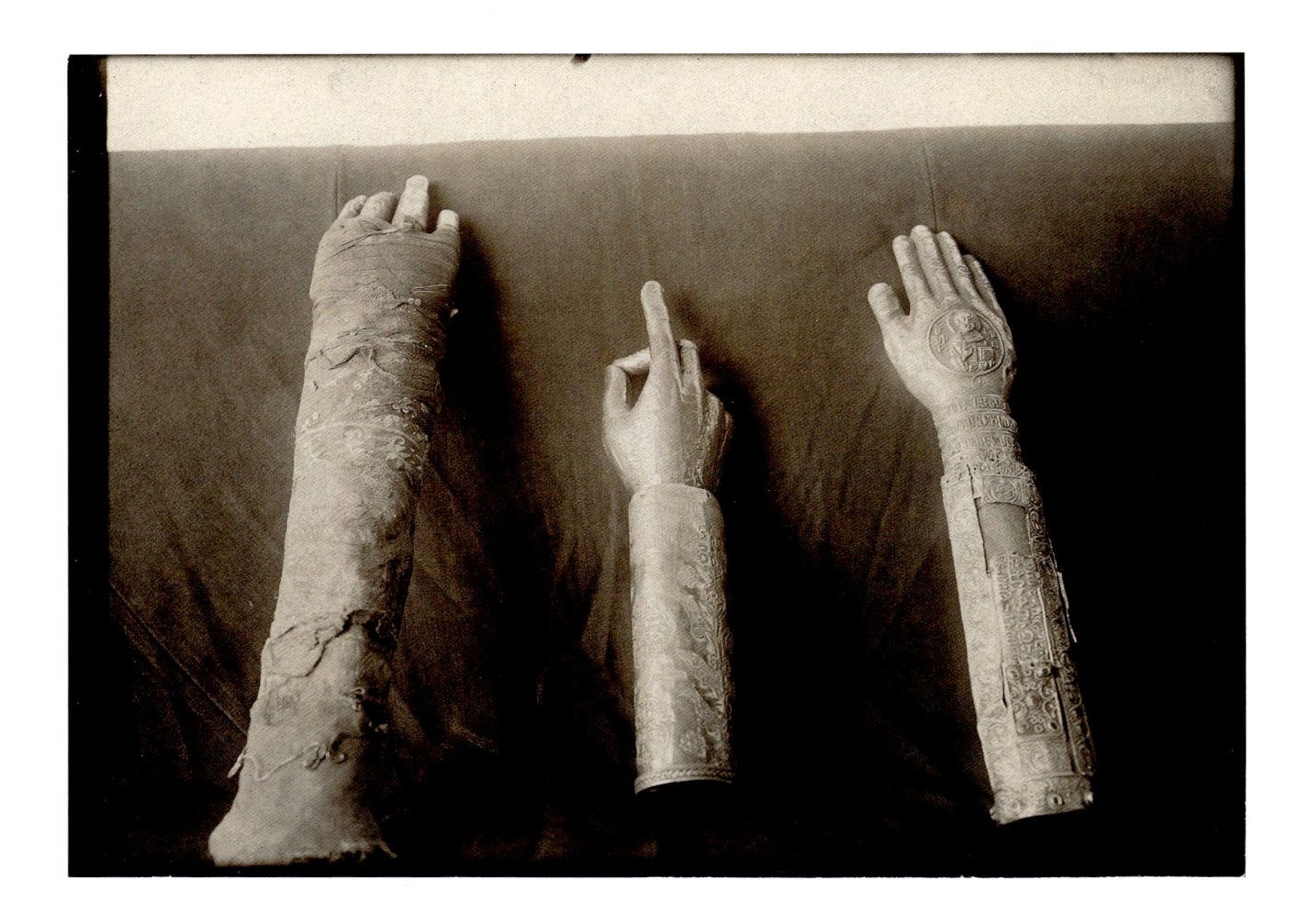

Das Übersetzen über den Fluß Dschihan dauert lange, so daß es spät wird. Daher übernachten wir am selben Tage noch am anderen Ufer des Flusses. Nach Fortsetzung der Reise erreichen wir nach Verlauf eines Tages Osmanije, wo sich uns ein völlig anderer Anblick eröffnet. Eine Riesenmenge, die einem Ozean gleicht, von mehr als 10.000 aus der Türkei und anderen Regionen deportierten menschlichen Gestalten wartet nicht weit von der Stadt auf offenem Feld mit aufgeschlagenen Zelten auf den Befehl zum

Die drei Armreliquiare aus der Kathedrale Hl. Sophia von Sis: die Rechte des Hl. Gregor des Erleuchters, die Rechte des Hl. Sylvester, die Rechte des Hl. Nikolaus, unikale Photographie, Aleppo, Zustand nach der Rettung des Klosterschatzes 1915

Seite 15: Reliquienkasten *Adsheru Arkghe* für die Armreliquiare und das Handreliquiar des Hl. Bar Sauma aus der Kathedrale Hl. Sophia von Sis, 1765, Antiochien – vordere Längsseite: Darstellung Hl. Aristakes, Hl. Sylvester, Hl. Gregor der Erleuchter, Hl. Nikolaus und Hl. Wertanes unter den Arkaden, s. auch Seite 93

DIE KLOSTERKARAWANE · ՎԱՆՔԻՆ ԿԱՐԱԻԱՆԸ

Aufbruch. Es ist wohl nichts Erstaunliches daran, wenn ich sage, daß die riesigen Karawanen der vertriebenen Armenier einigen brutalen und kriminellen Polizisten ausgeliefert sind, welche jeden Morgen, die Peitsche in der Hand, die Zelte mit Schlagen, Beschimpfungen, Verleumdungen und Entehrungen überfallen, bis die Verschickung an ihr Ziel gekommen ist.

Zwei Tage bleiben wir in Osmanije, danach werden wir auch, wie die anderen, nach Hasanbeyli auf die Reise geschickt, wo wir – unter dem Vorwand, zerbrochene Wagenteile erneuern zu müssen – ein paar Tage länger bleiben können. In der Zeit, als wir dort waren, äußern die Exulanten aus Hadjin den Wunsch, mit dem zu unserer Mönchsbruderschaft gehörenden Vardapet[23] Barsegh Mankrian, der aus Hadjin stammt, als geistlichem Begleiter zusammen an ihren Bestimmungsort weiterzuziehen. Da sich Erzbischof Eghische Karojan wegen Krankheit seiner Mutter gleich am ersten Tage von uns getrennt hat und nach Aleppo gefahren ist, bleiben nur noch ich, der Schreiber dieser Zeilen, und Vardapet Kirakos Margarjan, der zur Mönchsbruderschaft des armenischen Jakobus-Klosters von Jerusalem gehört, als Führer der Karawane mit dem Klosterschatz übrig.

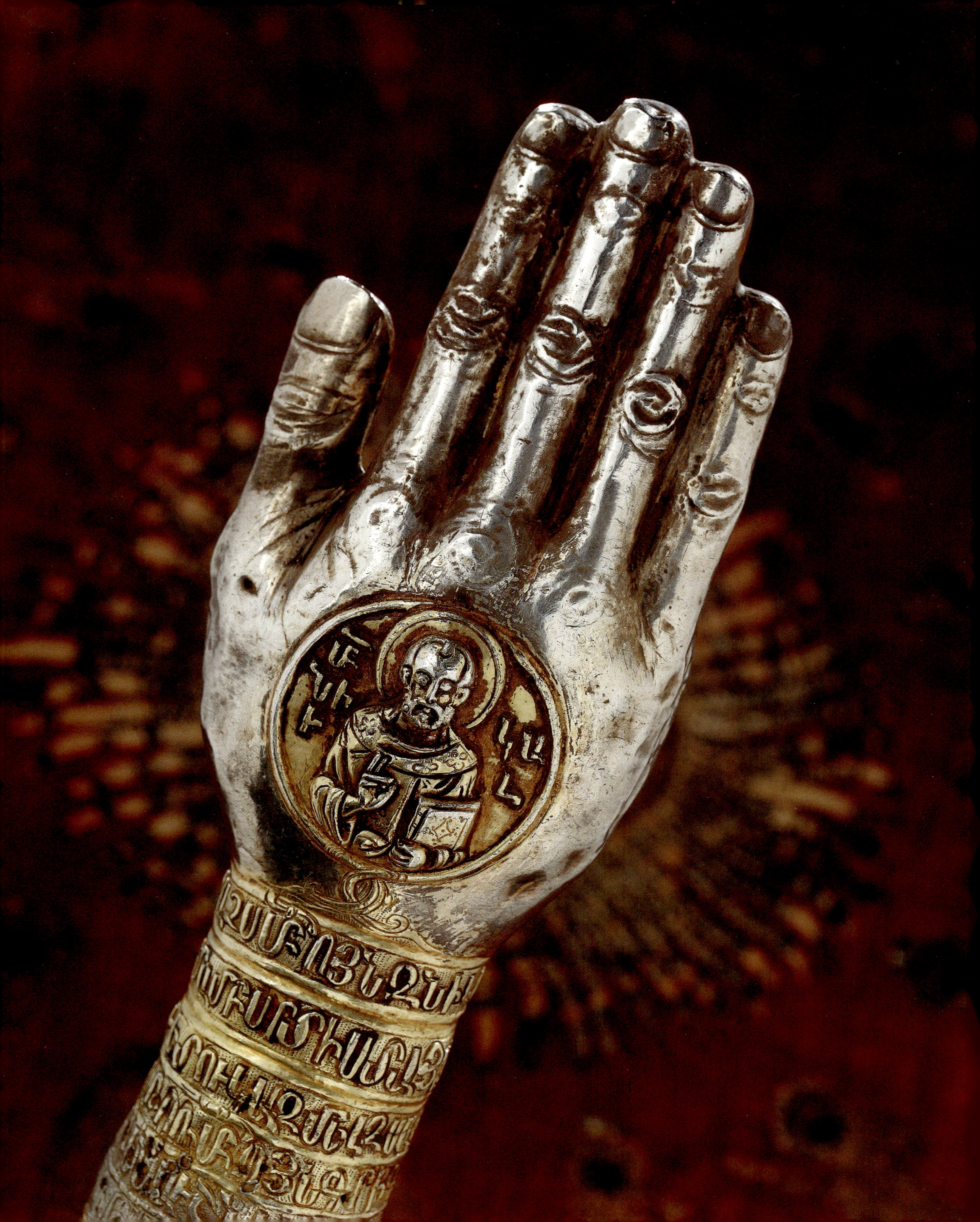

DIE KLOSTERKARAWANE · ՎԱՆՔԻՆ ԿԱՐԱՒԱՆԸ

Der Weg von Hasanbeyli nach Islahije ist schwieriger und anstrengender, so daß wir erst am Abend die Höhen von Intili erreichen, nachdem wir bei Morgenrot aufgebrochen sind. Als wir von dort weiterziehen wollen, brechen nach nur wenigen Schritte bergab die Räder von zwei Ochsenwagen. Und da eine Reparatur unmittelbar am Ort nicht möglich war, sind wir gezwungen, dort zu bleiben. Am nächsten Tag, als es dunkel wurde, beschleicht uns allmählich die Furcht vor der Einsamkeit, besonders als wir von zufällig Vorüberziehenden erfahren, daß vor einigen Tagen auf derselben Anhöhe ein Dutzend Armenier von türkischen oder kurdischen Tschettehs[24] massakriert wurde. Diese schlimme Nachricht hat uns noch mehr in Angst versetzt, wir sind ratlos und wissen nicht, was wir tun sollen. Lange überlegen wir, wie wir, ohne eine Minute zu verlieren, aus dem Schlachthaus von Intili wegkommen können. Verzweifelt kommen wir endlich zu dem Entschluß, daß einer von den Kutschern mit jemandem von uns dableiben, was immer uns auch geschehen möge, und die anderen den Weg bis zur Ayran-Schlucht fortsetzen sollen, damit sie bei dort kampierenden armenischen Deportierten ein Zugtier oder einen Wagen besorgen und zu uns schicken.

Nachdem wir einen Teil der Karawane spätabends auf den Weg geschickt haben, warten wir, vorsichtshalber in dem nahen Gestrüpp versteckt, in der furchterregenden Stille der Nacht von Minute zu Minute eher auf den Tod als auf Hilfe. Stunden vergehen, aber keine Nachricht von den Fortgegangenen. In dieser Zeit quälen uns tausendundeine schlimme Ahnung, Schauder vor dem Tode läßt unseren ganzen Körper stark zittern, der blutige Dolch des Türken blitzt in unseren Vorstellungen. Und gerade in diesem Zustand, wo wir schon die Hoffnung auf jegliche Hilfe verloren haben und auf das Rudel der Menschenfresser warten, in diesem Moment hören wir Schritte. Der bei mir befindliche Kutscher, einer der Erfahreneren, geht einen Augenblick fort, um zu hören, woher die Laute kommen, und siehe, kurz darauf kommen zwei tscherkessische Kutscher, die auf dem Wege meinen Namen schreien: »Rahib Chad«. Von diesem Ruf ermutigt, kommen wir in einem mit Furcht gemischten Wagemut aus unserem Versteck heraus und nähern uns den Kutschern. Nachdem wir ein vom Vardapet mit den Tscherkessen mitgesandtes Schreiben gelesen haben, beeilen wir uns, belebt wie der aus dem Grab herauskommende Lazarus, die Kästen auf den Wagen zu verstauen, um nach Mitternacht aufzubrechen. Zum Morgenrot erreichen wir sicher Ayran, wo wir nur wenige Stunden rasten, die gebrochenen Räder der Wagen reparieren lassen und unseren Weg nach Islahije fortsetzen. Am dritten Tage nach unserer Ankunft in Islahije benachrichtigen uns die armenischen Deportierten früh, daß diese Nacht ein armenischer Geistlicher dorthin unter der Aufsicht von berittenen Gendarmen gebracht worden ist. Wir interessieren uns dafür und wollen uns erkundigen, wer er ist und rennen sofort zu dem

Armreliquiar des Heiligen Nikolaus·
Masunk Surb Nikoghajosi, restauriert
1325 Sis (?), erneuert 1926, s. Seite 91

Wagen, der ziemlich weit von der Deportationsstation angehalten hat. Ein Person in Zivil mit einem einfachen Hut auf dem Kopf sitzt in dem Wagen, vollkommen niedergeschlagen und verzweifelt. Auf unsere Frage, wie er heißt, gibt er die Antwort: »Bischof Chosrow Pehrikean«. Unsere Begegnung mit dem Hochwürdigen dauert lediglich einige Augenblicke, dann trennen uns die Gendarmen, da die Stunde des Aufbruchs für den Bischof gekommen ist. Der Wagen setzt sich in Bewegung, die Berittenen dahinter, aber wir wissen nicht, wohin…

Die Reise von Islahije nach Aleppo findet unter etwas ruhigeren Bedingungen statt. Nach mehreren Tagesreisen, täglich vier bis fünf Stunden unterwegs, erreichen wir die Station Katma. Die riesige Zeltstadt der Deportierten, die sich auf der Südseite des Weges auf dem offenen Feld erstreckte, setzt uns in Erstaunen. Katma ist ein Zentrum der Verschickung, ein Ort, bestimmt für die Vertreibung der armenischen Deportierten in die Wüsten Syriens und Mesopotamiens, wo wir das erste Mal die frischaufgeworfenen Grabhügel von Tausenden von Armeniern mit tränenvollen Augen schauen, die vorzeitig wegen Hunger, Elend und unterschiedlichen Krankheiten umgekommen sind. Eine Nacht bleiben wir in Katma, und am nächsten Tag fahren wir nach Kefer-Altun, sechs Stunden zu Fuß von Aleppo entfernt. Auf dem Weg von Kefer-Altun nach Aleppo, in der Nähe eines arabischen Dorfes, umzingeln uns Petewi, Gendarmen, die aber – wie sich herausstellt – glücklicherweise zu unserer Sicherheit gekommen sind, um uns zu begleiten. In Voraussicht drohender Gefahr beginnen zu schießen, und dank ihrer mutigen Verteidigung auch von der letzten Gefahr befreit, erreichen wir in derselben Nacht die Stadt Aleppo.

Unser Weg von Sis nach Aleppo dauerte 23 Tage. Trotz mehrerer Abenteuer, Mißgeschicke und Überfälle, die auf dem Wege geschehen sind, bringen wir den Schatz des Klosters mit Gottes Hilfe nach Aleppo und übergeben ihn unbeschadet und ohne Verluste an Seine Majestät, Katholikos Sahak.

(Spätere Nachbemerkung von Bischof Chad [ca. 1935]):
Die Wiedererrichtung des zerstörten Stuhls von Kilikien vor einigen Jahren in Antelias, einem libanesischen Ort bei Beirut, ist ein tröstliches Ereignis für das Armeniertum Syriens aus doppelter, nationaler und kirchlicher Sicht.[25] Wir wünschen, daß dieser Stuhl, auf dem Patriarchen wie Lukas,[26] Jeprem[27] und Kirakos Metzagortz thronten, mit jedem Tag blühe und gedeihe – zur Erbauung des Volkes und zum Glanz der Heiligen Armenischen Apostolischen Kirche.

Bischof Chad Adschapahjan[28]

Links: Katholikos-Stab · *Gavasan kathoghikosakan*, 1815, Kilikien, Silber, vergoldet, ziseliert, graviert, Rubine, Smaragde, Amethyst und andere Edelsteine, 182 cm

Rechts: Katholikos-Stab · *Gavasan kathoghikosakan* Seiner Heiligkeit Sahak II., Katholikos des Großen Hauses von Kilikien, 1903, Silber, vergoldet, 183 cm

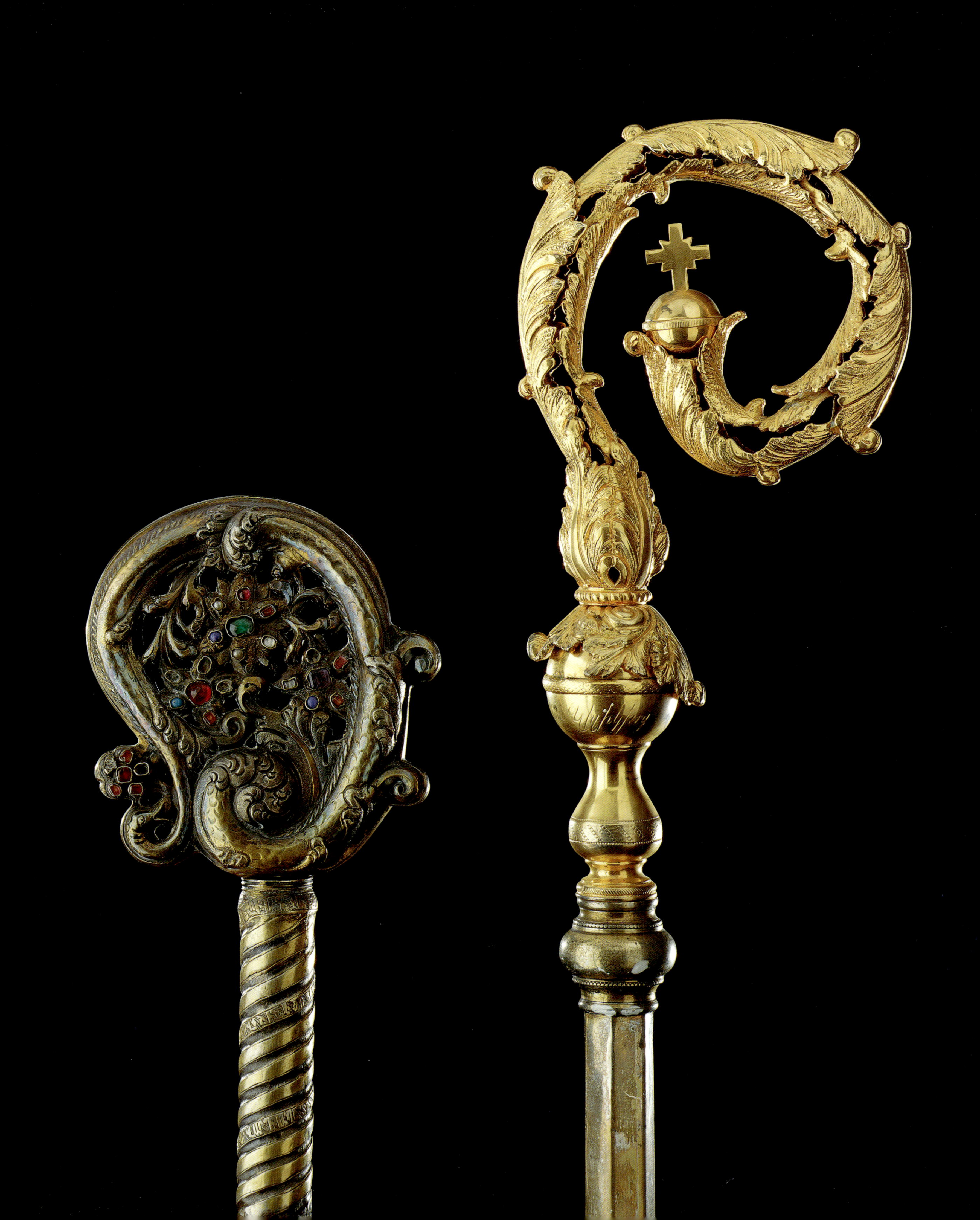

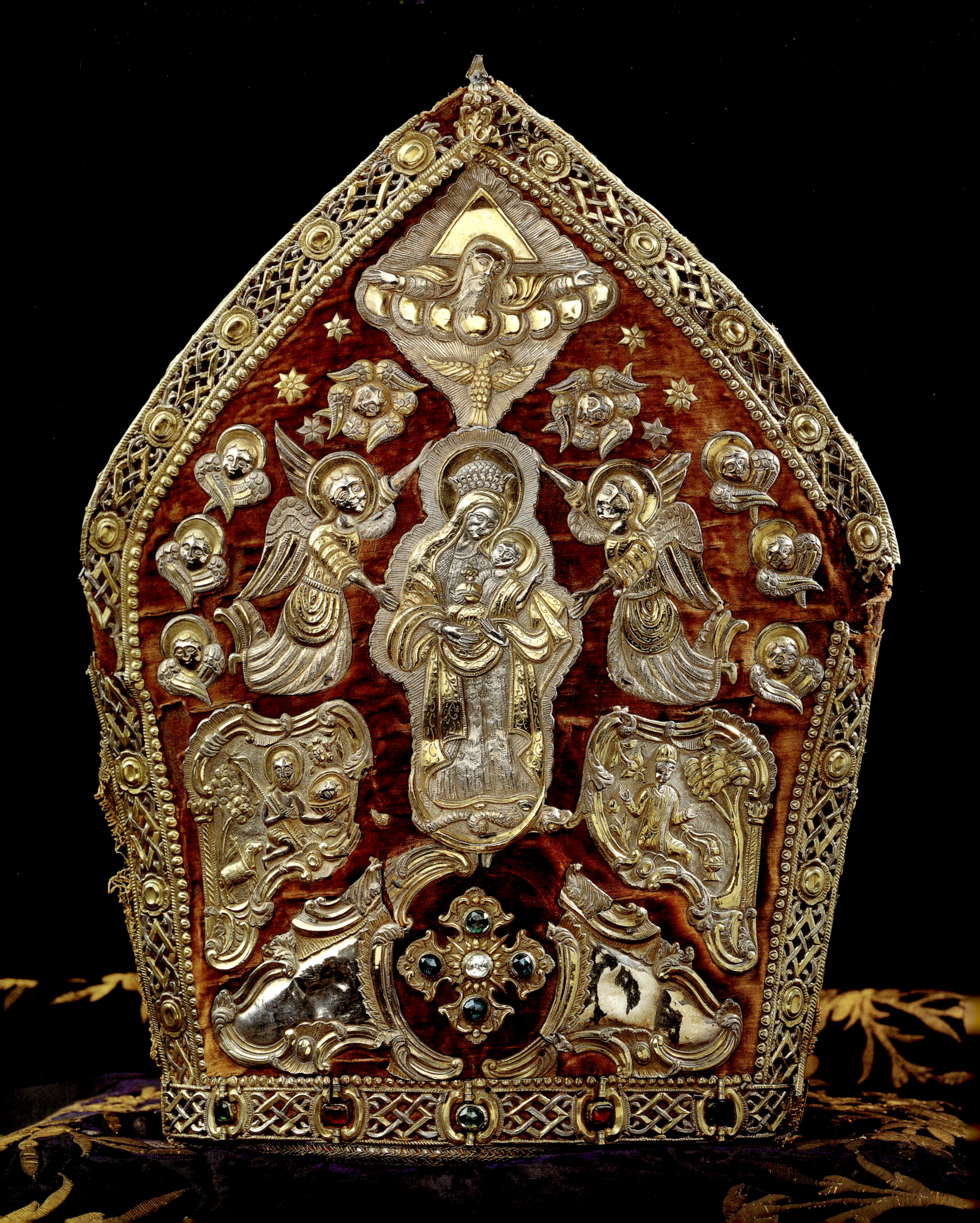

INHALT · ԲՈՎԱՆԴԱԿՈՒԹԻՒՆ

5
PROLOG · ՆԱԽԵՐԳՈՒԹԻՒՆ

10
DIE KLOSTERKARAWANE · ՎԱՆՔԻՆ ԿԱՐԱԻԱՆԸ

22
THEATRON DER RETTUNG · ՓՐԿՈՒԹԵԱՆ ԹԱՏԵՐԱԲԵՄ

30
GEKLEIDET IN LICHT · ԶԳԵՑԵԱԼ ԶԼՈՅՍ

54
WOHLGERUCH CHRISTI · ՀՈՏ ԱՆՈՒՇ ՔՐԻՍՏՈՍԻ

60
ATEM GOTTES · ԱՍՏՈՒԱԾԱՇՈՒՆՉ

81
ERGOSSEN ÖL · ԻԻՂ ԹԱՓԵԱԼ

87
DIE MYRON-TAUBE · ՄԵՌՈՆԱԹԱՓ ԱՂԱՒՆԻ

88
GOTTES GEDÄCHTNIS · ԱՍՏՈՒԾՈՅ ՅԻՇԱՏԱԿԸ

105
HIMMELSBROT · ԵՐԿՆԱԻՈՐ ՀԱՑ

116
HEILIGES ZEICHEN · ՍՈՒՐԲ ՆՇԱՆ

129
DOKUMENTE · ՎԱԻԵՐԱԳՐԵՐ

178
EPILOG · ԻԵՐՋԱԲԱՆՈՒԹԻՒՆ

180
ANMERKUNGEN · ԾԱՆՕԹԱԳՐՈՒԹԻՒՆՆԵՐ
BIBLIOGRAPHIE · ՄԱՏԵՆԱԳԻՏՈՒԹԻՒՆ

Theatron der Rettung · ՓՐԿՈՒԹԵԱՆ ԹԱՏԵՐԱԲԵՄ

Der Schatz der armenischen Liturgie

Das 1998 für die Ausstellung des geretteten Schatzes eröffnete Kilikia-Museum ist gewiß kein Museum im herkömmlichen Sinne, sondern eher eine erweiterte Sakristei des Katholikosats des Großen Hauses von Kilikien. Aufgrund der besonderen historischen Bedeutung des aus Sis geretteten Schatzes werden die kostbaren Gewänder, Geräte und Reliquiare im Kilikia-Museum den Besuchern des Katholikosats präsentiert. Zu besonderen kirchlichen Festtagen jedoch werden ganz bestimmte Exponate aus den Vitrinen des Museums herausgeholt und in der feierlichen armenischen Liturgie des *Surb Patarag – Heiliges Opfer –* und in anderen solennen Gottesdiensten zu ihrem eigentlichen Leben zurückgebracht.

Ein ganz besonders festlicher Anlaß dafür ist die aller sieben Jahre stattfindende Weihe des heiligen Myron-Öls durch den Katholikos selber, zu welcher der Kessel des Heiligen Myron (*Surb Myroni katsan*) aus dem Kilikia-Museum heraus auf den Vorplatz der Kathedrale des Heiligen Gregor des Erleuchters gebracht wird. Dabei dienen dienen auch die hochverehrten Arm-Reliquiare aus dem geretteten Schatz zur Segnung des Heiligen Myron und der Festgemeinde.

Das wichtigste Segens-Reliquiar der kilikisch-armenischen Kirche ist die *Rechte* des Heiligen Gregor des Erleuchters, des Täufers des armenischen Volkes und des Begründers der Armenischen Apostolischen Kirche. Wegen der unvergleichlich großen Bedeutung der Rechten des Erleuchters für die gesamte Armenische Apostolische Kirche befindet sich diese nicht im Kilikia-Museum, sondern unter der persönlichen Obhut des Katholikos. Aber die *Rechte* des Heiligen Nikolaus und die *Rechte* des Heiligen Sylvester werden zu diesem Gottesdienst der Myronweihe aus ihren Vitrinen im Museum befreit.

Der gerettete Schatz der Armenier hat im Gottesdienst, dem *Surb Patarag*, seinen Sitz im Leben, seine eigentliche Heimat. Das *Surb Patarag* ist die Urzelle der armenischen christlichen Kultur. Es entspricht in seiner Grundstruktur der Liturgie der allgemeinen Kirche, wie sie sich in den frühen Jahrhunderten herausgebildet hat:[29]

Seite 20: Bischofs-Mitra·*Chujr*, 1802, Sis, brauner Baumwollsamt, Besätze aus vergoldetem Silber, Bergkristalle und farbig hinterlegte Steine, 44 x 33,5 cm – Stirnseite: Gottesmutter mit Christusknaben, Rückseite: Kreuzigung Christi

Seiten 24/25: Neues Testament· *Nor Ktakaran*, 1293, Kloster von Medzajr, Kilikien, illuminierte Handschrift auf Pergament, vergoldeter Silbereinband, 22,5 x 15,5 cm, Handschriftenbibliothek des Katholikosats Antelias Nr. 212, wahrscheinlich nach Italien gebracht und mit neuen Illuminierungen in der ersten Hälfte des 14. Jahrhunderts versehen – fol. 3v und 4r Beginn des Matthäus-Evangeliums

VORBEREITUNG	ՊԱՏՐԱՍՏՈՒԹԻՒՆ
Ankleidung und Reinigung	ԶԳԵՍՏԱՒՈՐՈՒՄՆ ԵՒ ԼՈՒԱՅՈՒՄՆ
Einzug	ՆԱԽԱՄՈՒՏ
Vorbereitung von Brot und Wein	ԱՌԱՋԱԴՐՈՒԹԻՒՆ
GOTTESDIENST DES WORTES	ՊԱՇՏՕՆ ՃԱՇՈՒ
Weihräucherung	ԽՆԿԱՐԿՈՒԹԻՒՆ
Eingangsliturgie	ՄԿԻԶԲՆ
Einzug des Evangeliums (*Mittagseinzug*)	ՄՈՒՏՔ ՃԱՇՈՒ
Propheten-, Apostel- und Evangeliumslesung	ԸՆԹԵՐՑՈՒԱԾՔ ՃԱՇՈՒ
Bekenntnis des Glaubens	ՀԱՆԳԱՆԱԿ ՀԱՒԱՏՈՅ
Gebete und Schlußsegen	ԱՂՕԹՔ ԵՒ ՕՐՀՆՈՒԹԻՒՆ
KANON DES HEILIGEN OPFERS	ԿԱՆՈՆ ՍՐԲՈՅ ՊԱՏԱՐԱԳԻ
Vorbereitung	ՊԱՏՐԱՍՏՈՒԹԻՒՆ Ի ՊԱՏԱՐԱԳԱՄԱՏՈՅՑ
Übertragung der Gaben zum heiligen Tisch	ՎԵՐԱԲԵՐՈՒԹԻՒՆ
Vorbereitung des Priesters	ՊԱՏՐԱՍՏՈՒԹԻՒՆ ՔԱՀԱՆԱՅԻՆ
Friedenskuß	ՈՂՋՈՅՆ
Opferdarbringung (Anaphora)	ՊԱՏԱՐԱԳԱՄԱՏՈՅՑ
Prolog und Eucharistisches Hochgebet	ՆԱԽԵՐԳԱՆ ԵՒ ԳՈՀՈՒԹԻՒՆ
Erinnerung der Rettung in Christus	ՅԻՇԱՏԱԿՆ
Anrufung um Sendung des Hl. Geistes	ԿՈՉՈՒՄՆ
Gedächtnisgebet	ՀԻՇԱՏԱԿՈՒԹԻՒՆՔ
Gebete vor der Kommunion	ԱՂՕԹՔ ՆԱԽ ՔԱՆ ԶՀԱՂՈՐԴՈՒԹԻՒՆՆ
Vaterunser	ՀԱՅՐ ՄԵՐ
Gebet der Niederwerfung	ԽՈՆԱՐՀՈՒՄՆ
Erhebung des heiligen Brotes	ԲԱՐՁՐԱՑՈՒՄՆ
Eintauchen und Brechung	ԹԱԹԱԽՈՒՄՆ ԵՒ ԲԵԿՈՒՄՆ
Kommunion	ՀԱՂՈՐԴՈՒԹԻՒՆ
Gebete zur Kommunion	ԱՂՕԹՔ ՆԱԽՀԱՂՈՐԴԱԿԱՆՔ
Kommunion (*Kosten*)	ՃԱՇԱԿՈՒՄՆ
Danksagung	ԳՈՀԱԲԱՆՈՒԹԻՒՆ
Entlassung	ԱՐՁԱԿՈՒՄՆ
Gebet in der Mitte der Kirche	ԱՂՕԹՔ Ի ՄԵՋ ԵԿԵՂԵՑԻՈՑ
Das Schluß-Evangelium	ՎԵՐՋԻՆ ԱՒԵՏԱՐԱՆ
Entlassungssegen	ՕՐՀՆՈՒԹԻՒՆ ԱՐՁԱԿՄԱՆ

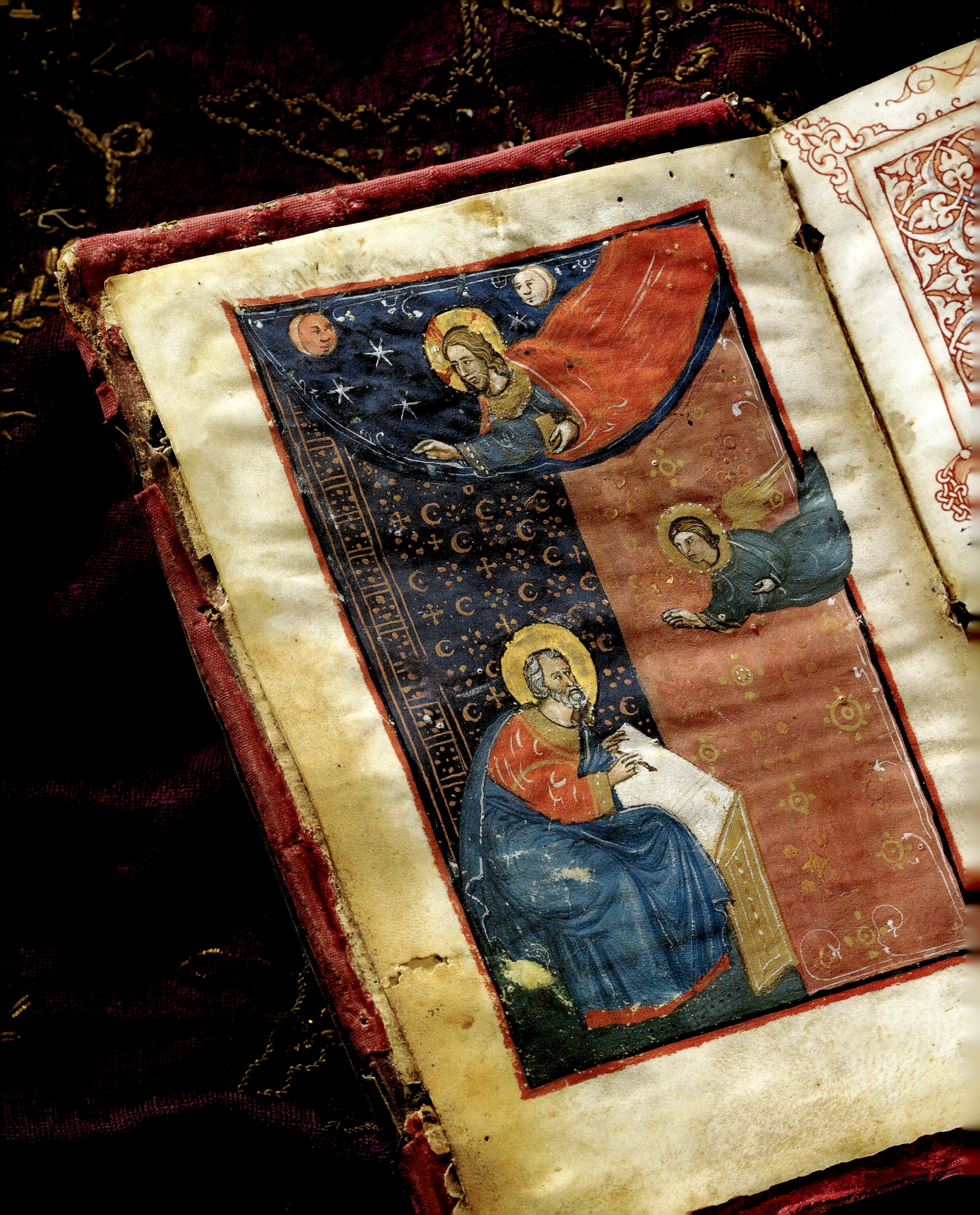

Աւետարան ըստ Մատթէոսի

Գիրք ծննդեան Յիսուսի Քրիստոսի որդւոյ Աբրահամու

Wie sich die antik-hellenistische Tragödie als *Theatron,* als *Schaubühne* des Unheils darbot, so versteht sich der Gottesdienst aller orthodoxen Kirchen in Anknüpfung und diametralem Gegensatz dazu als *Theatron* der Gnade Gottes, als *Theatron* der Rettung. Der Altarraum der Kirche ist die sakrale Schaubühne des Heils.

Die Liturgie hat ihre eigene Dramatik. In der Vorbereitung von Brot und Wein für die Eucharistie wird die Menschwerdung Gottes in Jesus, seinem Gesalbten, symbolisiert. Jahrtausende menschlicher Sehnsucht werden zusammengefaßt: Es erklingen die Prophezeiungen der alten Propheten, die auf den *Gesalbten*, den *Messias,* hofften. Es erklingen die Worte Jesu, das *Evangelium*, die *Frohe Botschaft* vom anbrechenden Gottesreich.

Das Opfer des Schöpfers auf Golgatha für seine Geschöpfe wird vergegenwärtigt. Die Ankunft Gottes im Hier und Heute wird gefeiert. Das Drama des Heils weist über sich hinaus: Die Wiederkehr des Gekreuzigten und Auferstandenen zum Gericht der Lebenden und Toten wird angekündigt. Leben und Tod legt Gott den Menschen vor. Mit der persönlichen Teilhabe in der Kommunion an dem Opfer Gottes sind die Menschen hineingenommen in dieses Drama der Rettung. Sie sind nicht nur Zuschauer, sondern Empfänger des *Surb Patarag*, des *Heiligen Opfers*, das ihnen persönlich, leiblich, in Essen und Trinken mitgeteilt wird.

Der christliche Gottesdienst ist das sublime Gegenstück zur Tragödie, der sublimen Form der antiken Kultur. Die antike Tragödie des Unheils und das christliche Drama des Heils bilden eine neue große Einheit in großartiger Verkehrung: Nicht mehr betrachten die Götter das Schauspiel der blind in ihren Verstrickungen leidenden Menschen, sondern die Menschen schauen den Retter, *wahrer Mensch und wahrer Gott*, der freiwillig leidet, um die Menschen aus der Schlinge des Todes zu reißen.

Genozid und *Patarag* – *Völkermord* und *Opfer Gottes* für das Volk. Für das armenische Volk sind Unheil und Heil *gleichzeitig*. Deportierte Priester auf dem Weg des Todes feierten mit dem deportierten Volk die Feier der Rettung. Die Feier der Rettung im Rachen des Todes haben die Opfer nicht als teuflische Ironie erfahren. Diese Feier bedeutete ihnen Rettung durch den Tod hindurch ins Leben: *Der Weg nach Golgatha führt zur Auferstehung.*[30]

Links: Altarkelch·*Skih*, 1782, Palu, Kilikien, Silber, vergoldet, 30 cm, Dm Fuß 18,5 cm, Dm Kuppa 12 cm

Mitte: Altarkelch·*Skih*, 1760, Konstantinopel, Silber, vergoldet, 43,5 cm, Dm Fuß 22 cm, Dm Kuppa 13,5 cm

Rechts: Altarkelch·*Skih*, 19. Jh., Konstantinopel (?), Silber, teilvergoldet, 32,5 cm, Dm Fuß 20,5 cm, Dm Kuppa 11,5 cm

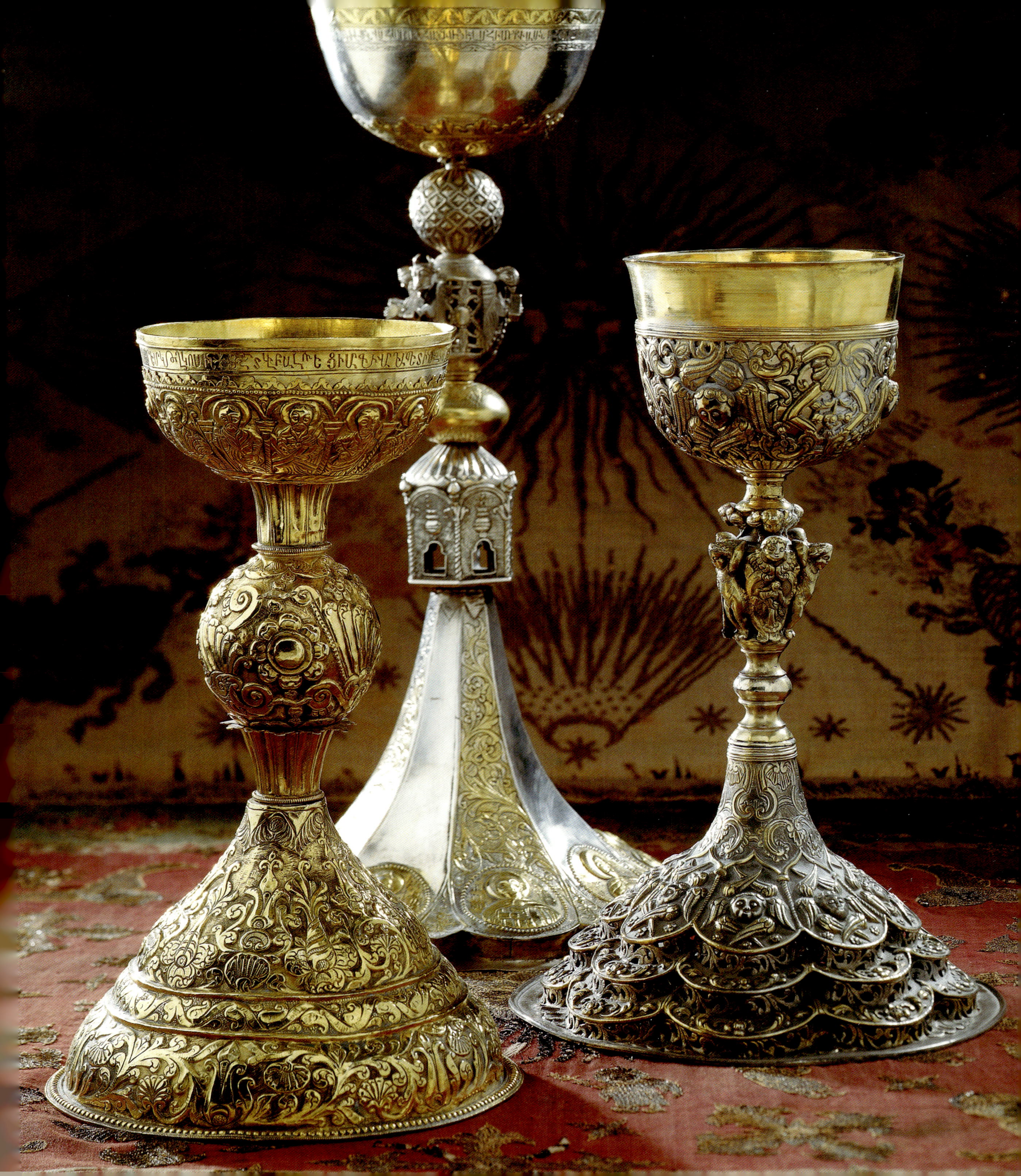

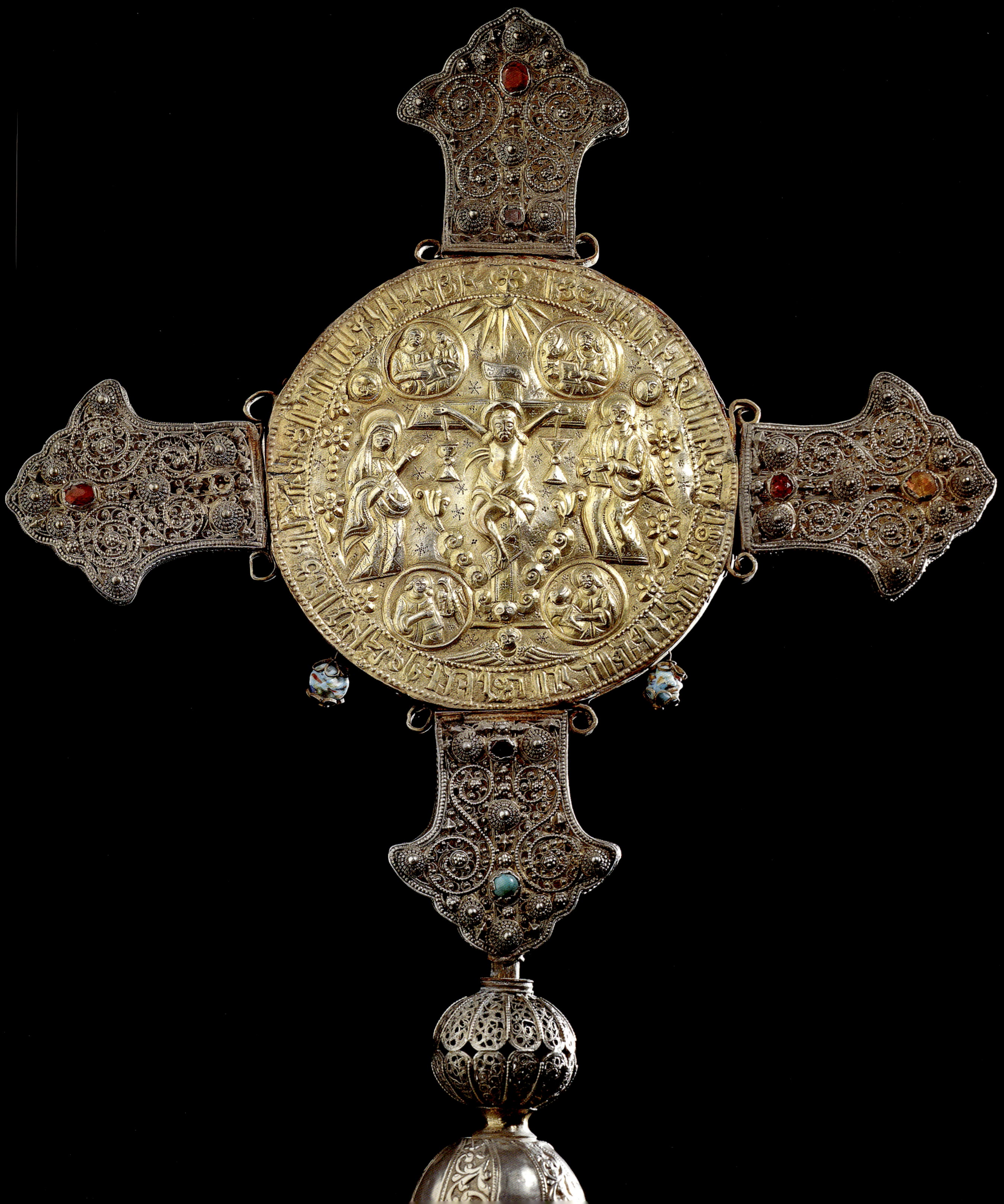

Die armenische Liturgie – eine Synthese der Kulturen

Ein Volk, das im Niemandsland zwischen den Imperien lebt, muß flexibel sein. Das wird auch in der Formenwelt armenischer Liturgie und Kirche deutlich, wo eine enge Verbindung der orientalischen, byzantinischen und lateinischen Kultur zu erkennen ist. Diese Synthese läßt eine Kirche und eine Kultur im *melting pot* von Völkern und Kulturen erkennen. Obwohl das armenische Volk offen war für die Kultur der westlichen Nachbarn, sei es die oströmisch-byzantinische oder die weströmisch-lateinische, wehrte es vollständige Überformungen energisch ab. Im 13. Jahrhundert betonte Stepanos Orbeljan die Opferbereitschaft des armenischen Volkes, die eigene Identität zu bewahren, mit dem Satz: *Wir sind bereit, lieber mit unseren Vätern in die Hölle zu gehen, als mit den Römern in den Himmel emporzusteigen.*

Bewahrte eigene Identität ist Grundlage für ein Zusammenleben der Kulturen. Drohender Verlust der eigenen Identität verstärkt die Abschließung gegenüber anderen Kulturen, und die Zerstörung kultureller Identität zerstört auch die Kultur der Zerstörer im Innersten.

Die armenische Liturgie – Zeugnis der Rettung

In der Liturgie erscheint der erhöhte Christus in Leib und Blut dem Volk. Kraft des Heiligen Geistes vereinigt sich Gott in unsagbarer Weise mit Brot und Wein. Der Heilige Tisch wird zur Erscheinungsstätte des Retters vor Tod und Teufel.

Der Priester schlägt zu Beginn der Liturgie dreimal das heilige Zeichen des Kreuzes über dem Kelch (*skih*) und spricht die Worte: *Der Heilige Geist komme auf dich und die Kraft des Höchsten überschatte dich.* (Lk 1, 35) Das sind die Worte des Erzengels Gabriel an Maria bei der Verkündigung der Geburt Jesu. Der Erzengel Gabriel sprach in Nazareth zu der Jungfrau Maria, dem *Gefäß Gottes*. Der Priester spricht heute zu dem Kelch, dem *Gefäß Gottes*.

Der das Gefäß füllt, ist der Geist Gottes. Er ist der Geist der Rettung, der die Herzen der Verfolgten und Gequälten, seiner Gefäße, erfüllt. Die Rettung des Schatzes der Armenier ist nicht die Rettung von Gold- und Silbergefäßen, ist nicht die Bergung von unschätzbar wertvollen Handschriften und kostbaren Textilien. Die Rettung des Schatzes – das ist die Rettung der *Gefäße Gottes*. Im *Surb Patarag* trinkt ein Volk aus dem Kelch des Heils, das im Überfluß aus dem Kelch des Unheils zu trinken hatte. Rettung fließt aus dem Kelch in die lebendigen Gefäße Gottes.

Prozessionskreuz · *Tapori Metz Chatsch*, 1815, Sis, Silber, teilvergoldet, ziseliert, Filigranteile, Türkise, Rubine, Citrine, Granate, Chalzedone und Millefioriperlen, montiert auf Kelchfuß, Eisen, Silber, Messing, getrieben, ziseliert, Filigran, 66 x 34,5 cm

Gekleidet in Licht · ԳԳԵՑԵԱԼ ՂԼՈՅՍ

Es sind nicht einfach Gewänder, die sich Diakon, Priester und Bischof in der Sakristei – verborgen vor den Augen des Volkes – zum *Surb Patarag*, anlegen. Das, was diese Gewänder eigentlich sind, ist nur aus den die Ankleidung begleitenden armenischen Deuteworten zu verstehen. Die Pracht der Gewänder ist das stoffliche Abbild des Lichts, das sich Gott als Gewand umwirft.

Der du gekleidet bist in Licht wie in ein Gewand, unser Herr Jesus Christus, in unaussprechlicher Erniedrigung bist du auf Erden erschienen und unter den Menschen gewandelt, der du Hoherpriester worden bist von Ewigkeit her nach der Ordnung Melchisedeks und geschmückt hast deine heilige Kirche.

Die Gewänder sind Gnade. Denn das himmlische Gewand Christi dürfen sich die Unwürdigen und Sünder im irdischen Gottesdienst anlegen.

Gott zieht dem Priester als dem exemplarisch Unwürdigen das irdische Gewand der Befleckung aus. Der so entkleidete Sünder wird gehüllt in die Herrlichkeit Gottes und das Licht Christi, wofür die Gewänder Zeichen sind. Die Priester tragen exemplarisch nicht das Gewand ihrer eigenen Gerechtigkeit, nicht ihrer eigenen Heiligkeit, sondern das der Heiligkeit und Gerechtigkeit Gottes, das erste Gewand Adams.

Gekleidet in diese Herrlichkeit des himmlischen Hohenpriesters tritt der seiner Sünden Entkleidete ein ins Allerheiligste. Die Prozession der Lichtgekleideten am Anfang des *Surb Patarag* hinauf zum Altar läßt den Zug der *Klugen Jungfrauen* in den Hochzeitssaal vor dem geistigen Auge erscheinen. Die Liturgen, festlich gekleidet und geistig vorbereitet, sind gleich den *Klugen Jungfrauen*, die dem Bräutigam Christus entgegenziehen (Mt 25). Die Schönheit und Pracht des armenischen Gottesdienstes ist in der wechselhaften Geschichte des armenischen Volkes nicht ungefährdet gewesen. Während der islamischen Eroberung Armeniens und der Invasion der Turkstämme hatte die gottesdienstliche Kultur der Armenier stark gelitten. Der Klerus hat damals nicht selten die Gottesdienste nur noch in Alltagskleidern gehalten. Hier dürften nicht nur häretische Strömungen, sondern auch der Druck der muslimischen Eroberer das Seine getan haben. Es war im 12. und 13. Jahrhundert der Wiederaufschwung im kilikisch-armenischen Königreich, der sowohl zu einer Rückbesinnung auf die eigene Tradition wie auch zu einer Aufnahme von Elementen aus den benachbarten Herrschaftsbereichen der Byzantiner und der lateinischen Kreuzfahrer führte. So findet sich in den kurzen Gebeten während der Ankleidung des Liturgen auch manches, was von den Armeniern aus der lateinischen Tradition übernommen worden ist.

Liturgische Kleidung von Katholikos Kirakos dem Großen: Pluviale·*Schurdshar* und Omophorion·*Jemiporon*, 1817, Konstantinopel, gestiftet von Harutjun Amira Bezdjian, farbige und plastische Stickerei auf Seide, Silber- und Goldfaden, Drahtarbeit, Pailletten, Borte, zweiteiliger Silberverschluß, 156 x 356 cm

Epigonation·*Konker*, 18. Jh., Kilikien, farbige und plastische Stickerei auf Seide, Gold-, Silber- und Seidenfaden, Perlen, 24 x 23,5 cm – Christus über den sieben Leuchtern der Apokalypse

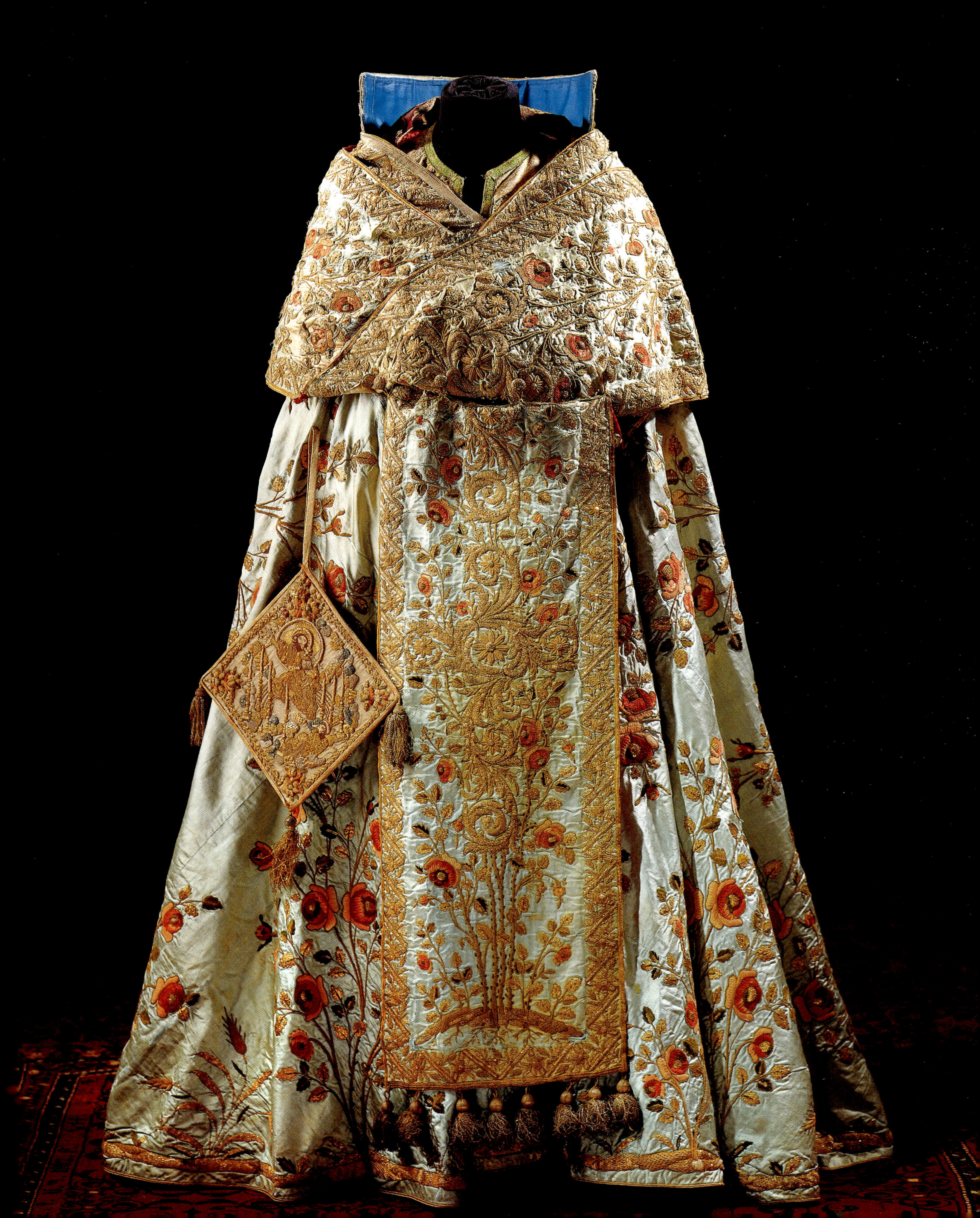

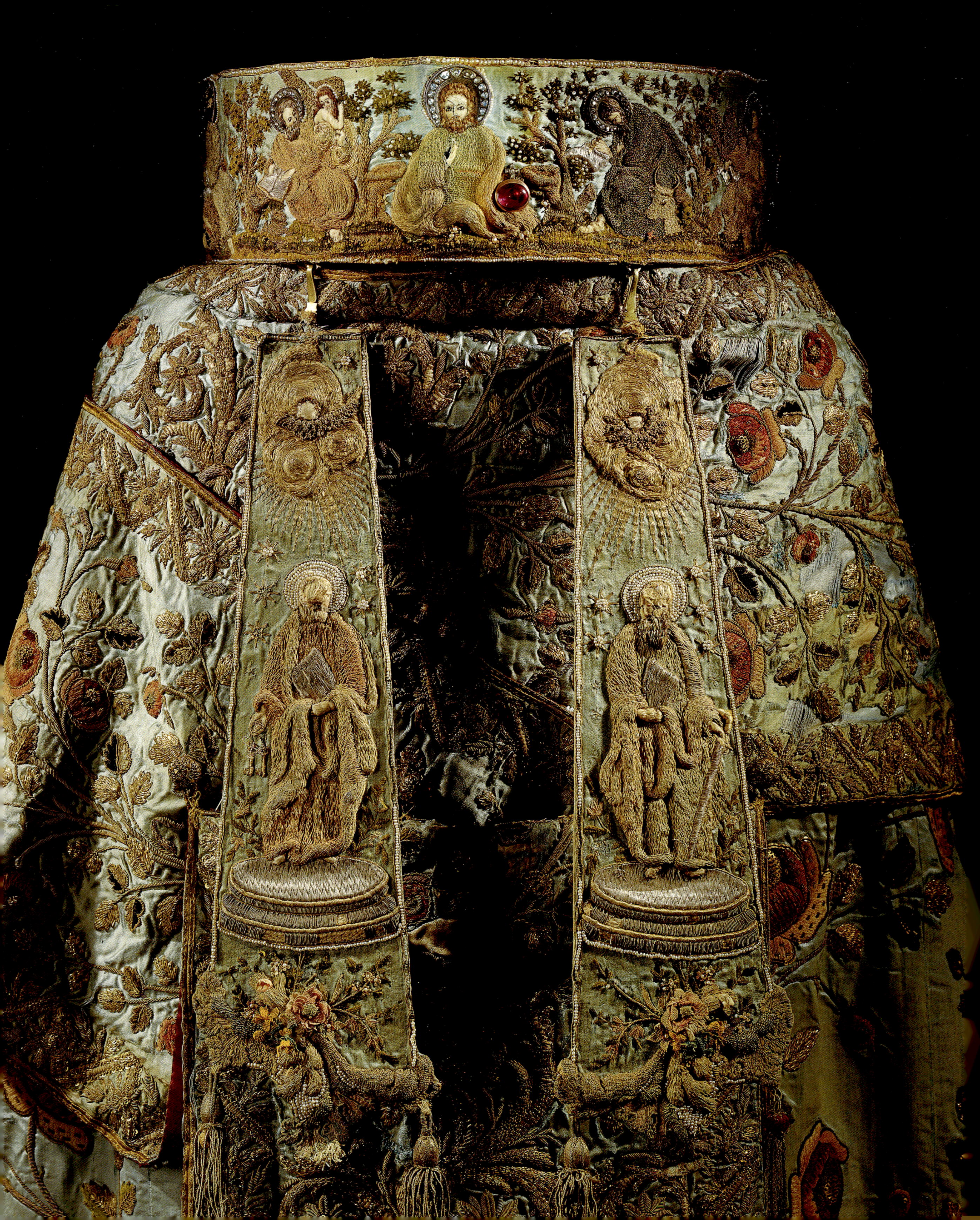

DIE ANKLEIDUNG

Zum Beginn der Ankleidung beten die sich Ankleidenden den Psalm von Davids Haus und dem Heiligtum auf dem Berge Zion (Ps LXX 131):

…Wir wollen in die Wohnung des Herrn gehen / und anbeten vor dem Schemel seiner Füße.
Herr, mache dich auf zur Stätte deiner Ruhe, / du und die Lade deiner Heiligkeit!
Ihre Priester will ich kleiden mit Rettung / und deine Heiligen sollen jubeln mit Jubel.
…Dort will ich dem David aufgehen lassen ein mächtiges Horn / bereiten will ich einen Leuchter meinem Gesalbten.
Seine Feinde will ich in Schande kleiden / aber über ihm soll aufgehen meine Heiligkeit.
Ehre sei dem Vater und dem Sohn und dem Heiligen Geist / jetzt und immer und in Ewigkeit der Ewigkeiten. Amen

Und der Liturg betet vor seiner Ankleidung selber:
Der du gekleidet bist in Licht wie in ein Gewand, unser Herr Jesus Christus, in unaussprechlicher Erniedrigung bist du auf der Erde erschienen und unter den Menschen gewandelt, der du Hoherpriester geworden bist von Ewigkeit her nach der Ordnung Melchisedeks und geschmückt hast deine heilige Kirche.
Herr allmächtiger, der du uns geschenkt hast, das gleiche himmlische Gewand anzuziehen, würdige auch mich zu dieser Stunde, deinen unwürdigen Knecht, der ich freimütig spreche und hinzutrete zu diesem geistlichen Dienst deiner Herrlichkeit, daß ich von allen Freveln entkleidet werde, welches ist das Gewand der Befleckung, und geschmückt werde mit deinem Licht. Nimm weg von mir mein Böses und entferne meine Übertretungen, damit ich würdig werde des von dir bereiteten Lichtes.

Gnade mir, mit priesterlichen Ehren einzutreten zum Dienste deiner Heiligkeit mit denen, die in Sündlosigkeit deine Gebote bewahrt haben, damit auch ich bereit gefunden werde deines himmlischen Festsaals, mit den klugen Jungfrauen dich zu ehren, Christus, der du die Sünden aller hinweggenommen hast. Denn du bist die Heiligung unserer Seelen, und dir, gütiger Gott, gebührt Ehre, Macht und Achtung, jetzt und immer und in Ewigkeit der Ewigkeiten. Amen.

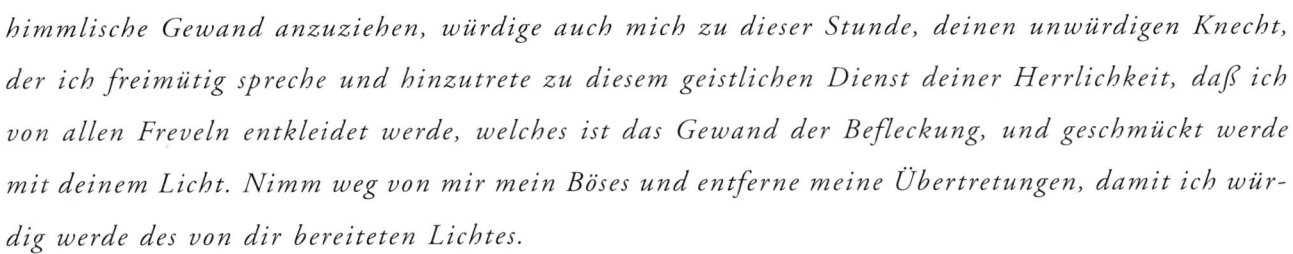

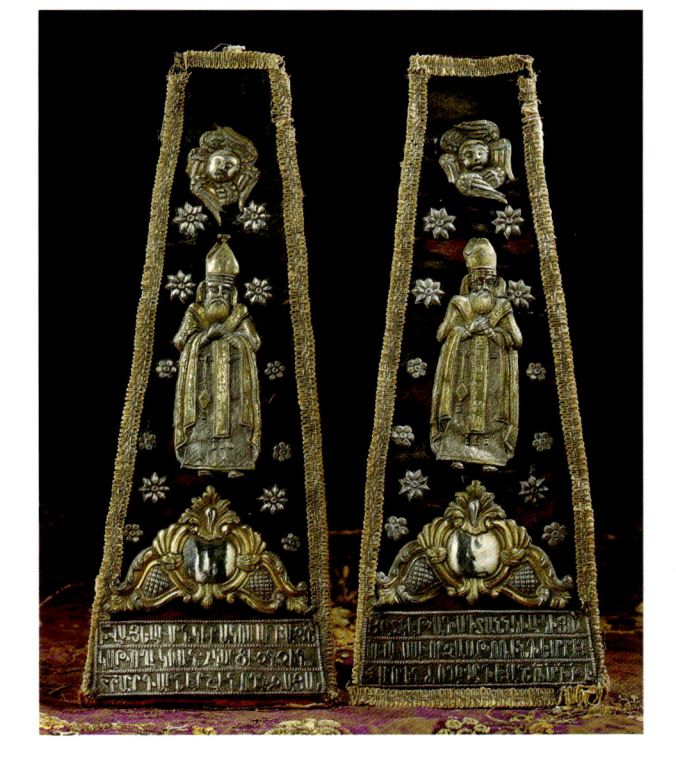

Seite 32: Liturgischer Kragen·*Vakas* und Infulae·*Artachurakner* von Katholikos Kirakos dem Großen, 1810, Konstantinopel, plastische Stickerei auf Seide, Silber- und Goldfaden, Perlen, Edelsteine, 11,5 x 53 cm (Kragen), 53 x 13 cm (Infula) – Kragen: Christus inmitten der Evangelisten, Infulae: Peter und Paul

Seite 33: Infulae·*Artachurakner* eines Bischofsgewandes, 1800, Sis, Leder, Baumwollrips, vergoldetes Silber, Borte, 30,5 x 11,5 cm – Hl. Gregor der Erleuchter und Seraphim

CHUJR oder **TAG** (die Bischofs-Mitra; Tag wörtlich: Krone) · Als Kopfbedeckung bischöfliche Insignie, ganz ähnlich der lateinischen Mitra, von dort im 13. Jahrhundert in Kilikien übernommen und im 14./15. Jahrhundert in der armenischen Kirche verbreitet. Zwei kleine gleiche Kreuze zieren die beiden Spitzen. Das Chujr ist meistens reich verziert mit Stickereien, Medaillons und ähnlichem. Die Stirnseite ist meist mit dem Bildnis der Gottesmutter, die Rückseite mit dem Christusbild geschmückt. Das Chujr wird von den Bischöfen während der Liturgie getragen. Es kann auch von den Vardapeten benutzt werden, die mit der Verwaltung eines Bischofsamtes beauftragt sind. Das Chujr symbolisiert den biblischen *Helm des Heils*. Wenn sich der Zelebrant das Chujr auf das Haupt setzt, betet er: *Setze, Herr, den Helm des Heils auf mein Haupt, kriegzuführen gegen die Kräfte des altbösen Feindes, durch die Gnade unseres Herrn Jesus Christus, welchem gebührt Ehre, Macht und Achtung, jetzt und immer und Ewigkeit der Ewigkeiten. Amen.*

ARTACHURÁK *pl.* Artachuraknér (Infulae oder Fanons) · Zwei oft kunstvoll gezierte Stoffstreifen, die auf der Rückseite des liturgischen Gewandes, am Vakas befestigt, herabhängen. Zum *Chujr* (Mitra) gehörend, werden sie nur in Verbindung mit ihm getragen. Die Artachuraknér sind die Relikte der beiden Enden des ursprünglich um den Kopf geschlungenen Bandes, die auf dem Rücken herunterhingen.

SAGHAVÁRT · Noch deutlicher entspricht dieser biblischen Symbolik des *Helms des Heils* die liturgische Kopfbedeckung des armenischen Priesters, das Saghavart, in seiner Form tatsächlich ein Helm. Eine hohe Kopfbekleidung wie eine geschlossene, runde Krone aus festem Material, meist umhüllt von Seide oder Samt, gelegentlich auch rein aus Metall. Üblicherweise sind zwölf arkadenartige Bögen an der Seite dargestellt. Auf der Spitze ist ein kleines Metallkreuz angebracht. Medaillons, Email oder Stickerei sind oft auf der Vorderseite appliziert. Das Saghavart wird vom Zelebranten während bestimmter Teile der Liturgie getragen. Es symbolisiert die Rettung der Seele aus der Knechtschaft des geistigen bösen Feindes und das königliche Attribut Christi, den der Priester repräsentiert und damit die Christen befähigt, gegen den Bösen zu kämpfen. Eine liturgische Kopfbedeckung in dieser Form des Saghavart wird ansonsten nur von den Bischöfen in der byzantinischen liturgischen Tradition getragen. In der armenischen Kirche wurde sie erst ab dem 13. Jahrhundert übernommen und heute in dieser von Priester und Vardapet getragen, während der armenische Bischof sein Haupt mit dem Chujr (in Form der lateinischen Mitra) bedeckt. Auch die Form des Saghavart ist orientalischen Ursprungs. Höchstwahrscheinlich ist sie abgeleitet von einer persischen Helmform.

Mitra · *Chujr* von Katholikos Kirakos dem Großen, 1810, Konstantinopel, farbige und plastische Stickerei auf Seide, Silber- und Goldfaden, Spitze, Perlen, Schmuckstücke aus Edelsteinen, Drahtarbeiten, 46 x 38 cm – Vorderseite: Gottesmutter mit Christusknaben, Rückseite: Auferstehung Christi in Gloriole über dem leeren Grab mit den Myrophoren

Liturgischer Kragen · *Vakas* von Katholikos Kirakos dem Großen, 1810, Konstantinopel, s. Seite 33

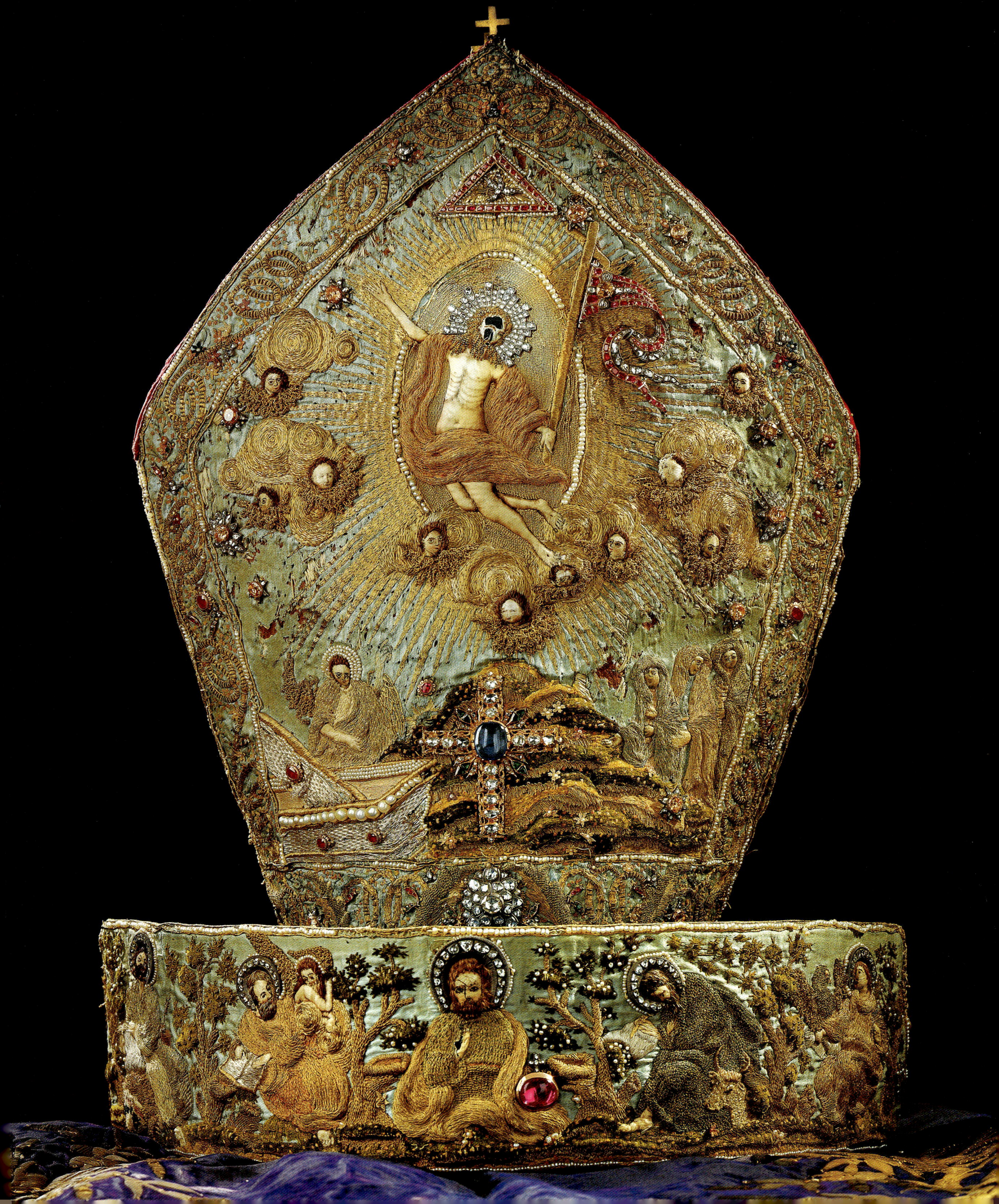

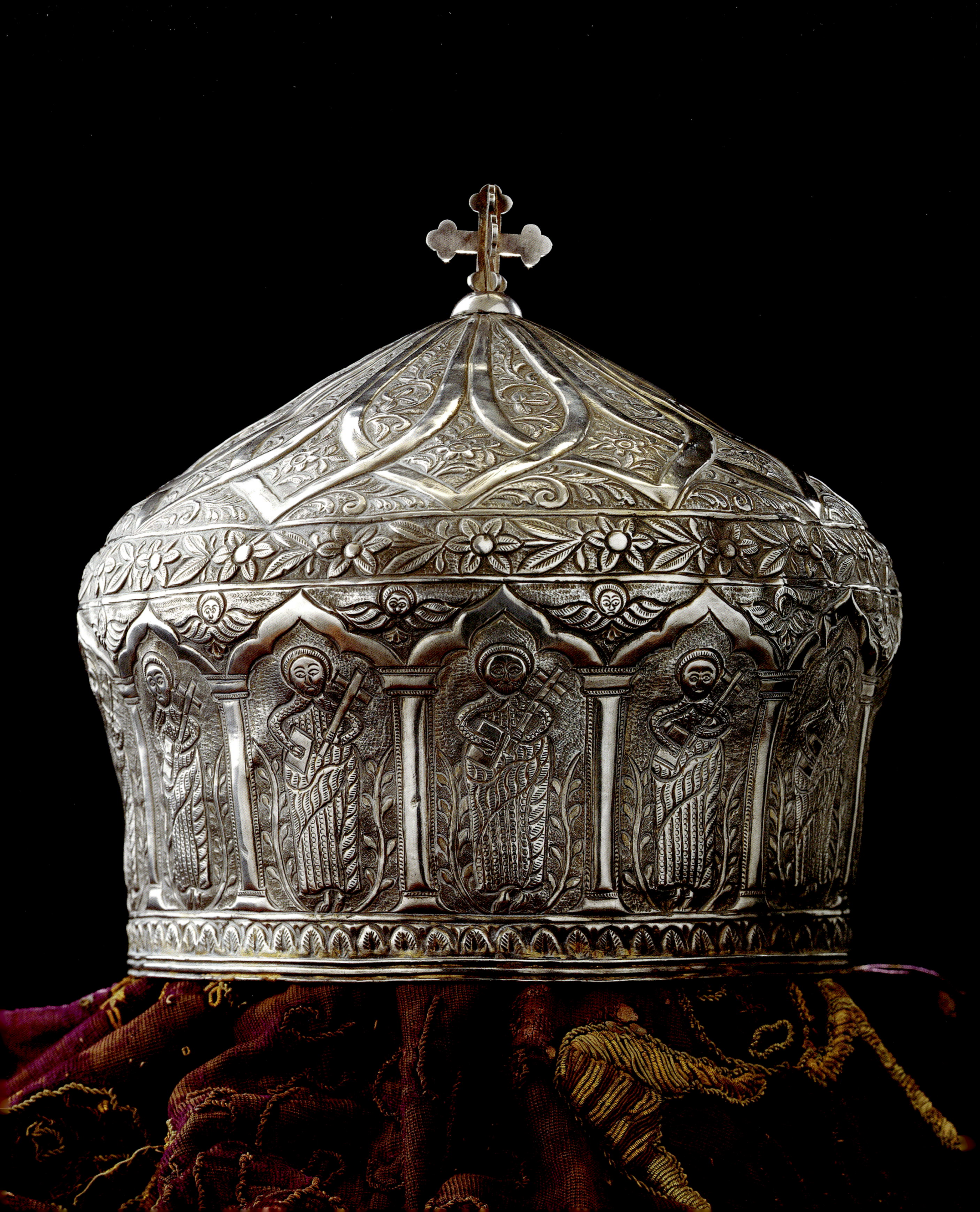

SCHAPÍK · Das Schapik ist das liturgische Untergewand des Priesters oder des Bischofs wie auch das Gewand des Diakons. Ein langes, bis zum Boden reichendes Gewand mit weiten Ärmeln wird von Diakonen und allen Klerikern in der Kirche zu allen Diensten getragen, abgesehen von der Fastenzeit und anderen Bußzeiten. Das Schapik ist gewöhnlich weiß, kann aber andere Hauptfarben aufweisen. Es symbolisiert Reinheit von Herz und Sinn, mit welcher alle die gekleidet sein müssen, die dem Herrn dienen. Das Schapik des Diakons war ursprünglich die Kleidung hoher Beamter im Römischen Reich. Seine Benutzung in der Kirche wurde durch die Bischöfe im 4. Jahrhundert eingeführt. Im 9. Jahrhundert wurde das Schapik von allen kirchlichen Rängen im Osten und im Westen benutzt.

Das Gebet zum Schapik: *Kleide mich, Herr, mit dem Gewand der Rettung und dem Rock der Freude, und umhülle mich mit dem Kleid der Rettung. Durch die Gnade unseres Herrn Jesus Christus, welchem gebührt Ehre, Macht und Achtung, jetzt und immer und in Ewigkeit der Ewigkeiten. Amen.*

USSANÓTZ · In festlichen Gottesdiensten inzensieren zwei Diakone synchron den Altarraum und das Kirchenschiff. Das Schapik dieser beiden Diakone ist oft mit einem prächtigen Kragen, dem Ussanotz, geschmückt, der auch ikonographisch reich ausgearbeitet sein kann.

Daneben gibt es das Schapik des Zelebranten, von derselben Form, aber ohne die reichen Kragenverzierungen, getragen als liturgisches Untergewand. Es zeigt als helles Gewand die Freude des Geistes an, in welcher der Priester sich dem Altar nähert. Ebenso symbolisiert es durch seine helle Farbe die Reinheit des Klerikers, wie bereits Origenes, der große Gelehrte und Kirchenvater, im 3. Jahrhundert bemerkte.

PORURÁR (Epitrachilion, Stola) · Liturgisches Gewandstück des Priesters und des Bischofs, vom selben Material wie das Schurdshar. Es entspricht dem Urar des Diakons, der Stoffstreifen ist aber zusammengenäht und hat oben eine Öffnung für den Kopf. Das Porurar hängt vorn über dem Schapik. Das Porurar gehört zu der Kleidung dessen, der die Liturgie zelebriert, also Priester, Vardapet oder Bischof. Es symbolisiert Gerechtigkeit, die den Christen stärkt, der Sünde zu widerstehen. Ebenso bedeutet es das Joch Christi, unter welchem der Diener Gottes so auch symbolisch-sichtbar geht. Beim Umlegen des Porurar um den Hals sagt der Zelebrant: *Kleide, Herr, meinen Hals mit Gerechtigkeit und reinige mein Herz von aller Unreinheit der Sünden. Durch die Gnade unseres Herrn Jesus Christus, welchem gebührt Ehre, Macht und Achtung, jetzt und immer und in Ewigkeit der Ewigkeiten. Amen.*

Liturgischer Helm · *Saghavart* für Priester oder Vardapet, 1882, Silber, getrieben, ziseliert, 21,5 cm, Dm 21,5 cm – symbolisiert den biblischen *Helm des Heils*, arkadenartige Bögen, Darstellung der zwölf Apostel

URÁR (Orarion, Stola) · Eng verwandt mit dem Porurar des Priesters, ist das Urar Amtsinsignie des Diakons, das aus einem langen Streifen feinen Stoffs in einer der Hauptfarben besteht. Es hat ein Kreuz in der Mitte eingestickt, wo es auf der Schulter des Diakons liegt, und zwei weitere Kreuze an den beiden Enden auf dem Rücken und auf der Vorderseite. Das Urar gehört zur gottesdienstlichen Gewandung des Diakons. Jedoch gibt es häufig Genehmigungen des Bischofs für Personen des *Clerus minor*, das Urar zu tragen und bestimmte Dienste des Diakons zu verrichten. Das Urar wird auch als alttestamentlicher Gewandteil des Aaron im Scharakan des Gewandes besungen (s. Seite 52).

GOTÍ & DSHARMÁND (Gürtel & Gürtelschnalle) · Ein breiter, gezierter Gürtel, gewöhnlich aus demselben Stoff wie das Schurdshar. Vorn durch eine kunstvolle Gürtelschnalle zusammengehalten. Es wird von dem Zelebranten, dem Priester oder Bischof, über dem Schapik und dem Porurar getragen. Das Goti symbolisiert den Glauben, welcher der Seele Kraft gibt. Es bedeutet auch die Autorität des Priesters, *zu binden und zu lösen* (im Sakrament der Buße die Sünden zu vergeben oder zu behalten). Beim Umlegen des Gürtels über Schapik und Porurar und dem Schließen der oft prächtig gezierten Gürtelschnalle, wird gebetet: *Es umgürte der Gürtel des Glaubens die Mitte meines Herzens und Sinnes und tilge aus ihnen die schmutzigen Gedanken, und die Kraft deiner Gnade wohne zu jeder Stunde in ihnen. Durch die Gnade unseres Herrn Jesus Christus, welchem gebührt Ehre, Macht und Achtung, jetzt und immer und in Ewigkeit der Ewigkeiten. Amen.*

BASPÁNK (Epimanikia, Manschetten) · Liturgische Manschetten für den Unterarm, sie halten die Ärmel des Schapik. Die Baspank sind aus demselben Material wie das Schurdshar. Sie symbolisieren Reinheit und Stärke, Eigenschaften, die zum Dienst für Gott befähigen. Beim Anlegen der liturgischen Manschetten über dem Schapik betet der Zelebrant: *Gib, Herr, Kraft meiner rechten / linken Hand, wasch ab alle meine Befleckungen, damit ich fähig werde, dir zu dienen in Unschuld des Geistes und Körpers. Durch die Gnade unseres Herrn, welchem gebührt Ehre, Macht und Achtung, jetzt und immer und in Ewigkeit der Ewigkeiten. Amen.*

VAKÁS (Superhumerale oder Amikt, liturgischer Kragen) · Das Vakas, heute ein auf den Schultern stehender, oft reich gezierter Kragen, hat sich aus dem nach hinten herabhängenden Schultertuch entwickelt, das man seinerseits ursprünglich zur Bedeckung des Kopfes verwendete, welches aber von der Mitra und der Priesterkrone abgelöst wurde. Die Bezeichnung Vakas ist späten Ursprungs und bezieht sich offenbar auf die entsprechende armenische Bezeichnung des Schultertuchs Aarons (2. Mose 28,4; im lateinischen Text

Liturgische Gürtelschnalle und Fibel · *Djarmand* eines liturgischen Gewandes, 19. Jh., Silber, besetzt mit Türkissplittern und je einem Achat, 10,5 x 18,6 cm (Gürtelschnalle), Dm 8,5 cm (Fibel)

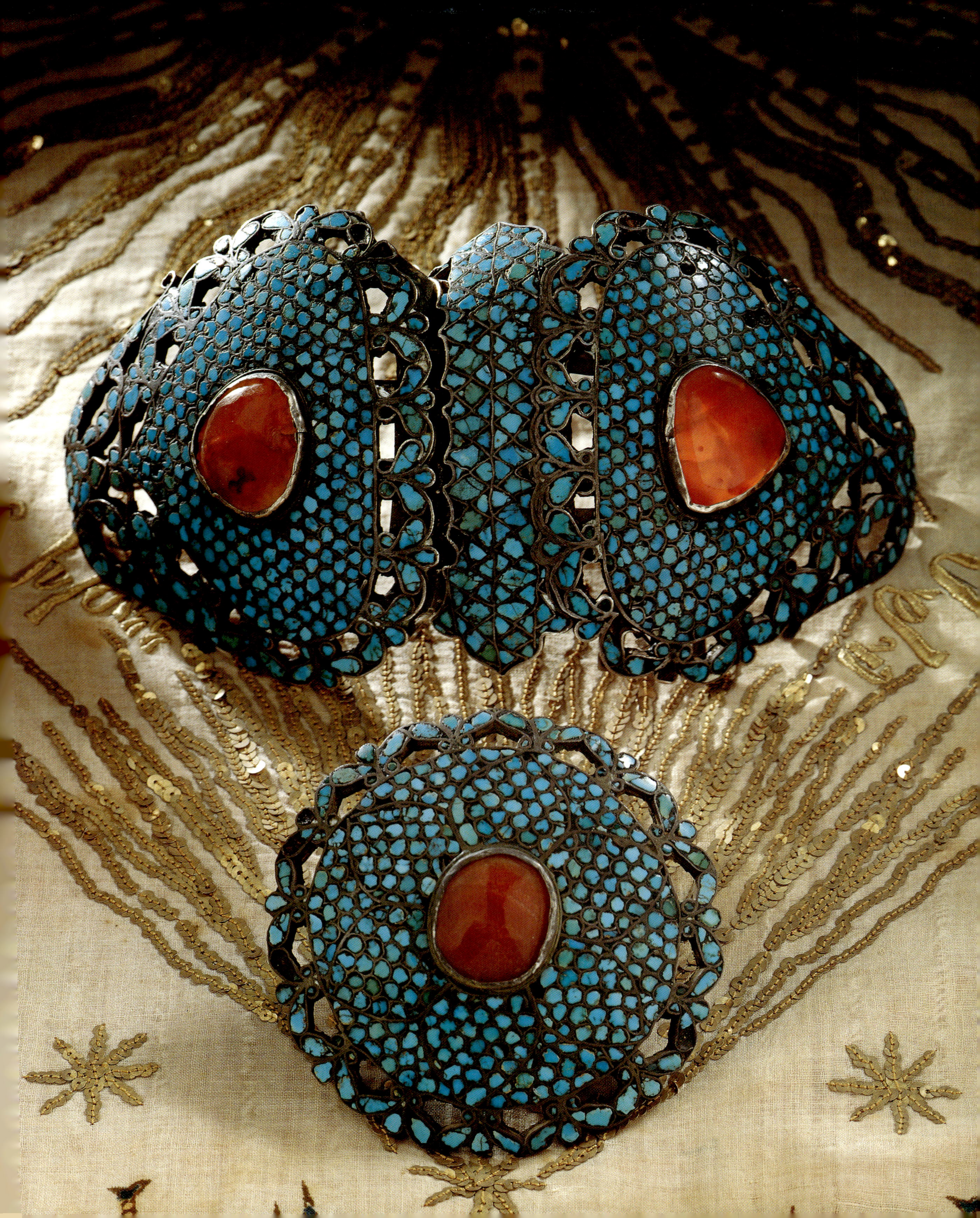

der Vulgata *Superhumerale*). Das Vakas ist bestickt oder mit Medaillons verschiedenen Materials geschmückt. Es symbolisiert Gerechtigkeit und Gehorsam gegenüber Christus anstelle der eigenen »Halsstarrigkeit«. Beim Anliegen des Vakas wird gebetet: *Kleide, Herr, meinen Hals mit Gerechtigkeit und reinige mein Herz von aller Unreinheit der Sünden. Durch die Gnade unseres Herrn Jesus Christus, welchem gebührt Ehre, Macht und Achtung, jetzt und immer und in Ewigkeit der Ewigkeiten. Amen.*

SCHURDSHÁR, auch **NAPÓRT** · Das liturgisches Obergewand von Priester und Bischof, entsprechend etwa der Kasel oder heute mehr dem Pluviale. Liturgisches Kleidungsstück in Form eines Halbkreises, von feinem Stoff jeglicher Farbe, wobei eine Farbe dominiert. Das Schurdshar wird von Priester oder Bischof während der Liturgie getragen. Es wird auch in anderen Gottesdiensten angelegt, etwa zu Evangelienlesungen oder entsprechenden Anlässen. Das Schurdshar symbolisiert die Herrlichkeit und Ehre des neuen Lebens im Geiste Gottes und im Glauben. Es bedeutet Schild und Verteidigung gegen die Attacken des Bösen. Beim Anlegen des Obergewandes betet der Zelebrant: *Herr, durch dein Erbarmen kleide mich mit leuchtendem Gewand, und befestige mich gegen die Einwirkung des Bösen, damit ich würdig werde, zu ehren deinen geehrten Namen. Durch die Gnade unseres Herrn Jesus Christus, welchem gebührt Ehre, Macht und Achtung, jetzt und immer und in Ewigkeit der Ewigkeiten. Amen.*

Seite 40: Liturgischer Kragen·*Vakas*, 1802, Sis, Silberbleche, vergoldet, über rotem Leinen und schwarzem Baumwollrips, 13,5 x 76 cm – Thronender Christus mit den zwölf Aposteln

Seite 41 oben: Liturgischer Kragen·*Vakas*, 1798, Sis, Silberblech, vergoldet, über rotem Leinen und schwarzem Baumwollrips, 12,5 x 60 cm – Thronender Christus, Darstellungen von Kirchen und Lamm Gottes

Seite 41 unten: Liturgischer Kragen·*Vakas*, 18. Jh., farbige Stickerei auf Seide, Gold-, Silber- und Seidenfaden, Perlen, Pailletten, 12,5 x 52,5 cm – Gottesmutter mit Christusknaben und den zwölf Aposteln

JEMIPORÓN (griechisch Omophorion, lateinisch Pallium) · Über dem Schurdshar als Gewand-Insignie seines Amtes trägt der Bischof das Jemiporon, ein langes, breites Band aus feinem Stoff, meist reich bestickt. Es wird so um die Schultern gelegt und dort befestigt, daß das eine Ende über der Brust, das andere über den Rücken herabhängt. Meist sind vier gestickte Stoffkreuze auf das Jemiporon appliziert: eines auf jeder Schulter, eines auf der Brust und eines auf dem Rücken. Das Jemiporon wird vom Bischof während des ersten Teils der Liturgie, der Vorbereitung der eucharistischen Gaben, und während des zweiten Teils, dem Wortgottesdienst vor der Eucharistie, getragen.

Das Jemiporon ist eine der ältesten liturgischen Gewand-Insignien. Ursprünglich war es die Dienstschärpe des römischen Kaisers und anderer hoher römischer Beamter. Als unter Kaiser Theodosius dem Großen 380 das Christentum zur ausschließlichen Staatsreligion des Römischen Reichs erhoben wurde, erhielten die Bischöfe der noch im 4. Jahrhundert grausam verfolgten Christen das Omophorion in ihrer neuen Eigenschaft als nobilitierte Reichsbeamte. Der Brauch, auf das Omophorion Kreuze verschiedenster Form zu applizieren, geht auf diese Zeit der Übernahme der römischen Beamten-Insignie durch die Kirche zurück.

KONKÉR (griechisch Epigonation oder Hypogonation) · Eine Gewand-Insignie, die im armenischen Bereich nur den Patriarchen und den Katholikoi zusteht. Sehr ähnlich dem Epigonation im byzantinischen Bereich, welches dort allen Bischöfen zusteht, ein rhombenförmiges, verstärktes Stoffstück, reich bestickt mit einem Kreuz oder einem entsprechenden Bild (z.B. dem Mystischen Mahl oder dem Christus der Apokalypse mit den sieben Leuchtern), an drei Ecken mit Quasten verziert. Es ist mit einer Kordel an dem *Goti* angehängt und befindet sich in Kniehöhe auf der rechten Seite des Trägers. Das Konker symbolisiert das Schwert der Gerechtigkeit und zeigt so die Amtsvollmacht des Trägers an.

Seite 42: Epigonation · *Konker*, 18. Jh., Kilikien, Stickerei auf Seide, Gold-, Silber- und Seidenfaden, Perlen, 23 x 22,5 cm – Mystisches Mahl

Seite 43: Bischofs-Mitra · *Chujr*, 1793, Iran, Stickerei auf Seide, Silber-, Gold- und Seidenfaden, 48 x 33 cm – Vorderseite: Gottesmutter, Rückseite: Christus Pantokrator

Seite 44: Bischofs-Mitra · *Chujr*, 18. Jh., Kilikien, Stickerei auf Seide, Gold-, Silber- und Seidenfaden, Smaragdperlen, weiße Saatperlen, 46,5 x 34 cm – Vorderseite: Gottesmutter, Rückseite: Auferstehung

Seite 45: Bischofs-Mitra · *Chujr*, 1748, Kilikien, Stickerei auf Seide, Silber- und Goldfaden, Perlen, aufgesetzte Schmuckstücke mit Edelsteinen, 46 x 35 cm – Vorderseite: Gottesmutter, Apostel, Rückseite: Kreuzigung, Apostel

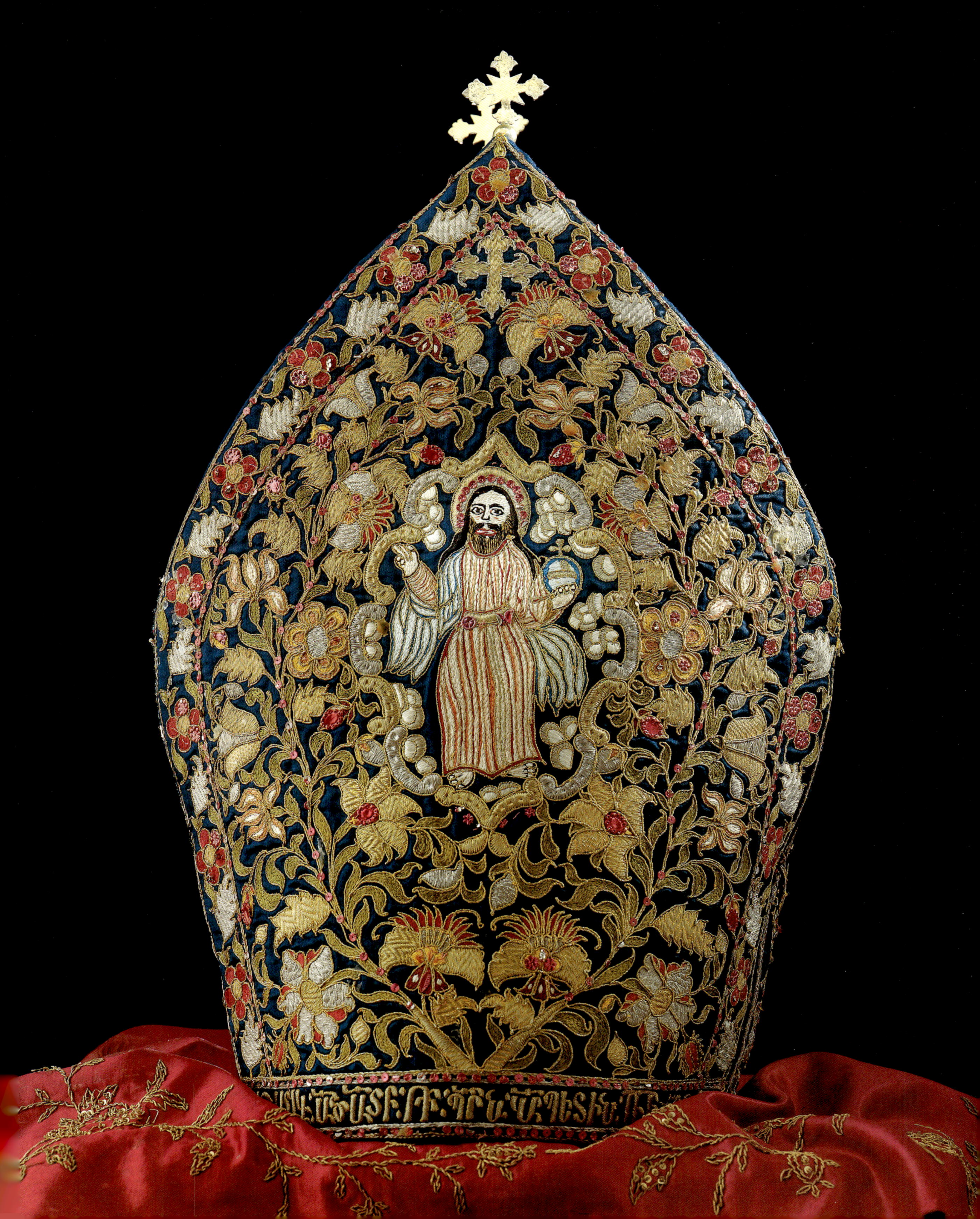

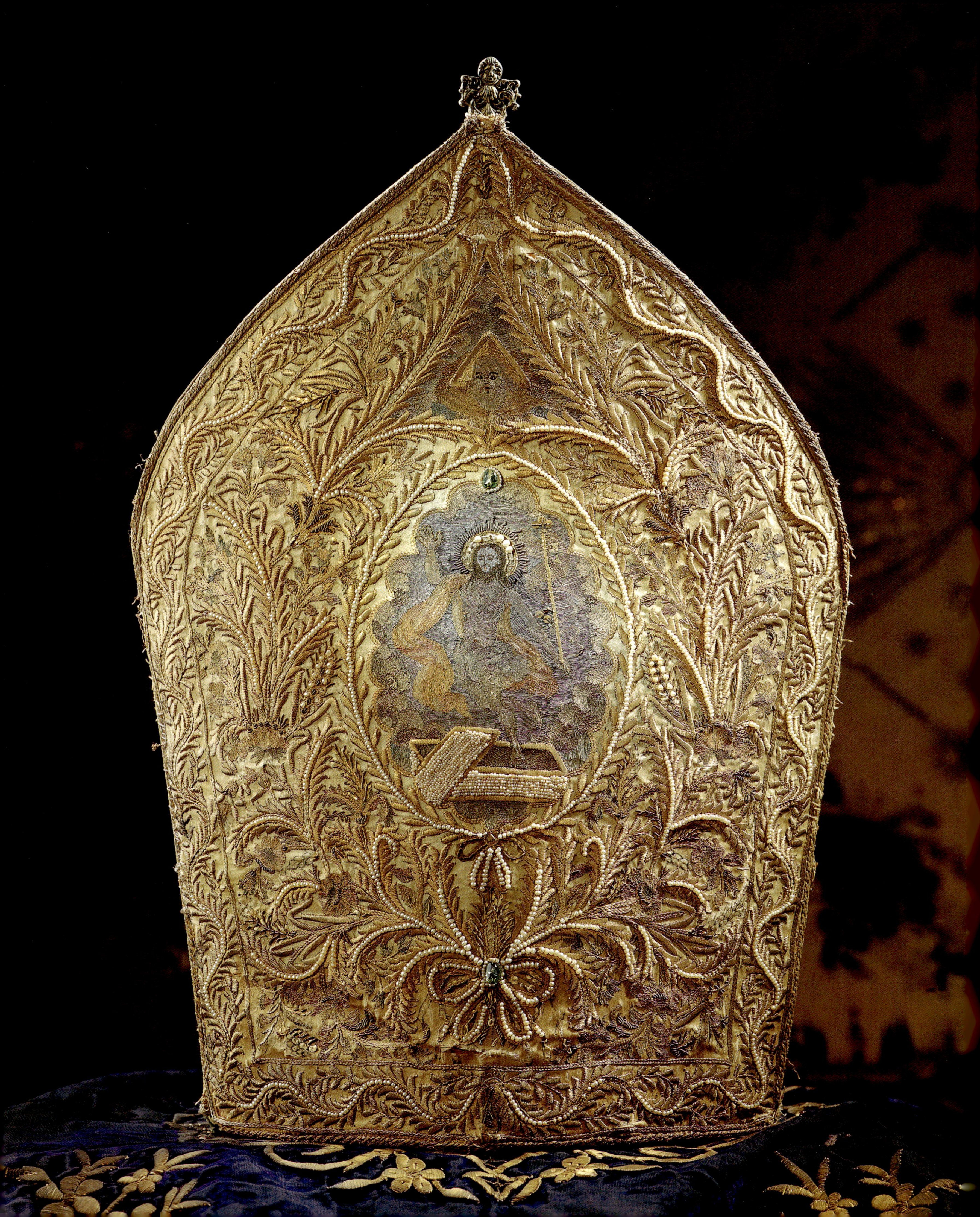

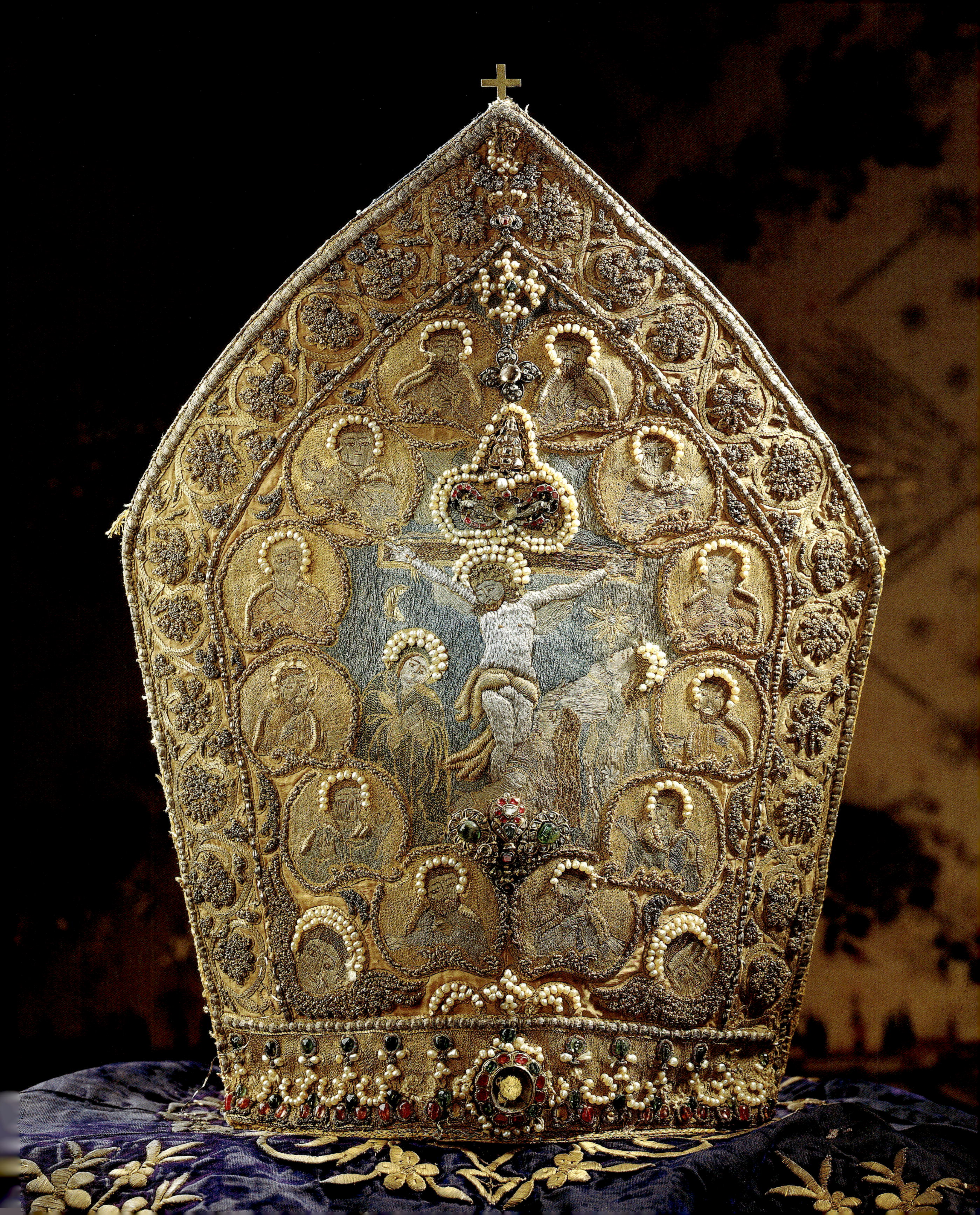

Als Würdezeichen der Bischöfe und der Vardapeten, die eine Rangstufe unter jenen stehen und als kirchliche Lehrer und Prediger sowie oft als Bischöfe amtieren, gehören die Bischofs- und Vardapetenstäbe zur liturgischen Gewandung.

GAVASÁN HOVVAKÁN (Hirtenstab) · Großer Stab, Insignie des Bischofs, oft metallen, gelegentlich aus Holz, an der Spitze meist gekrümmt und reich in verschiedenster Weise geziert. Der Gavasan hovvakan wird vom Bischof in der linken Hand gehalten. Er symbolisiert und mahnt den Bischof, entsprechend Christus ein *tapferer* Hirte seiner Herde zu sein (in der armenischen biblischen Lexik nicht *guter* Hirte, sondern *kadsh hoviv, tapferer* Hirte). Dieser Stab wird in der Liturgie und bei anderen Gottesdiensten benutzt, im Unterschied zu den einfacheren Stöcken außerhalb des liturgischen Raumes.

GAVASÁN VARDAPETAKÁN (Vardapeten-Stab, Doctor-Stab, Stab des Lehrers) · Großer Stab, Insignie des kirchlichen Lehramtes des Vardapet (oft im Range eines Bischofsvikars), metallen, gelegentlich hölzern, sowohl in T-Form als auch in Form zweier gegenständiger Schlangen/Drachen. Gelegentlich gekrönt von einer kleinen Sphaira mit Kreuz. Das Gavasan vardapetakan wird von Priestern oder Prälaten getragen, die den kirchlichen Rang des Vardapet (Lehrer, Doctor) innehaben. Es kann auch von Bischöfen getragen werden. Der Vardapeten-Stab symbolisiert die Autorität der Lehre, die Schlangen/Drachen symbolisieren Weisheit für die Welt. Das Gavasan vardapetakan wird mit der linken Hand gehalten und wird in der Liturgie beim Predigen und zu anderen gottesdienstlichen Anlässen genutzt.

MATANÍ · Wie auch in der byzantinischen und lateinischen Tradition, trägt der armenische Bischof als Zeichen seines Amtes den (Bischofs-)Ring. Dieses ist zumeist ein Ring mit einem relativ großen Edelstein, oft Amethyst, manchmal von Diamanten umgeben. Das Matani wird dem Bischof bei seiner Weihe überreicht. Der Bischofsring wurde auch zum Siegeln verwendet. Wie die anderen Bischofs-Insignien geht auch der Ring auf die Insignien hoher römischer Reichsbeamter zurück.

Seite 46: Katholikosring·*Matani*, 20. Jh., großer Bernstein, Silber
Katholikosring, 19. Jh., Smaragd, Diamanten, Gold
Katholikosring, 19. Jh., Rubin in Rotgoldfassung, Diamanten in Weißgoldfassung, Gold

Seite 47: Priesterkrone·*Saghavart* und Umhang· *Pilon*, 19. Jh., Kilikien, Stickerei auf Samt bzw. Seide, Gold- und Silberfaden, Pailletten, Drahtarbeit, Borte, 23,5 cm, Dm 25 cm (Priesterkrone), 90 x 140 cm (Umhang)

Seite 48: Vardapetenstab·*Gavasan vardapetakan*, 19. Jh., Sis, Silber, vergoldet, ziseliert, graviert, gegossen, Krümme Messing, vergoldet, gegossen, ziseliert, 175,5 cm

Seite 49: Vardapetenstab, 1719, Kilikien, Silber, vergoldet, gegossen, graviert, montiert, Krümme in T-Form: Silber, vergoldet, graviert, Filigran, Türkise, 150 cm
Vardapetenstab, 19. Jh., Silber, vergoldet, montiert, ziseliert, graviert, Krümme gegossen, 171 cm

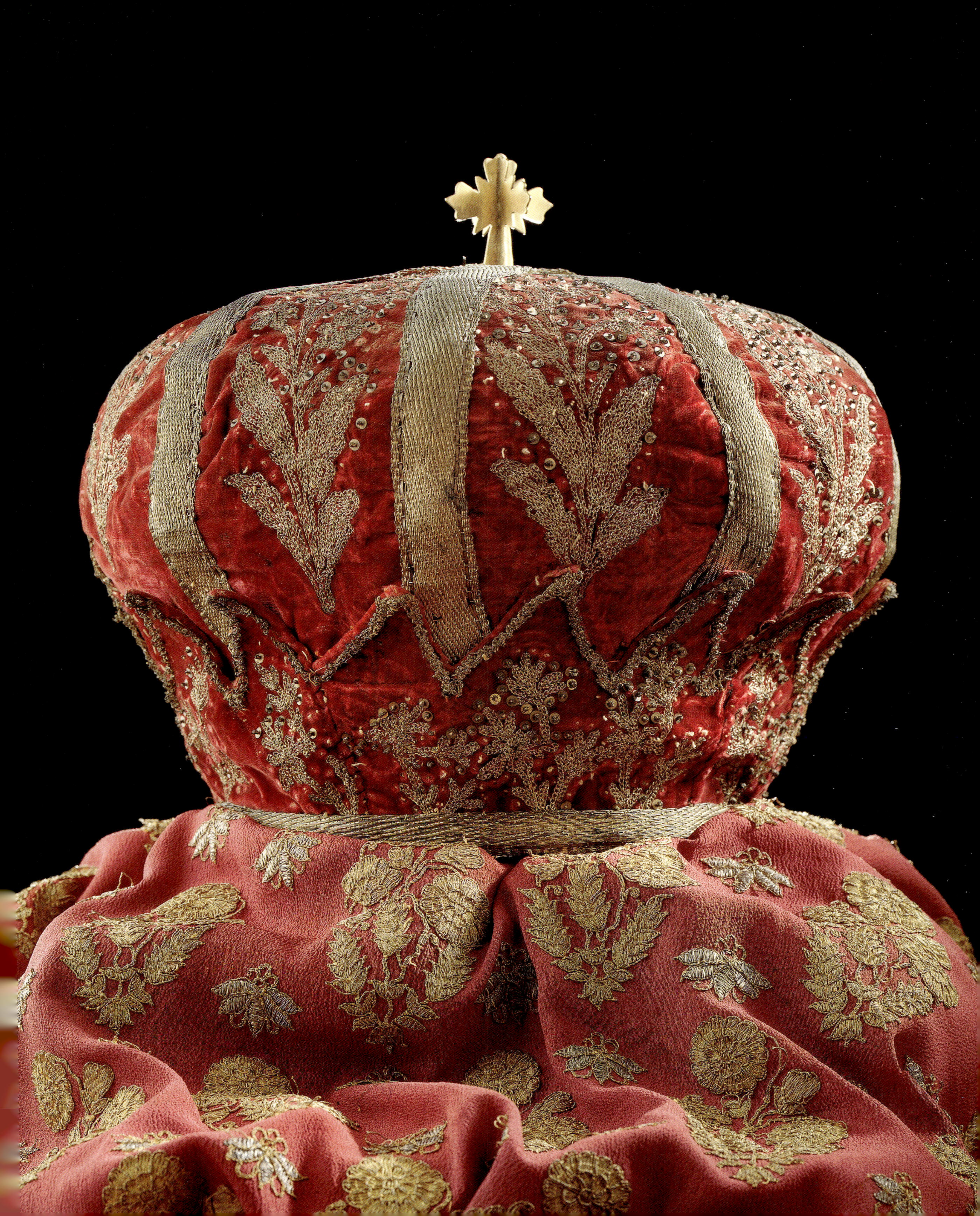

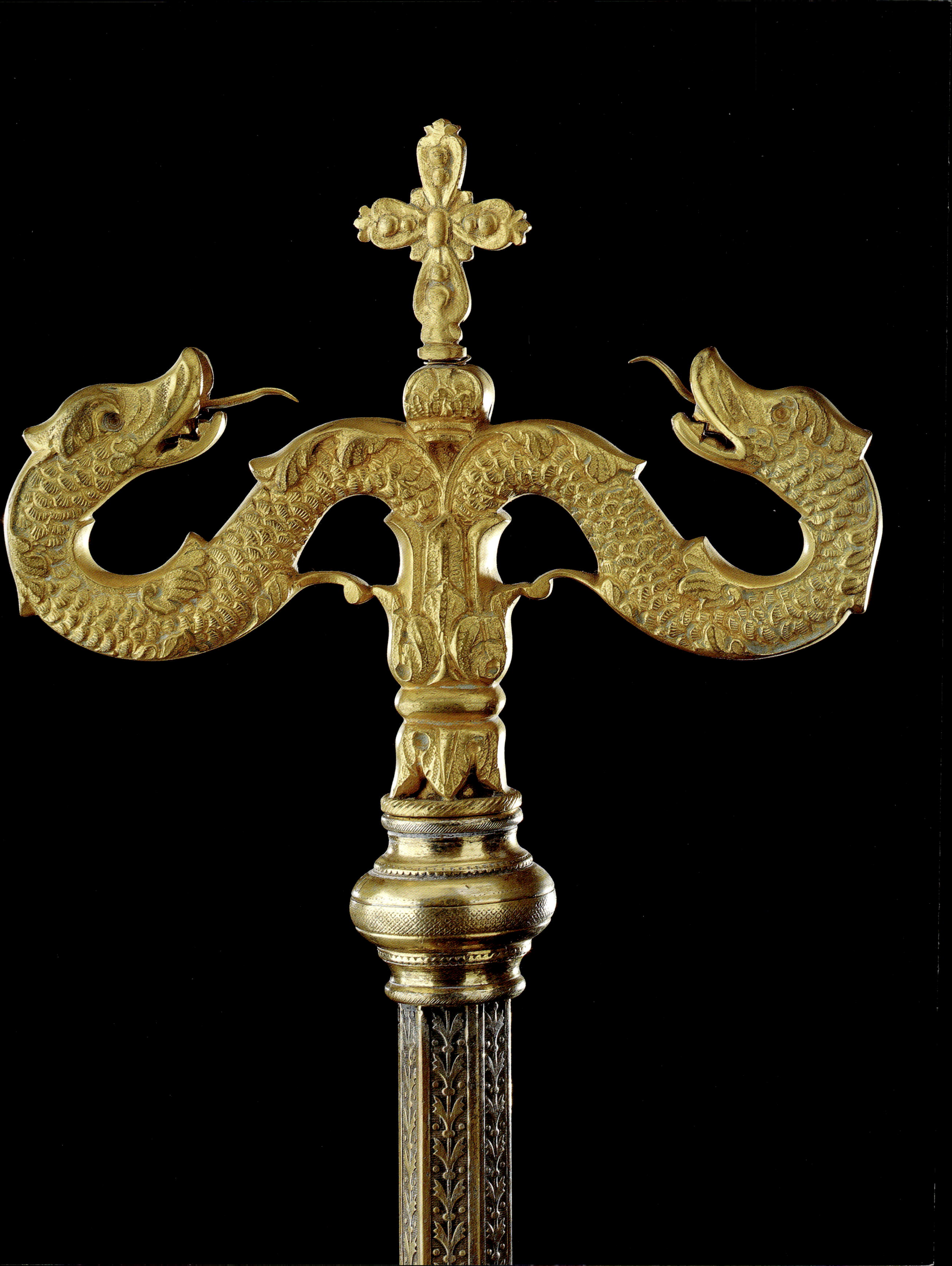

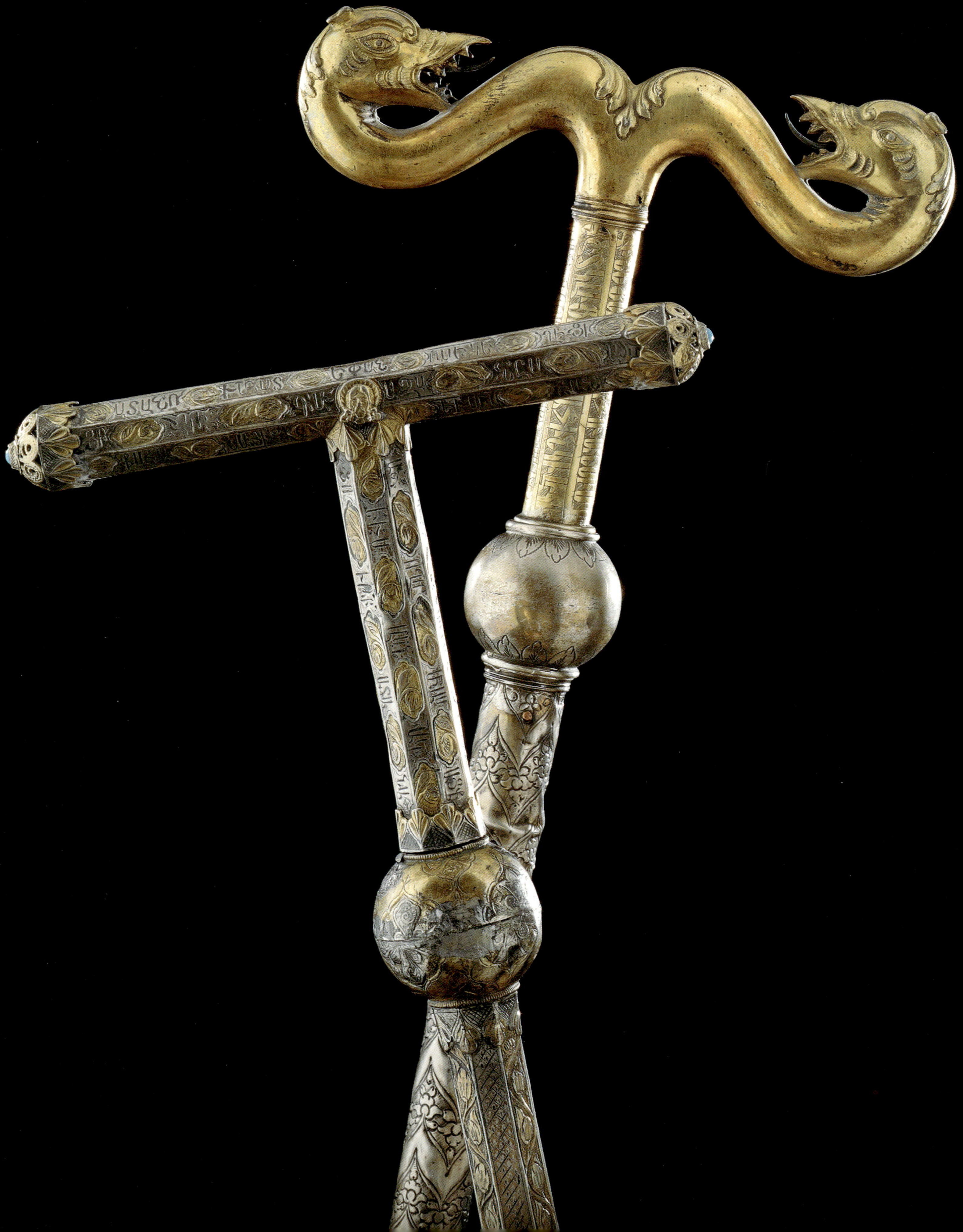

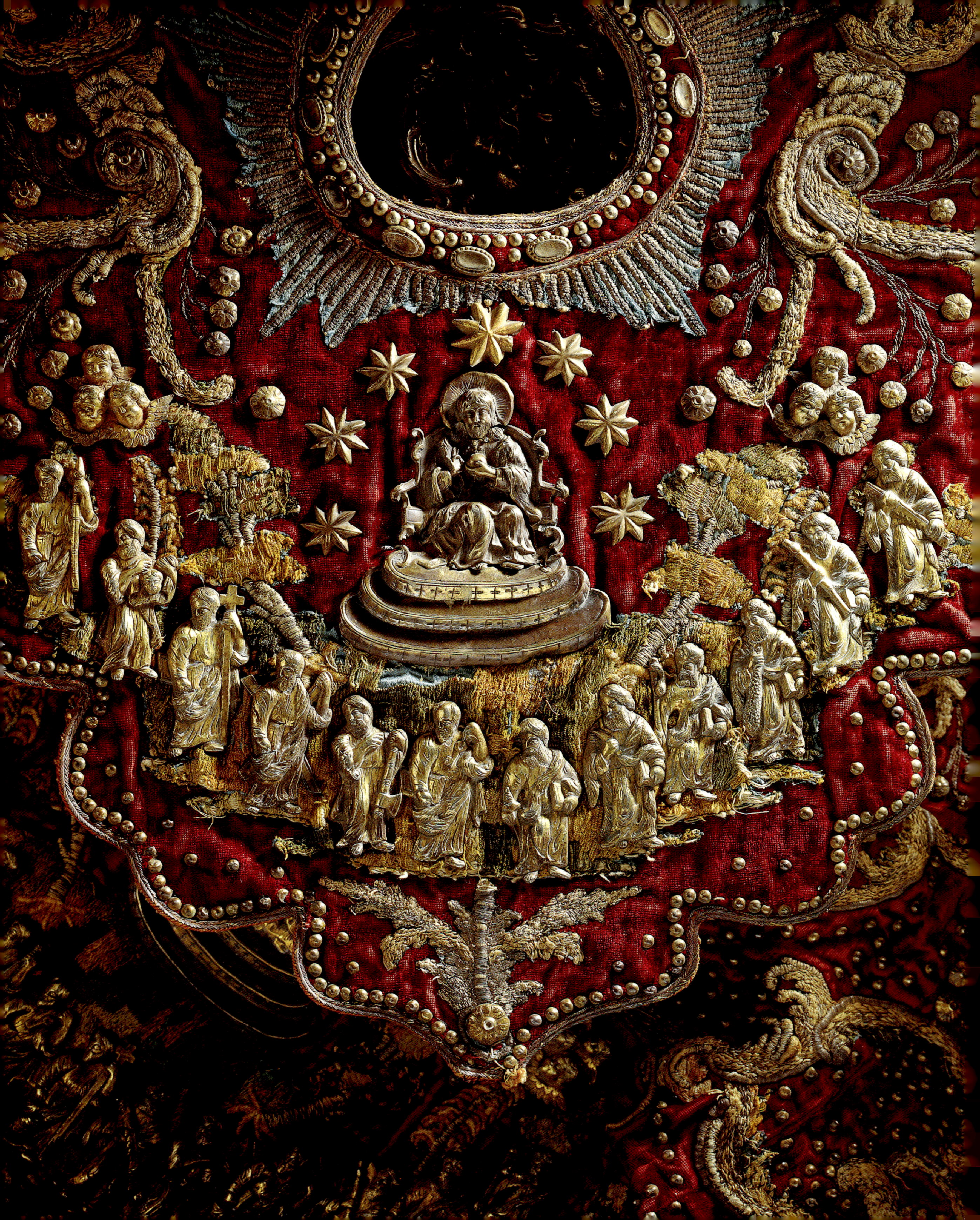

HOGHATÁPNER (Liturgische Sandalen) · Zu den orientalisch-christlichen Traditionen gehören auch die liturgischen Sandalen des Klerus. Der Altarraum wird nur mit diesen betreten. Die liturgischen Sandalen haben eine Form wie Pantoletten, sie sind aber nicht selten geschmückt mit reicher Stickerei, wobei Schlangen und Skorpione dargestellt werden – vgl. Ps 91,13 *Über Löwen und Ottern wirst du gehen / und junge Löwen und Drachen niedertreten.* oder Lk 10,19, wo Jesus zu den 72 ausgesandten Jüngern sagt: *Seht, ich habe euch Macht gegeben zu treten auf Schlangen und Skorpione, und Macht über alle Gewalt des Feindes; und nichts wird euch schaden.*

Nachdem der Priester oder Bischof vollständig mit den heiligen Gewändern bekleidet ist, schließt er mit dem Freudenpsalm:

> *Es jauchze meine Seele im Herrn, denn er hat mich bekleidet mit dem Gewand der Rettung und dem Rock der Freude. Wie dem Bräutigam setzte er mir die Krone auf, und wie die Braut mit Schmuck schmückte er mich. Durch die Gnade unseres Herrn Jesus Christus, welchem gebührt Ehre, Macht und Achtung, jetzt und immer und in Ewigkeit der Ewigkeiten. Amen.*

Seite 50: Kragen des Schapik·*Ussanotz*, 19. Jh., Konstantinopel, Samt, plastische Stickerei, Silberfaden, Silberbesätze, vergoldet, ziseliert, teilweise gegossen, geprägt, 91 x 65 cm – Brust: Verkündigung, Rücken: Christus mit den zwölf Aposteln. Diese Ussanotz werden oft paarig angefertigt.

Seite 51: Liturgische Schuhe·*Hoghatapner*, 1914, Adana (?), Samt, Seide, plastische Stickerei, Gold- und Silberfaden, Edelstein-Imitate, Ledersohle, 27,5 x 11 cm

Während sich der Klerus ankleidet, singt der Chor den *Scharakan des Gewandes*. Die armenische Akrostichis dieses Scharakan, also die Anfangsbuchstaben der Strophen, lassen den Verfasser erkennen: Chatschatur T(aronatzi), Chatschatur von Taron. So kann dieser Hymnus, der in seiner »barocken« armenischen Sprache hier möglichst getreu übersetzt ist, auf den Anfang des 13. Jahrhunderts datiert werden. In ihm wird besonders deutlich, daß die priesterliche Theologie des Gewandes in den Gebeten des sich ankleidenden Zelebranten nicht exklusiv und hierarchisch ist, sondern exemplarisch und das gesamte Volk meint.

SCHARAKAN DES GEWANDES

Tiefes Geheimnis, unerreichbar, unanfänglich, der du geziert hast deine Herrschaft droben zum Gemach unnahbaren Lichts, mit überlichten Ehren die Ränge der Feurigen.

Mit unsäglichwunder Kraft gebildet hast den Adam, herrenliches Bild, und mit lieblichen Ehren ihn bekleidet im Garten von Eden, dem Ort der Freuden.

Mit dem Leiden deines heilig Einziggeborenen neuworden sind die Geschöpfe all, und wieder der Mensch ohn'Tod ist worden, geziert mit dem Kleide unverderblich.

Regengebärender Kelch feuerströmend, der ausgegossen wurdest auf die Apostel in heiligem Obergemach, ausgieß auch über uns, Geist du heiliger Gott, mit diesem Gewande deine Weisheit.

Dem Hause dein ziemt Heiligkeit, der gekleidet du bist in Anstand, mit Heiligreinheit der Ehren deine Mitte ist umgürtet. Bewahre die Mitte unsres Leibes in Wahrhaftigkeit.

Der die Schöpfung wirkenden Arme dein gebreitet hast gegen die Sterne, stärke du unsere Arme mit dem Vermögen, durch Aufheben der Hände fürzubitten bei dir.

Mit dem Aufsetzen der Krone auf's Haupt umgib den Verstand, und die Sinne mit dem kreuzgeschmückten Urar wie dem des Aaron, mit Blumen goldbestickt zur Zierde des Altars.

Aller Scharen Herr Gott mächtiger, in den Mantel von Liebe uns gekleidet hast, daß deinem heilig Geheimnis wir dienen.

König Du himmlischer, die Kirche dein unerschüttert bewahre, und die Anbeter des Namens dein bewahr' in Frieden.

Omophorion·*Jemiporon*, Kreuzapplikationen: 1634, Aleppo, Unterstoff: vor 1852, Atlas, Seide, farbige Stickerei mit Gold-, Silber- und Seidenfaden, Kreuzapplikationen auf Leinen, zweiteilige Silberschließe, 430 x 27 cm – Christus umgeben von Gottesmutter, Heiligen und Engeln

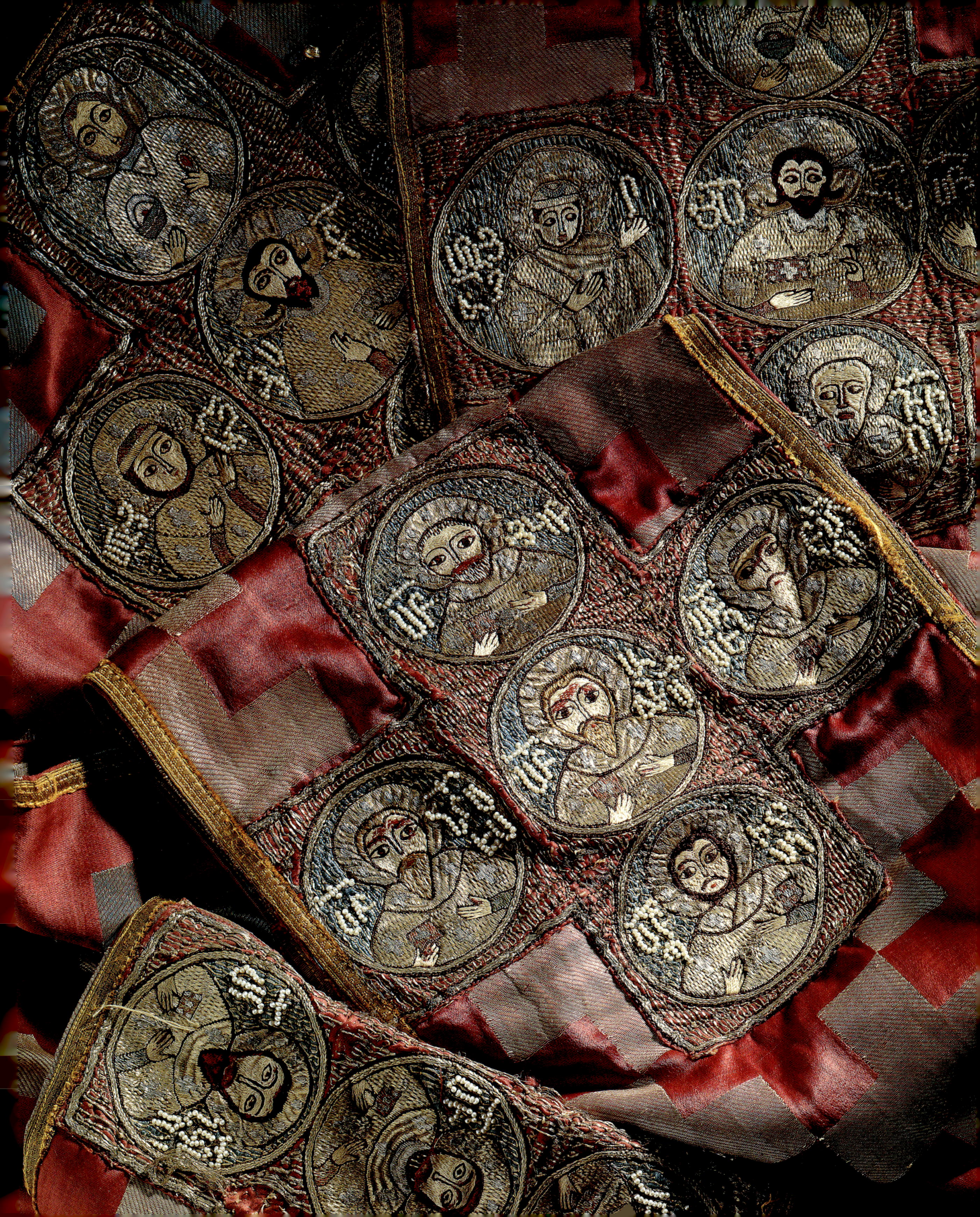

WOHLGERUCH CHRISTI · ՀՈՏ ԱՆՈՒՇ ՔՐԻՍՏՈՍԻ

In jedem *Surb Patarag* wird zum Beginn des Wortgottesdienstes die gesamte Kirche durch den Priester inzensiert, der mit dem *Wohlgeruch Christi* den gesamten anwesenden Klerus und die Gemeinde begrüßt, die ihrerseits durch Verneigen und Bekreuzigen dankt.

Der Weihrauch wird dazu im höhergelegenen Altarraum hinter dem noch geschlossenen Altarvorhang entzündet. Nun wird der Vorhang geöffnet und der Priester steigt mit dem brennenden Weihrauchgefäß herab in die Kirche. Nachdem der gesamte Kirchenraum und die Anwesenden mit dem Weihrauch begrüßt worden sind, kehrt der Priester wieder zurück in den oberen Altarraum und verbeugt sich dreimal vor dem Altartisch. Dieser erste Teil des Wortgottesdienstes, die Inzensierung, heißt im Armenischen auch *Chnkarkutjun*, wörtlich etwa *Weihrauchwerfung*.

Weihrauch bringe ich dar vor dir, Christe, geistlichen Duft. Nimm ihn an auf deinem heiligen himmlischen und geistigen Opferaltar zu lieblichem Geruch.

Sende zu uns hinwiederum die Gnaden und Gaben deines heiligen Geistes, und dir bringen wir dar Ehre mit dem Vater und deinem Geist dem heiligen, jetzt und immer und in Ewigkeit der Ewigkeiten.

Beim Anzünden des Weihrauchs im Altarraum wird das Gebet des Weihräucherns gesprochen. Und während des Inzensierens singt der Chor das *Scharakan des Weihräucherns*.

Weihrauch heißt armenisch *Chunk*, griechisch *Thymiama* und *Libanos*. Damit wird zunächst das Harz von Boswellia-Sträuchern aus Südarabien und Indien bezeichnet. Zugleich ist das Wort ein Synonym für den duftenden Rauch, der beim Verbrennen dieses Harzes aufsteigt.

Weihrauch ist in nahezu allen Hochreligionen bekannt, auch im jüdischen Tempeldienst, woher er dem frühen Christentum bekannt war. Das Weihräuchern ist Zeichen der Verehrung und war auch im spätantiken Kaiserkult üblich. Er dient zur Abwehr von Dämonen und wird beim Begräbnis benutzt. Auch der christliche Kaiser ließ sich weihräuchern, gab aber ebenso den christlichen Bischöfen des Reichs mit anderen Insignien das Recht des Weihrauchs. Die Kaiser vergingen wie Rauch, der Weihrauch des Gebetes blieb.

Vom 4. Jahrhundert an breitete sich von Palästina und Syrien her der Weihrauch im Christentum aus. An den Stätten der Erscheinung Christi in Jerusalem und Palästina wurde früh Weihrauch geopfert.

Im Gottesdienst wurde der Bischof als das Bild Christi im Osten, also auch bei den Armeniern, viel früher als im Westen mit Weihrauch geehrt, wo erst ab dem 9. Jahrhundert im Meßgottesdienst inzensiert wurde.

Seite 55: Weihrauchgefäße·*Burvarner*, 1656, Silber, vergoldet, Verzierungen gegossen, montiert, 30 cm, Dm 13 cm

Seiten 55/56: Weihrauchbehälter·*Chnkaman-tapanakner*, 18. Jh., Silber, vergoldet, ziseliert, 38,5 x 22,5 x 18 cm und 37,5 x 22 x 17,5 cm – Diese Weihrauchbehälter werden von den Diakonen in der linken Hand getragen, während sie mit der Rechten das Rauchfaß schwingen.

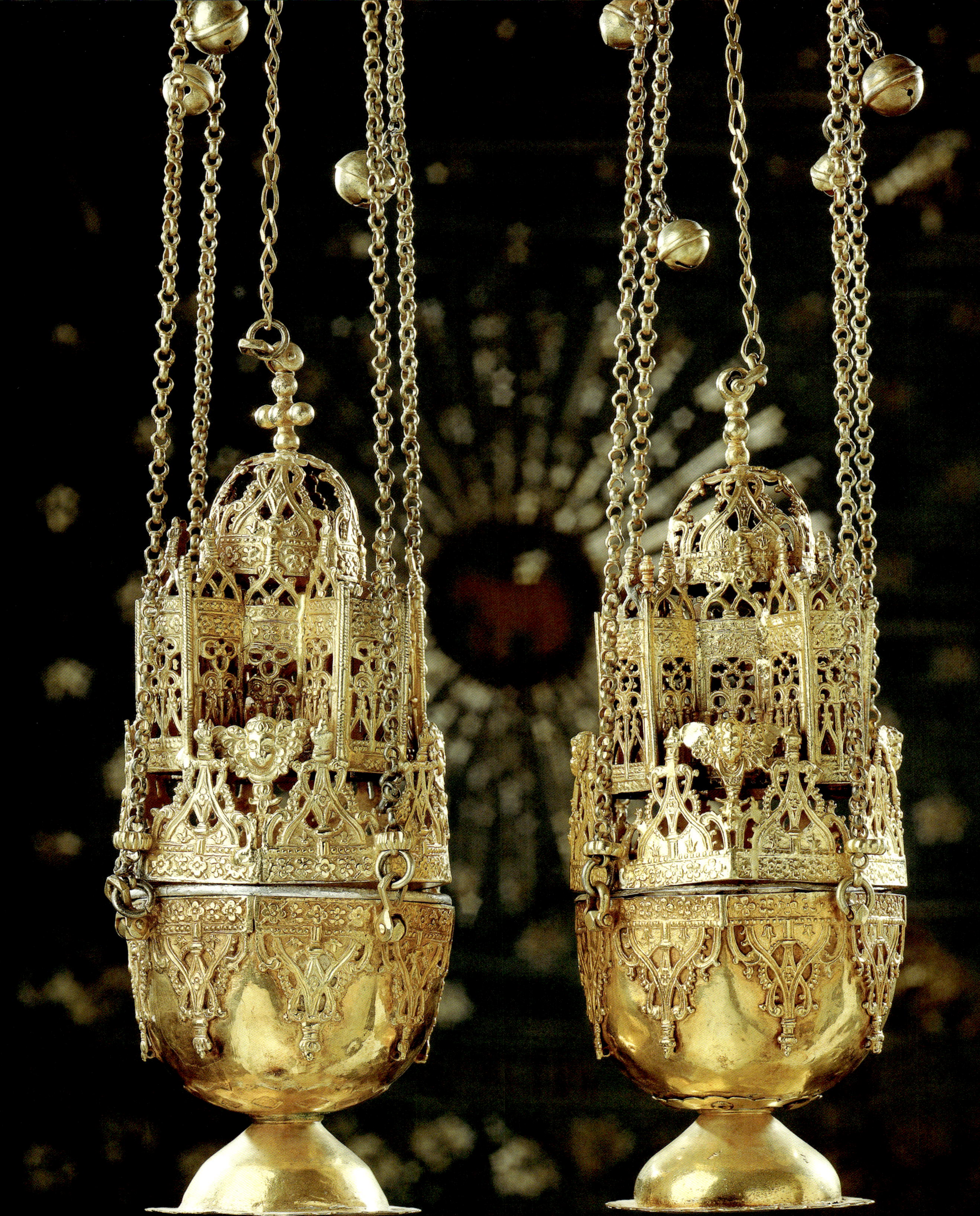

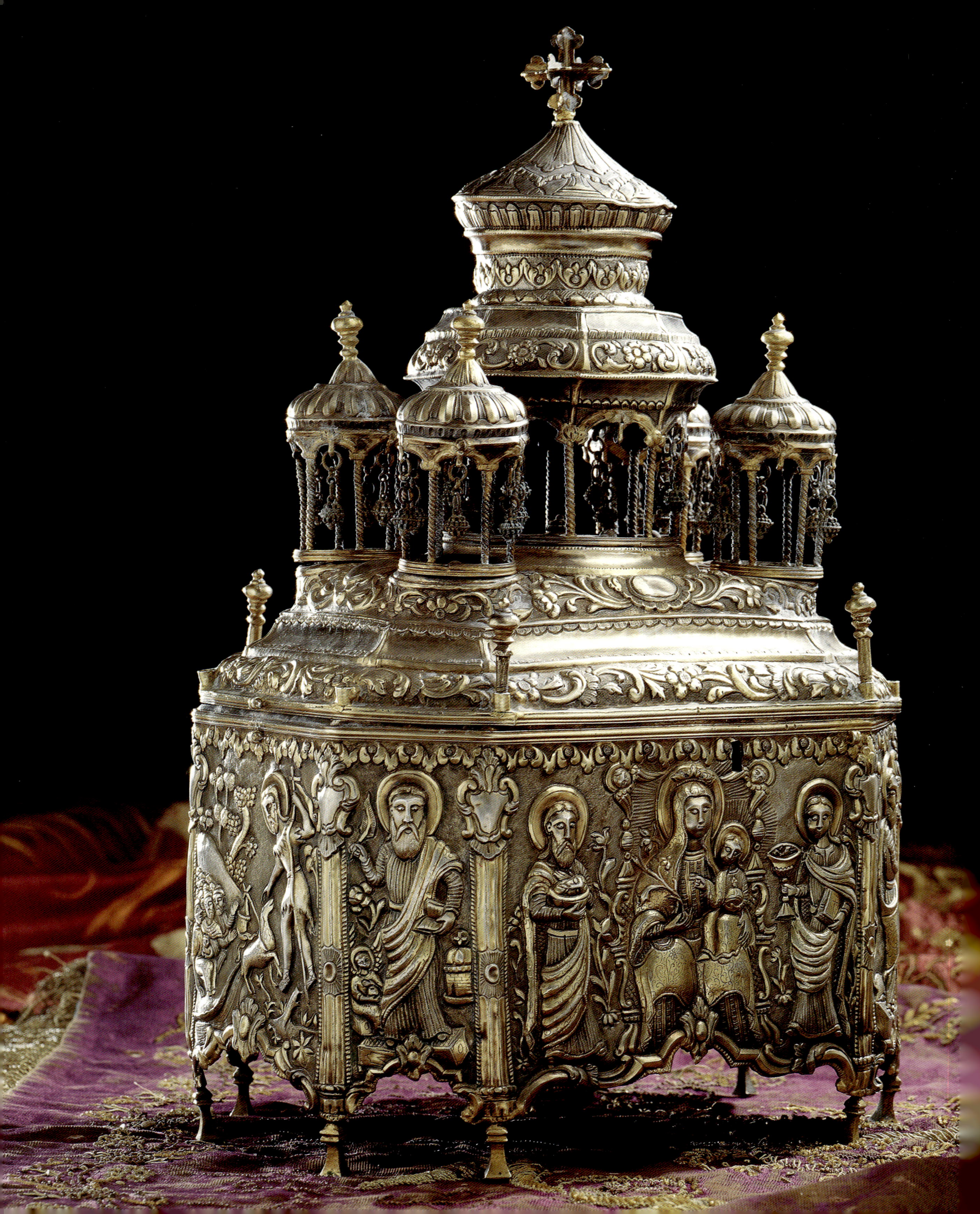

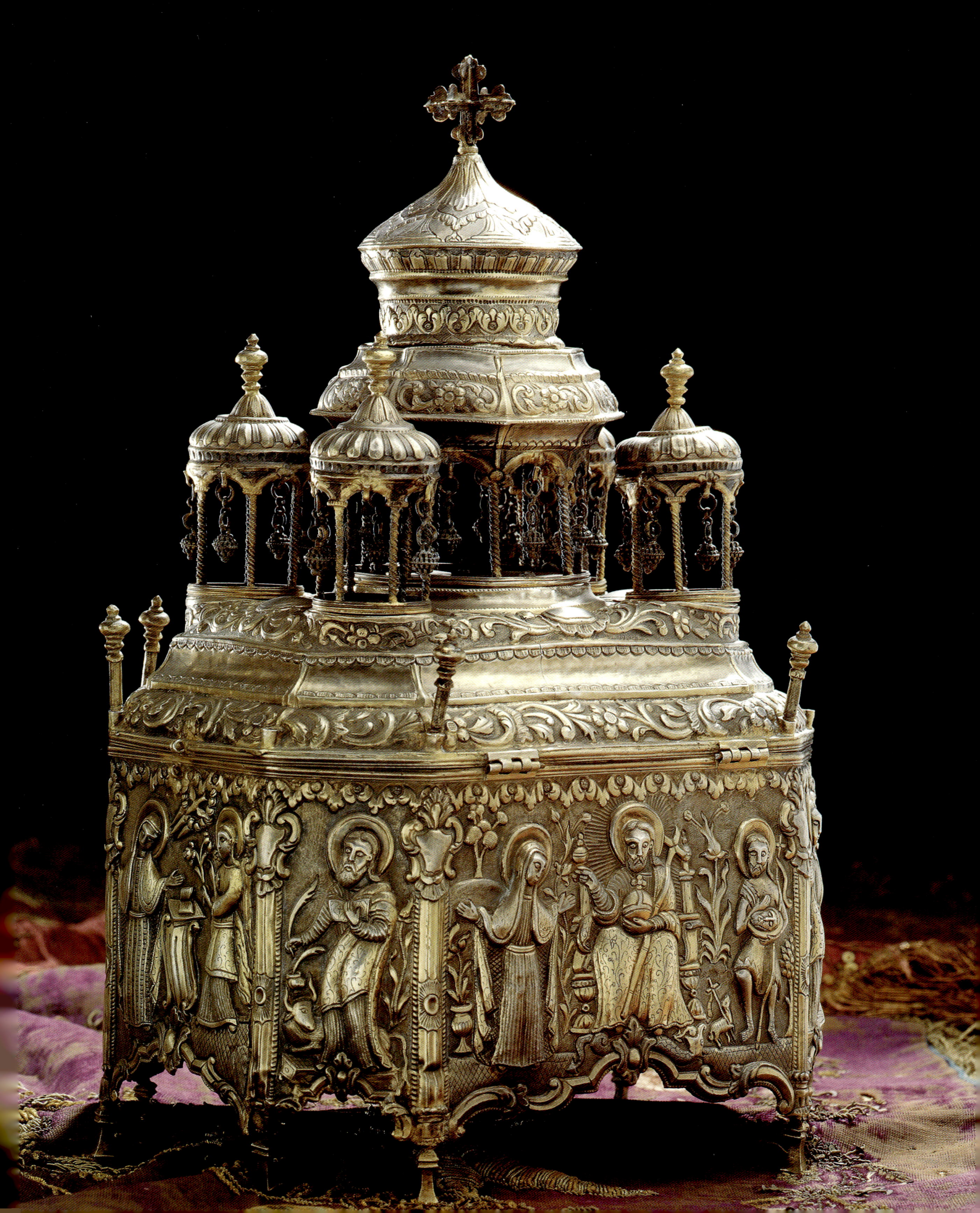

Der Weihrauch und das Weihrauchgefäß wird zur Benutzung im Gottesdienst gesegnet. So hat es sakramentalen Charakter. Das kleine orientalische Handgefäß zum Weihräuchern, armenisch *Burvar* (wörtlich etwa: *Duftglüher, Duftbrenner*), hängt an einer mit einem Griff versehenen Kette, an der sich ein hochziehbarer Deckel zum Öffnen befindet, damit die Weihrauchkörner eingelegt werden können.

Das Weihrauchgefäß, das Burvar, ist auch zum Symbol der Leiber der Heiligen geworden. So heißt es im Lobgesang zum Gedächtnistag der Hl. Märtyrerin und Jungfrau Hripsime und ihrer Gefährtinnen, die wenige Jahre vor der Christianisierung Armeniens noch hingerichtet worden waren, daß *sie zu goldenen Burvaren im Feuer des Geistes Gottes geläutert wurden.*

In dieser Beschreibung der frühen Märtyrerinnen der armenischen Kirche klingt das Neue Testament durch. Dort wird vom Apostel Paulus die geistige Erkenntnis Christi als Wahrnehmung eines Wohlgeruchs beschrieben.

Seite 58: Weihrauchgefäß · *Chnkanotz*, 19. Jh., Silber, vergoldet, ziseliert, getrieben, Filigranaufsatz, Unterteil Kupfer, getrieben, Verzierungen ausgehauen, 11 cm, Dm 21 cm
Weihrauchbehälter · *Chnkanotz*, Mitte des 19. Jh., Kleinasien, Caesarea oder Sebastia (Sivas)?, Silber, getrieben, ziseliert, Griff gegossen, Korallenimitationen, 26 cm, Dm 10 cm

Seite 59: Weihrauchgefäß · *Burvar*, 1961 in der Form des 18. Jahrhunderts, Jubiläumsgeschenk aus der armenischen Stadt Neu-Djulfa (Isfahan, Iran), Silber, getrieben, montiert, gegossen, 32,5 cm, Dm 12, 5 cm

Dieser Wohlgeruch Christi dringt durch die Christusgläubigen hindurch. Die davon angezogen werden, kommen zum Leben. Wer ihm nicht folgt, findet das Leben nicht und ist verloren: *Gott aber sei gedankt, der uns allezeit Sieg gibt in Christus und offenbart den Wohlgeruch seiner Erkenntnis durch uns an allen Orten! Denn wir sind für Gott ein Wohlgeruch Christi unter denen, die gerettet werden, und unter denen, die verloren werden: diesen ein Geruch des Todes zum Tode, jenen aber ein Geruch des Lebens zum Leben.* (2 Ko 2,14)

SCHARAKAN DES WEIHRÄUCHERNS

In dieser heiligen Stätte des Bundes, in des Herren Tempel hier versammelt, wo zum Mysterium des Dienstes der Anbetung der vor uns stehenden heiligen Opfergabe mit lieblich duftendem Weihrauch wir tanzen im Reigen zuhauf im oberen Teil der Stiftshütte.

Geradlinig aufsteigend zu dir, nimm an unsere Gebete wie den Duft lieblich von Weihrauch, Myrrhe und Zimmet und uns Darbringende bewahre in Heiligkeit, immer und ständig dir zu dienen.

Auf die Fürsprache der Mutter dein und Jungfrau, nimm an die Flehbitten deiner Diener, der du höher als die Himmel erhellt hast die heiligreine Kirche durch das Blut dein, Christe, und wie die Himmlischen geordnet hast in dieser die Chöre der Apostel und Propheten, der heiligen Vardapeten.

Heute wir versammelt, Chöre von Priestern, Diakonen, Sängern und Dienern, Weihrauch darbringen wir vor dir, Herr, wie zum Vorbild alters Zacharias, nimm an von uns die Weihrauchgebete gleich der Opfergabe von Abel, Noah und Abraham.

Auf die Fürsprache deiner obigen Kräfte stets unerschüttert bewahre den Stuhl des Stammes Hajk[31].

ATEM GOTTES · ԱՍՏՈՒԱԾԱՇՈՒՆՉ

DAS BUCH UND DIE BÜCHER · Ohne den Mann namens *Maschtótz*, der auch unter dem bekannten Namen *Mesróp* begegnet und in der Armenischen Kirche als Heiliger verehrt wird, gäbe es keine einzige armenische Handschrift von den Tausenden, die heute noch trotz Massakern, Völkermord und Zerstreuung des armenischen Volkes existieren. Ohne Mesrop-Maschtotz gäbe es kein armenisches gedrucktes Buch und auch nicht die großartige armenische Druck-Kultur, die seit dem frühen 16. Jahrhundert in Venedig, in Konstantinopel, in Amsterdam, in Neu-Djulfa (Isfahan), in Wien und in Madras, in Tiflis, Etschmiadzin, Schuscha und Jerewan aufblühte. Es hätte auch nicht die geistige Wiedergeburt des Restes des armenischen Volkes nach Massakern und Genozid in den Ländern der Zuflucht, in Syrien und Libanon und an anderen Orten gegeben, wenn das Lebenselement der mesropianischen Lettern gefehlt hätte.

Wir glauben auch an den Heiligen Geist, an den ungeschaffenen und an den vollkommenen, der gesprochen hat im Gesetz und in den Propheten und in den Evangelien.

Die gesamte armenische christliche Kultur, die armenische Wissenschaft, ja das armenische Volk wäre nicht vorstellbar, wie es heute ist, wenn nicht der heilige Mesrop zu Anfang des 5. Jahrhunderts das kunstvolle, wunderbare armenische Alphabet geschaffen hätte, das auch heute in Armenien und in der weltweiten armenischen Diaspora von St. Petersburg bis Fresno, von Aleppo bis Paris und von Montevideo bis Jerusalem und Beirut leidenschaftlich geschrieben, gedruckt und geliebt wird. Die armenische Leidenschaft zur Baukunst und zur Kunst des Bildhauers, die armenische Liebe zum Stein, wird wohl nur noch durch die Liebe zur Handschrift und zum Buch, zu Pergament und Papier übertroffen.

Aus dem Buch der Bücher wehte der Atem Gottes das armenische Volk an, stürmte der Geist Gottes auf sie ein, daß sie begeistert dieses Buch der Bücher *AstwatzaSchuntsch – Atem Gottes* nannten.

Der hohe Beamte und Militär Mesrop, im Jahre 360 geboren, ist, wie sein Schüler Koriun berichtet, durch intensive Lektüre der Heiligen Schrift Mönch geworden. Es heißt dort: *... und indem er die Pracht des Kreuzes auf sich nahm, stieg er dann zu dem allbelebenden Gekreuzigten hinan.*

Schon hier läßt die paradoxe Kreuzestheologie in der Mesrop-Vita aufhorchen und Verbindungen über den breiten Graben der Zeit zu dem Wittenberger Theologen ahnen, der das Kreuz in der Rose zu seinem Wappen nahm.

Seiten 61–64: Bardzrberd-Evangeliar ·*Bardsrberdi Avetaran*, Handschrift: 1248, Hromkla, Einband: 1254, Hromkla, Silber, vergoldet, ziseliert, emailliert, Smaragde, Rubine, Türkise, Carneole, Bergkristalle, Handschrift auf Pergament mit Illuminierungen, 27,5 x 21 cm, Handschriftenbibliothek des Katholikosats Antelias Nr. 8. – Eines der Hauptwerke armenisch-kilikischer Buchkunst, kopiert und illuminiert am Sitz des Katholikos auf der Festung Hromkla (Rumkale) von dem *unvergleichlichen Schreiber Kirakos*, dem Lehrer des großen kilikischen Miniaturisten Toros Roslin. Der vielgestaltige, prächtige Einband ist eines der sehr seltenen nichtzerstörten Beispiele der hohen armenisch-kilikischen Gold- und Silberschmiedekunst.
Seite 61: Einband-Vorderseite Kreuzigung Christi; Seite 62/63: fol. 270v Evangelist und Seher Johannes mit seinem Schreiber Prochoros, fol. 271r Beginn des Johannes-Evangeliums; Seite 64: Einband-Rückseite Thronender Christus Pantokrator, Lit.: Agémian, *Manuscrits*, S. 7–30

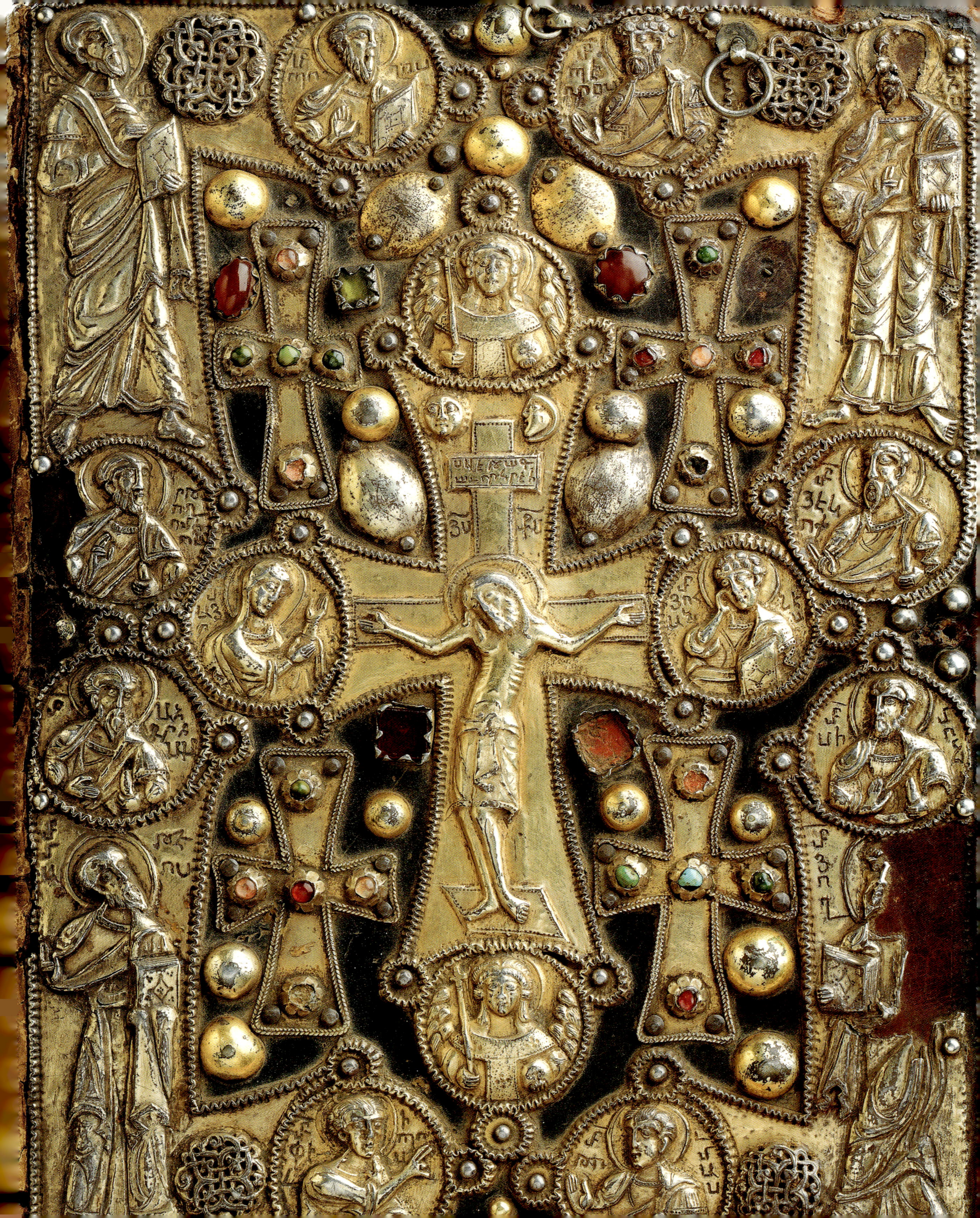

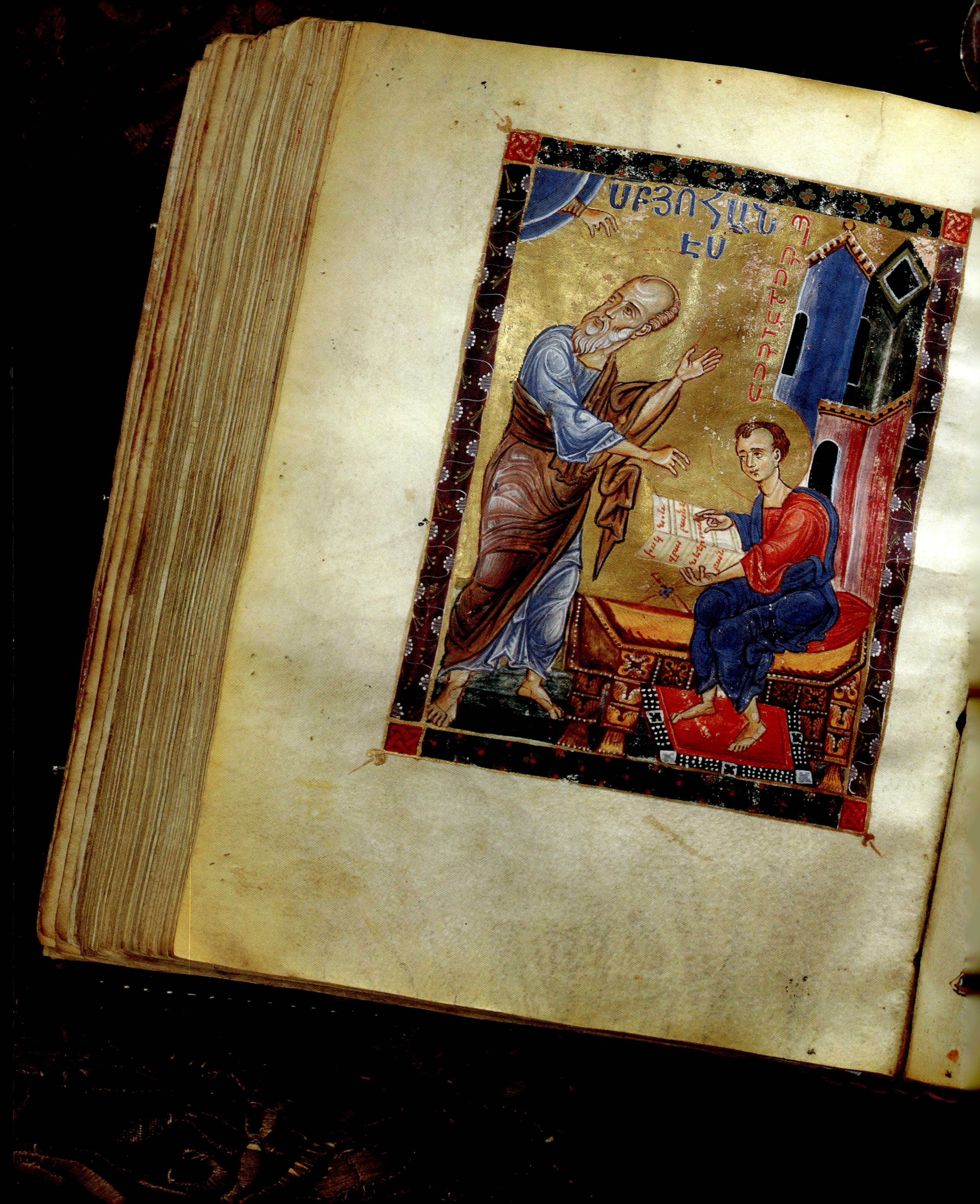

Ա‍ստուածաշունչ
Հա‍յոց
Մատ‍ենադարան

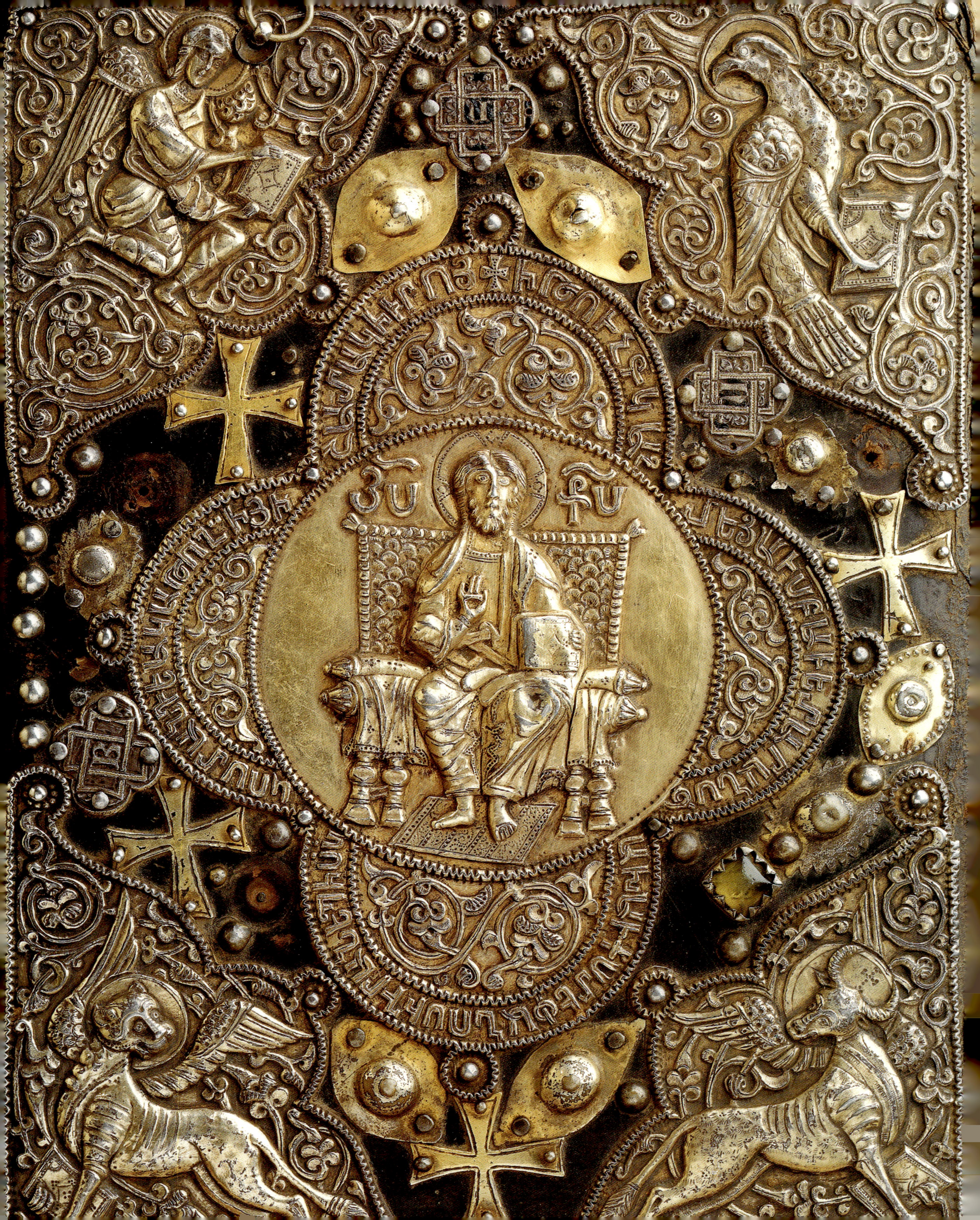
ՅՍ
ՔՍ

Als dem Mönch Mesrop klargeworden war, daß die Lettern, die der syrische Bischof Daniel für die Armenier erfunden hatte, nicht die Silben und Konsonanten der armenischen Sprache befriedigend wiedergeben konnten, zog er mit einer Gruppe junger Mitarbeiter aus, um ein geeigneteres armenisches Alphabet zusammenzustellen.

Hören wir auf die Quelle, nämlich die *Geschichte über das Leben und Sterben des seligen Mannes, des heiligen Vardapet Mesrop, unseres Übersetzers*.

Deshalb nahm der selige Mesrop auf Befehl des Königs und mit dem Einverständnis des heiligen Sahak eine Gruppe von jungen Leuten mit sich. Und nachdem sie sich mit dem heiligen Kuß verabschiedet hatten, machte er sich im fünften Jahr des armenischen Königs Vramschapuh (A.D. 405) *auf den Weg und gelangte dabei in die Gegend von Aramäa, in zwei Städte Syriens, deren erste Edessa hieß* (das heutige Urfa in der Türkei)*, und die zweite den Namen Amida hatte* (das heutige Diyarbakir in der Türkei)*. Er stellte sich den heiligen Bischöfen vor, deren erster Babylas hieß und der zweite Akakius ... Als der seinen Schülern wohlgesonnene Vardapet die mit ihm gekommenen Zöglinge nun in zwei Gruppen aufgeteilt hatte, bestimmte er einige für die syrische Schule* (in Edessa) *und einige für die griechische Schule, wo er sie in der samosatenischen Stadt zusammenrief.*

Und mit seinen seligen Begleitern nahm er seine gewohnten Gebete auf sowie Nachtwachen und Bittgebete in Tränen, führte ein asketisches Leben mit Kummer und Sorge um die Welt, wobei er der Worte des Propheten gedachte: »Wenn du stöhnen wirst, dann wirst du leben« (LXX Jes 30,15)*. Und so hielt er geduldig die vielen Mühen aus, um ein wenig Gunst und Huld für sein Volk zu gewinnen. In der Tat wurde ihm dann vom allgütigen Gott dieses Glück zuteil. Denn mit seiner heiligen Rechten wurden neue und wunderbare Sprößlinge des väterlichen Mannesalters hervorgebracht: die Schriftzeichen der armenischen Sprache.*

Und nachdem er sich von den heiligen Bischöfen verabschiedet hatte, ließ er sich mit seinen Gehilfen in der Stadt der Samosatener nieder, in der er sogar vom Bischof und der Kirche hoch geehrt wurde. Und als er dort in derselben Stadt einen gewissen Schreiber der griechischen Schule namens Hropanos gefunden hatte, mit dem er die ganze Auswahl der Schriftzeichen ... zusammengestellt und zum Abschluß gebracht hatte, wandten sie sich mit zwei Männern, seinen Schülern, der Übersetzungsarbeit zu. Der Name des ersten Schülers lautete Howhan (Johannes) *aus dem Gebiet Ekegheatz, und der Name des zweiten Howsep* (Joseph) *aus dem Paghin-Geschlecht.*

Und so begannen sie mit dem Übersetzen der Schrift, zuerst die Sprüche Salomos, die zu Beginn empfehlen, die Weisheit zu erkennen, wobei es heißt: »... zu lernen Weisheit und Zucht und zu verstehen verständige Rede« (Sprüche 1,2) ...

(Übersetzung frei nach Gabriele Winkler)

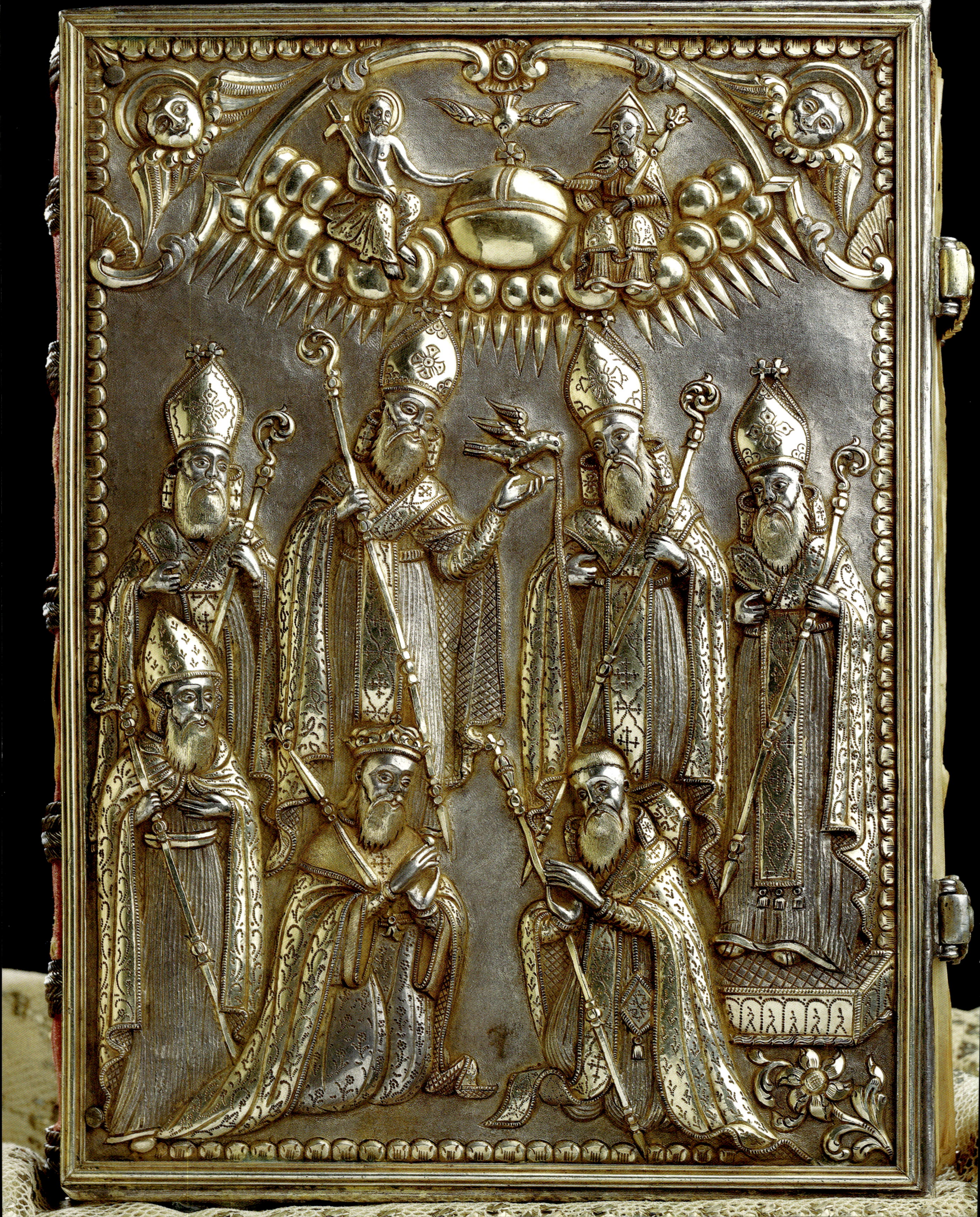

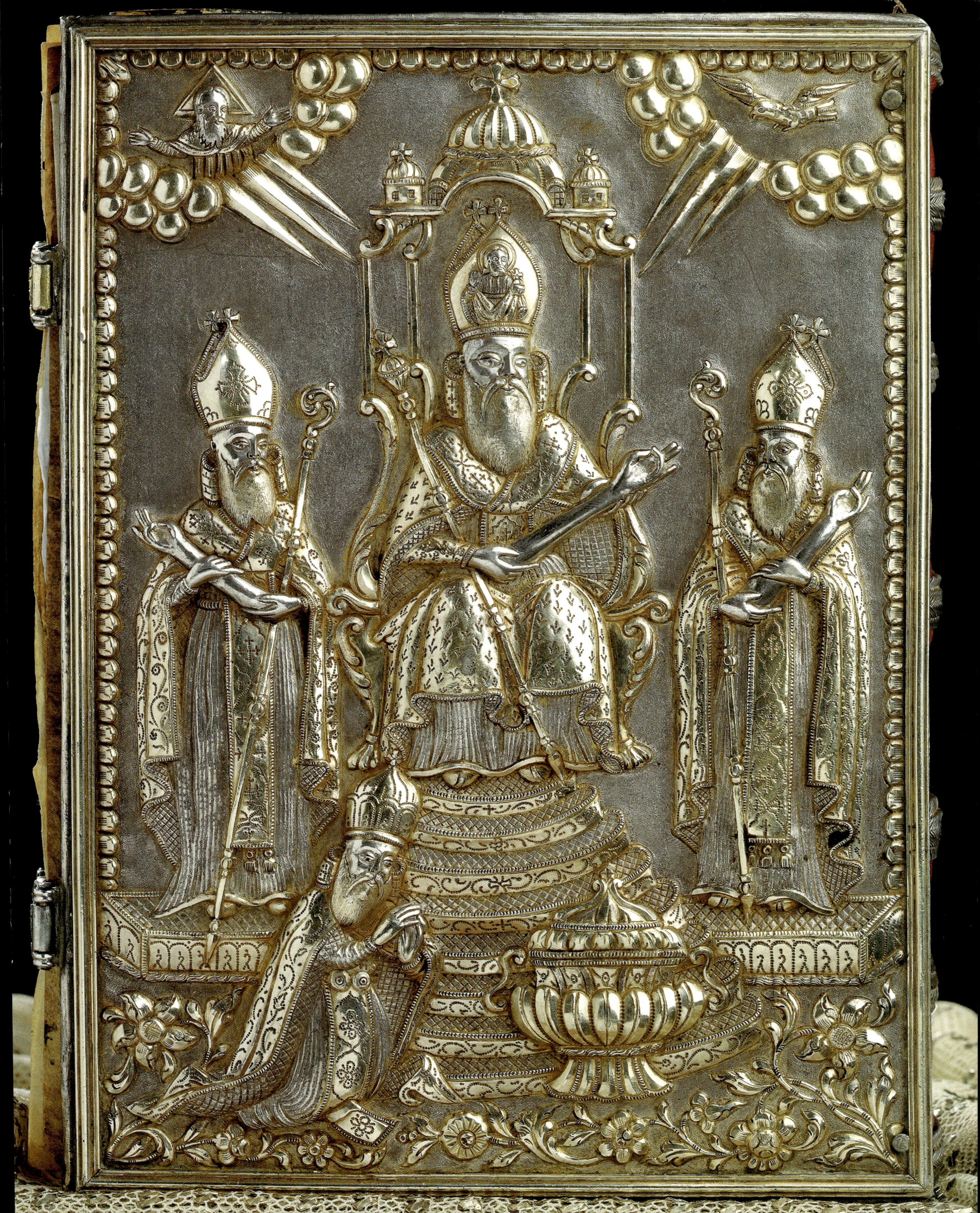

Wie gerade vernommen, hat sich Mesrop mit seinen Mitarbeitern sofort nach der Schaffung des armenischen Alphabets, 1100 Jahre vor Luther und seinen Mitarbeitern, an die große Übersetzungsunternehmung gemacht, deren erste und edelste Frucht die armenische Vollbibel war, die zu Recht in der armenischen Tradition als *Königin der Übersetzungen* gepriesen wird.

Was heute im Deutschen fälschlicherweise unangenehm klingt, das Wort »Zucht«, ist die luthersche Übersetzung des griechischen Wortes *paideia* zu Anfang der Sprüche Salomonis. Die ersten Worte, die armenisch geschrieben wurden, waren diese ersten Worte des biblischen Buches der *Sprüche*. Der Grund für diese Auswahl ist so einfach wie wichtig: Das Buche der *Sprüche* war das Schul- und Lesebuch par excellence. Die ersten Schritte in der Übersetzung der Bibel dienten bereits der Erziehung und Bildung, in allererster Linie dem Lesenlernen der neuen Schrift, die das künftige Einheitsband der gesamten christlichen armenischen Kultur sein sollte.

Luther ging auf die Straße und auf den Markt, um an der Sprache seiner Bibel-Übersetzung zu feilen, wie er in seinem *Sendbrief vom Dolmetschen* 1530 auf der Feste Coburg schrieb: *... man muß die Mutter im Hause, die Kinder auf der Gasse, den gemeinen Mann auf dem Markte darüber befragen und ihnen auf das Maul sehen, wie sie reden, und darnach dolmetschen. Dann verstehen sie es und merken, daß man deutsch mit ihnen redet.*

Wenn Luther lauschend über den Markt von Wittenberg ging, so zog Mesrop vom transkaukasischen Ostarmenien bis ins nordmesopotamische Edessa, um mit Aramäern und Griechen erst einmal das Rohmaterial, die Lettern zu schaffen, die die Übersetzung ermöglichen sollten. Für Koriun, den Schüler und Biographen Mesrops, rückt der mit dem armenischen Alphabet und der begonnenen Bibelübersetzung nach Armenien heimkehrende Mesrop in die Nähe des vom Sinai zu seinem Volk zurückkehrenden Mose. So wird er auch in dem *Scharakan auf die heiligen Übersetzer* gepriesen.

Wer heute nach Oschakan in Armenien kommt, dem Ort, in dessen Kirche Mesrops Grab zu finden ist, der sieht auch die große Statue, die dem Unkundigen als eine Mose-Statue erscheint, die aber entsprechend Koriuns Vita den heiligen Mesrop als einen *Moses novus* zeigt.

Man kann sich beim ersten Anblick dieser Mesrop-Skulptur zunächst fragen, ob hier nicht eine nationale Angelegenheit überhöht wird zu der *traditio legis*, der Übergabe der Gebote Gottes an sein erwähltes Volk am Berge Sinai. Aber wenn man die Mesrop-Vita näher kennenlernt, wird klar, wie eng die Verbindung zwischen der Erfindung des armenischen Alphabets und dem ersten Erklingen des Gotteswortes, der Gebote Gottes Alten und Neuen Testaments in der armenischen Sprache für die Armenier war.

Seiten 66/67, 69: Haupt-Rituale der Hl. Sophien-Kathedrale des kilikischen Katholikosats *Majr Maschtotz*, Handschrift: 1302 bis 1321, Sis, Einband nicht früher als 17. Jh., Sis, Silber, vergoldet, ziseliert, graviert, Handschrift auf Pergament mit Illuminierungen, 25 x 18,5 cm, Handschriftenbibliothek des Katholikosats Antelias Nr. 9. – Das Haupt-Rituale der Sophienkathedrale von Sis enthält die Ordnungen der verschiedenen Weihe-Gottesdienste, so die Segnung des Heiligen Myrons, der Weihe eines Bischofs und eines Katholikos, der Salbung eines Königs (nach römischem Ritus) und andere Riten. Die reichgestalteten, späteren Silbertafeln des Einbandes symbolisieren diesen Inhalt.
Seite 66: Einband-Vorderseite Katholikos-Salbung mit der Myron-Taube, links neben dem Katholikos kniend ein König; Seite 67: Einband-Rückseite Weihe eines Bischofs vor dem Gefäß für das Heilige Myron; Seite 69: fol. 140 Beginn des Textes der Weihe eines Katholikos.
Lit.: Agémian, *Manuscrits*, S. 55–60

Համառօտ կանոն
Թուղեկան ճոռ
վարդապետ ի

որպէս համբաւ եր հասեալ է
եղաստուր բար ճրագունեալոյ գոլ
եղաստուր կաթուղիկոսութեան
արամայ Հայոց ։ Ա սեն ըստ ճանդիպագար
ոք շաւասական հիկեեկեցեալ ն
մատուցանէլ ի ճուրծ զմաղորթ ի
ճազատութագն ճանեբեճան ե

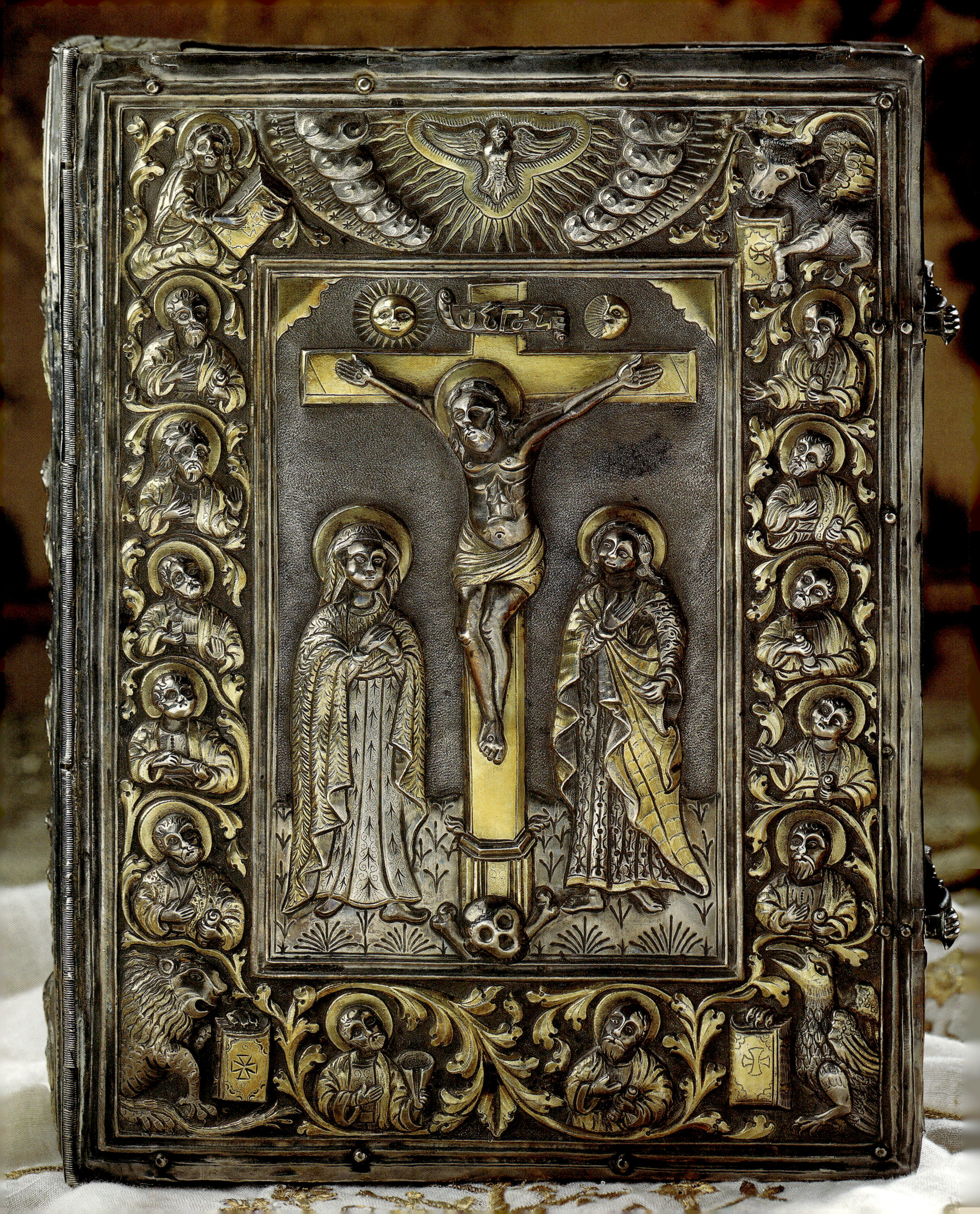

AstwatzaSchuntsch – Atem Gottes, das ist der armenische Name der ganzen Bibel. Das ist kein Name, der das oft bezweifelte Dogma der Verbalinspiration verteidigen will. Dieser Name dürfte mehr meinen: Der Atem Gottes, sein Pneuma, sein Geist weht aus der Bibel in die Zeiten, der Atem Gottes geht in der Welt.

Nicht selten wird bei Darstellungen des armenischen Alphabets, des Vehikels des Gotteswortes, die Geisttaube über die armenischen Lettern gesetzt, pfingstartig herabstoßend: auch dies keine illegitime religiöse Überhöhung einer nationalen Schrift, sondern Symbol für die Erfahrung des feurigen Gottesgeistes in der eigenen Sprache und Schrift.

Die Begeisterung klingt bei Mesrops Hagiographen Koriun noch deutlich durch, wenn er im Anschluß an den Psalmvers 86,6 *Der Herr soll es kundtun in den Schriften der Völker* sagt: *Nachdem nun unerwartet der Lehrer des Gesetzes, Moses, mit einer Reihe von Propheten und Paulus an der Spitze der gesamten Apostelschar gemeinsam mit dem weltbelebenden Evangelium Christi auf einmal in Armenien eintraf …, bemerkte man, daß sie armenisch klangen und armenisch sprachen. Daraufhin war da herzinnige Freude und es war eine Augenweide, dies zu sehen. Denn unser Land, dem einst die Ehre jener Gegenden fremd gewesen ist, wo all die von Gott gewirkten Wundertaten vollbracht worden waren, dieses unser Land wußte nun auf einmal über die Dinge, die geschehen waren, gründlich Bescheid, nicht nur über die, die sich einst ereignet hatten, sondern auch über die vorangehende Ewigkeit und das, was einstmals geschehen wird, über Anfang und Ende und über alle von Gott gegebenen Überlieferungen.*

Wir wissen, daß die sprachschöpferische Bibelübersetzung Luthers als mächtiger Einigungsfaktor für das deutsche Volk gewirkt hat und wirkt. Auch bereits über 1000 Jahre zuvor hat die Erfindung des armenischen Alphabets sowie die armenische Bibelübersetzung mindestens ebenso stark diese Einigung bei den Armeniern gefördert, da sie bewußt als eine feste Klammer zwischen die von den Römern und Persern gewaltsam auseinandergerissenen Teile des armenischen Volkes gesetzt wurden.

Denn die beiden benachbarten Großmächte, das Oströmische Reich und das Persisch-Sassanidische Imperium, hatten im 4. Jahrhundert im Kampf um die Vormacht im Subkaukasus einen trennenden Keil quer durch den Leib des armenischen Volks getrieben. Als dann im Mittelalter und in der Neuzeit die Reste des armenischen Volkes, die Massaker und Genozid überlebt hatten, in Wellen die armenische Diaspora, die *Spjurk*, bildeten, bewahrten in dieser Zerstreutheit und Zerrissenheit die klassischen mesropianischen Buchstaben und die armenische Sprache noch stärker als bei Luther und den Deutschen die Identität des armenischen Volkes.

Seite 70: Evangeliar mit Silbereinband·*Pahpanak jev Avetaran*, 1769, Silber, vergoldet, ziseliert, montiert, mit zwei silbernen Schließen, gedrucktes Evangeliar, 26 x 20,5 cm – Vorderseite: Kreuzigung Christi, umgeben von Aposteln und Evangelisten; Rückseite s. Seite 76

Seiten 72/73: Großes Rituale·*Metz Maschtotz*, mit Silbereinband, Buch: 1807, Einband: 1829, Silber, vergoldet, ziseliert, montiert, Verschluß gegossen, gedrucktes Rituale, 30,5 x 49 cm – Seite 72: Einband-Rückseite Anbetung der Magoi; Seite 73: Einband-Vorderseite Erscheinung Christi und vier Evangelisten

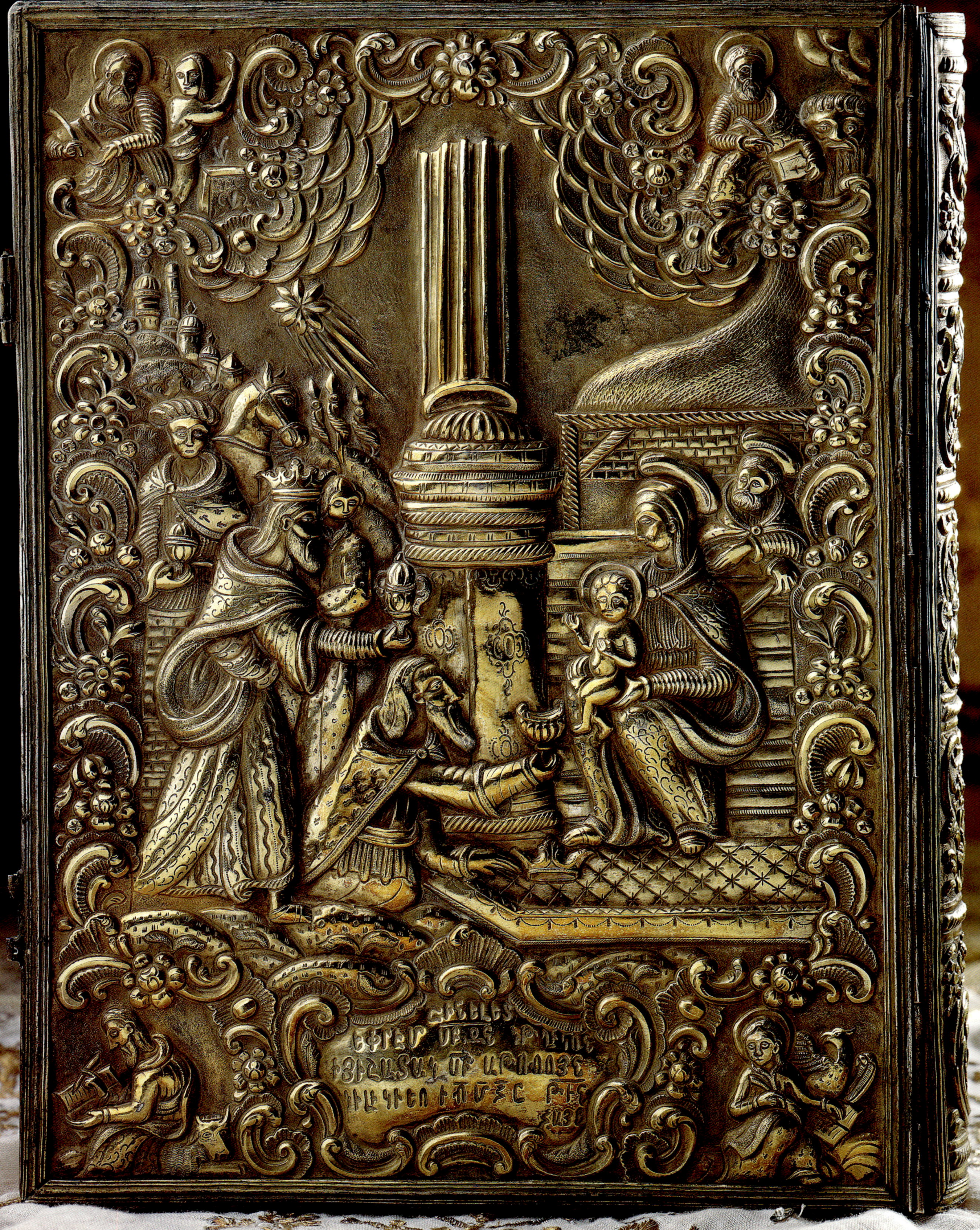

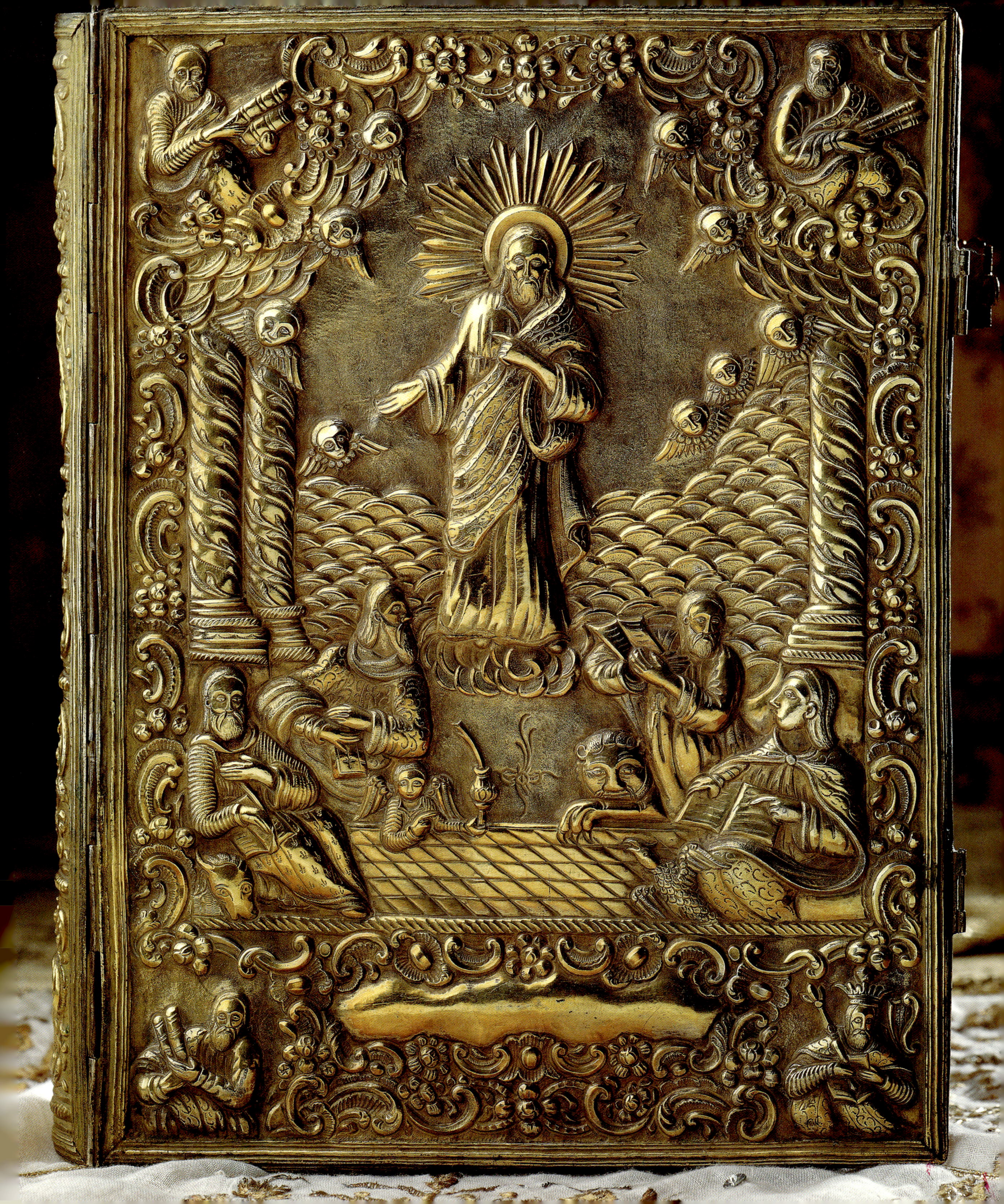

Der heilige Mesrop und die verbindende Kraft der armenischen Lettern und der Bibel haben auch die sowjetarmenische Zeit überdauert, was nicht selbstverständlich ist, denkt man an die harte sowjetische Religionsverfolgung, die 1938 in der Ermordung des Katholikos Aller Armenier, S. H. Choren I. Muradbekian, durch den KGB ihren traurigen Höhepunkt fand. Obwohl auch die geistigen armenischen Traditionen zerstört werden sollten, hat aber das armenische Volk immer wieder Wege gefunden, diese zu schützen und zu pflegen. Traditionell gibt es im armenischen Kirchenkalender einen Tag im Oktober, an welchem man die *Surb Targmanitschk*, die *heiligen Übersetzer* feiert, an erster Stelle den heiligen Mesrop und den heiligen Sahak. In den Zeiten der sowjetischen Religionsverfolgung hatte man diesen Tag der heiligen Übersetzer trotz der Unterdrückung nicht abgeschafft. Er war zum »Tag der (sowjet)armenischen Literatur« gemacht worden, unter welcher Überschrift die Verehrung des heiligen Mesrop bis in die neue Zeit der 1991 wiedergeschaffenen armenischen Unabhängigkeit überlebte.

Seite 74: Evangeliar·*Avetaran*, 1298, Kilikien, Ledereinband 17. Jh., Konstantinopel; Pergament, Illuminierungen, 22,5 x 16 cm, Handschriftenbibliothek des Katholikosats Antelias Nr. 156 – Evangelisten-Porträts 17. Jh., Konstantinopel; fol. 13v Evangelist Markus (falsch eingebunden), fol. 14r Beginn des Matthäus-Evangeliums.
Lit.: Agémian, *Manuscrits*, S. 31–35

Seite 75: Synaxar·*Hajsmavurk*, 1678, Konstantinopel, Ledereinband, Pergament, Illuminierungen, 37,5 x 27 cm, Handschriftenbibliothek des Katholikosats Antelias Nr. 213 – Enthält liturgische und hagiographische Texte in der Ordnung des Kirchenjahres; fol. 211r Beginn des Festes der Geburt Christi

Ցուցակ

Աւետարան ըստ Մատթէոսի

ի սկզբանէ հայոց թարգմանութեան սուրբ աւետարանիս մերոյ տեառն յիսուսի քրիստոսի ի ձեռն սրբոյն մեսրոպայ վարդապետի և սահակայ հայրապետին հայոց. ևս առաւել խնդրելով ի բարերարէն աստուծոյ վասն իմոց յանցանաց և ծնողաց իմոց և վասն ամենայն քրիստոնէից որք ընթեռնուցուն զսա.

Seite 76: Evangeliar mit Silbereinband · *Pahpanak jev Avetaran*, 1769 – Rückseite: Auferstehung, Vorderseite s. Seite 70, Rücken: Propheten

Seite 77 oben: Neues Testament mit Silbereinband · *Pahpanak jev Nor Ktakaran*, Buch 1789, Venedig, Einband 1813, Silber, vergoldet, 18,5 x 13 cm – Vorderseite: Thronende Gottesmutter, Rückseite: Kreuzigung

Seite 77 unten: Evangeliar mit Silbereinband · *Pahpanak jev Avetaran*, Einband 1852, Silber, gedrucktes Evangeliar, 18,5 x 13 cm – Vorderseite: Kreuzigung, Rückseite: Kreuzabnahme / Begräbnis Christi

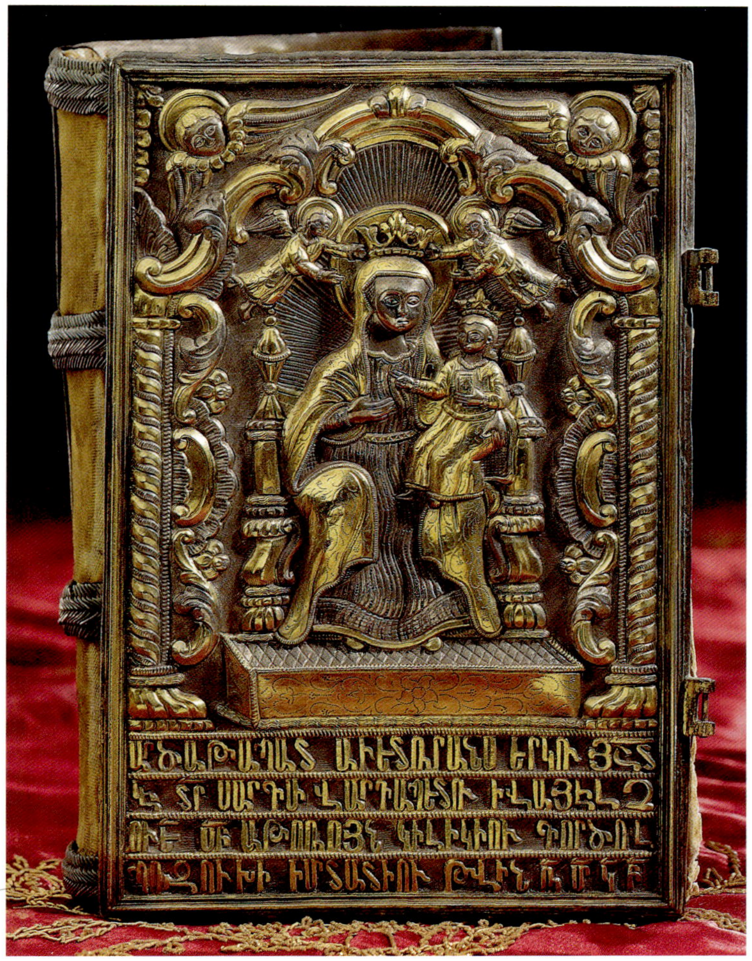
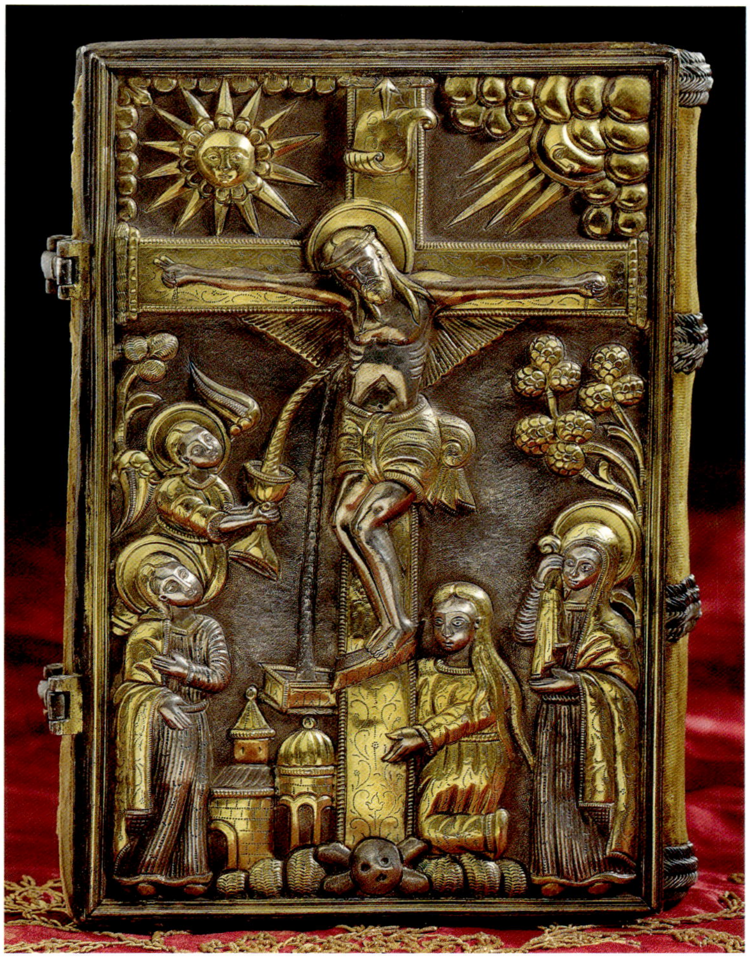
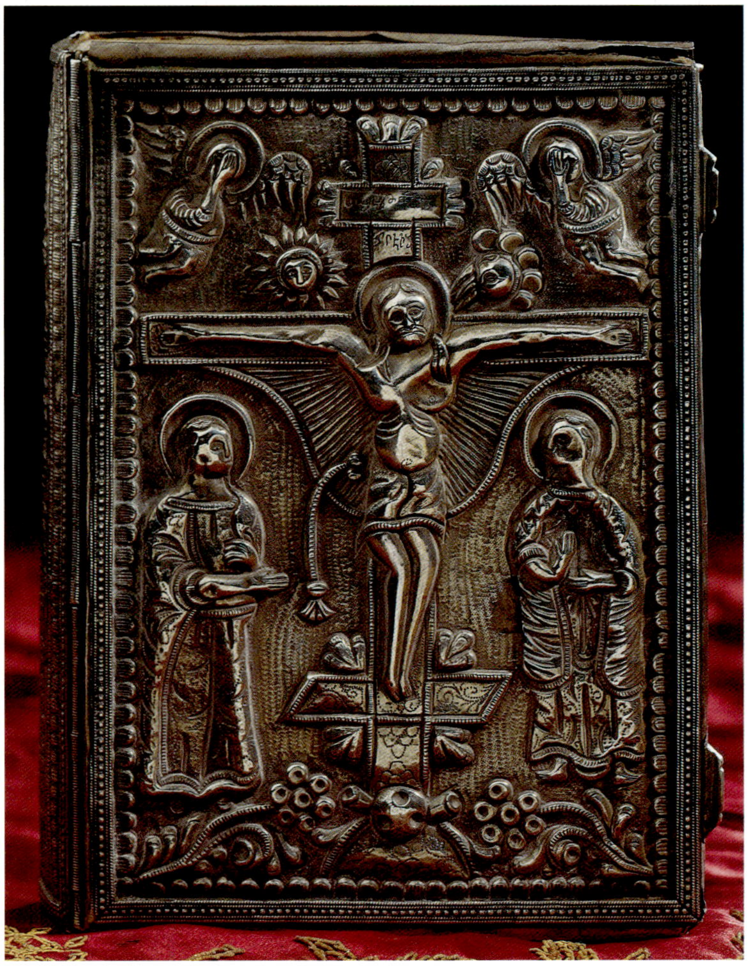
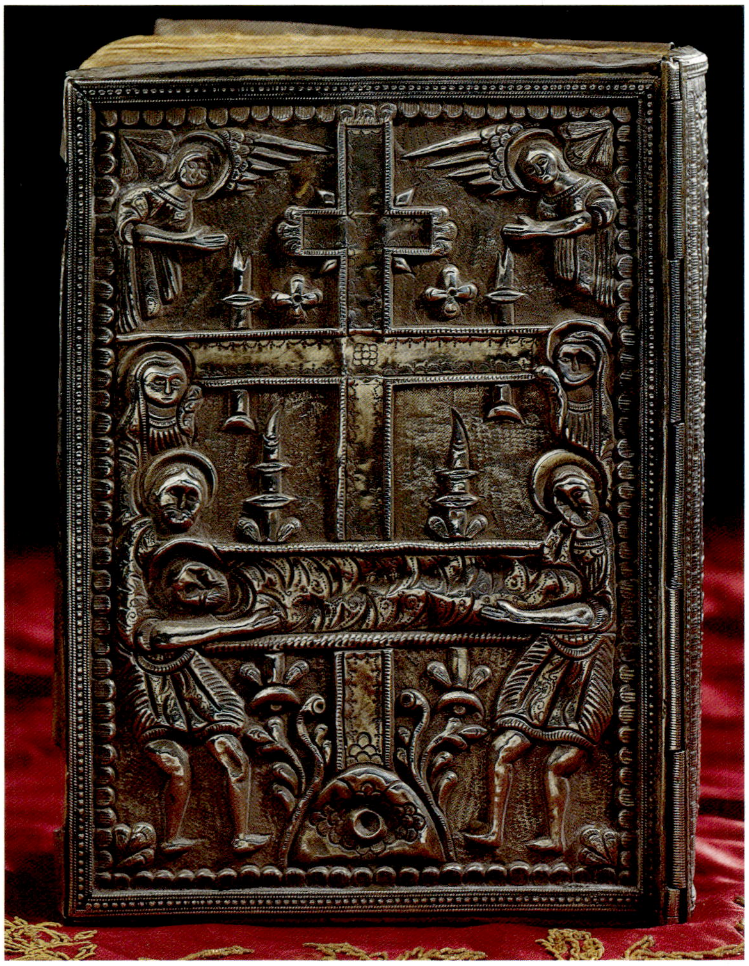

Auch wenn heute der Name *Mesrop* den Deutschen so gut wie unbekannt sein dürfte, wäre es ein Fehler zu meinen, daß dieser Name in Deutschland etwas vollständig Neues wäre. Vielmehr war er vor dem 1. Weltkrieg einer größeren Zahl von Deutschen durchaus ein Begriff. Denn im Jahre 1914, noch vor Ausbruch des 1. Weltkriegs, erschien in Berlin die erste Nummer der zweisprachigen, deutsch-armenischen Zeitschrift MESROP als Periodicum der von dem evangelischen Theologen Dr. Johannes Lepsius, dem deutschen *Anwalt der Armenier*, damals gerade gegründeten *Deutsch-Armenischen Gesellschaft*.

AstwatzaSchuntsch – Atem Gottes: Nicht nur im gewaltigen Werk der Bibelübersetzung lassen sich Linien zwischen Mesrop und Luther quer durch ein Jahrtausend ziehen. Auch die Spiritualität der beiden *Übersetzer* läßt sich in gewisser Weise vergleichen. Das ist trotz des großen Zeitgrabens zwischen beiden doch möglich aufgrund gemeinsamer geistiger Wurzeln im Mönchtum, aufgrund des starken Bewußtseins der eigenen Sündhaftigkeit, dem eine ständige eigene Buße entspricht. Die berühmte Eingangsthese Luthers an der Wittenberger Schloß- und Universitätskirche, daß das ganze Leben eines Christenmenschen Buße sein soll, heute dort in in Erz gegossen, könnte ohne Abstriche von Mesrop stammen.

In dem großartigen Hymnarium der Armenier, dem *Scharaknotz*, finden sich auch etliche Hymnen, die bis ins 5. Jahrhundert hinaufdatiert und dem Hl. Mesrop zugeschrieben werden. So sind wir in der Lage, wenn die Zuschreibung zutrifft, den Übersetzer Mesrop mit seinen eigenen poetischen Gebeten hier erklingen zu lassen, die stark vom *AtswatzaSchuntsch*, vom *Atem Gottes* der Bibel, in welchem er lebte und webte, geprägt sind. Hymnen, die dem Hl. Mesrop zugeschrieben sind, finden sich in den Scharakan-Reihen zur großen Fastenzeit. Es ist durchaus vorstellbar, daß sich nach dem berühmten Gesetz des Liturgiewissenschaftlers Anton Baumstark, Älteres erhalte sich in liturgisch hochwertiger Zeit, uns hier Hymnen, die Mesrop selber gedichtet hat, vorliegen. In zwei ausgewählten, kurzen Hymnen erklingt hier die geistige Stimme Mesrops.

OGHORMEA – ELEISON

Nahe bin ich dem Untergang, hilf mir Schiffsherr gütiger,
weil schwergeworden sind auf mir die Lasten der Sünden.
Gott eile mir zu helfen,
weil die Tiefen des Bösen mich hinunterziehen in Abgründe,
aber du, Schiffsherr, reiche auch mir die Hand.
Rette von Gefahr den Schiffbrüchigen mich, von den Wellen des Meeres hier,
weil ich verlorengehe von den Sünden meiner Gesetzlosigkeit.

TER YERKNIC' – DE COELIS

Den Morgen des Friedens laß aufgehen über uns, Menschenliebender, und mach uns lebendig.

Mit dem geistigen Lichte dein, Retter, erleuchte unsren Geist und mach uns lebendig.

Und vor alljeglicher Gefahr mach sicher uns unter dem Schatten der heiligen Rechten dein und mach uns lebendig.

Hymnarium · *Scharaknotz*, 15. Jh., Kloster der Insel Aghtamar (Van-See), verzierter Ledereinband, Handschrift auf Pergament mit Illuminierungen, 13 x 10 cm, Handschriftenbibliothek des Katholikosats Antelias Nr. 144 – fol. 10r Beginn des Kanons der Verkündigung an die Gottesmutter

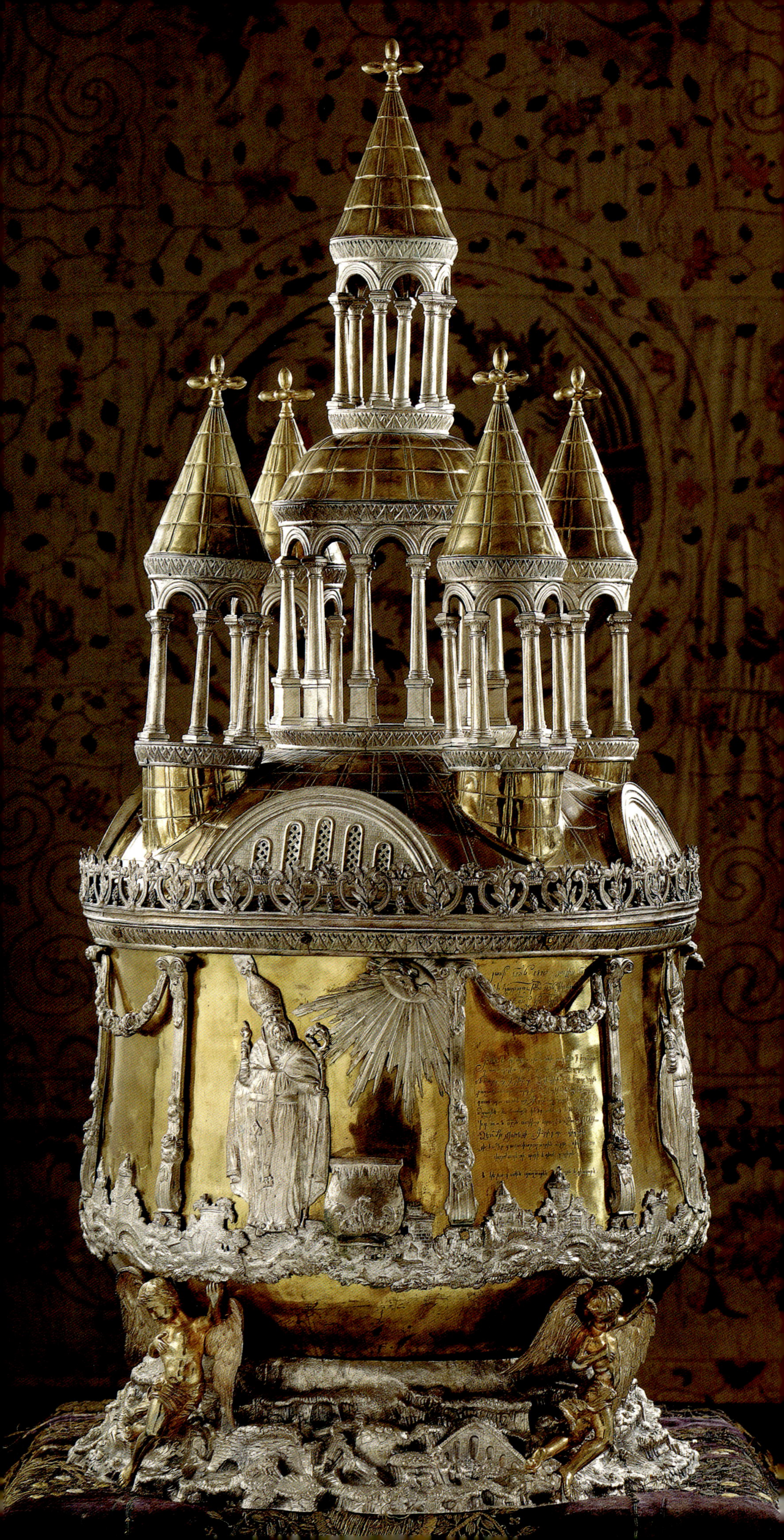

Ergossen Öl · ԻԻՂ ԹԱՓԵԱԼ

Das heilige Myron-Öl der Armenier wird aus Olivenöl bereitet, dem etwa 45 verschiedene Beigaben, Aromata, Kräuter und Blumen hinzugemischt werden. Das Myron wird am Sitz des Katholikos zubereitet und von diesem in dem großen Fest der Myronweihe gesegnet. Mit dem wunderbar duftenden Myron-Öl werden im Sakrament der Myronsalbung die Charismen – Gnadengaben – des Heiligen Geistes mitgeteilt.

Das Öl des Ölbaums, der Grundstoff des Myron, ist seit alters eine segensreiche und gesegnete Materie. Es steht für Versöhnung und Frieden – das Ölblatt im Schnabel der Taube –, es bedeutet Leben und Gemeinschaft. Es ist bis heute in den Kirchen Quelle von Licht, es schafft Wärme und ist ein Vorgeschmack von Rettung und Heil. Wenn sich der Vorrat des vom armenischen Katholikos geweihten Myrons nach einigen Jahren dem Ende zuneigt, wird das heilige Öl mit seinen vielfältigen edlen Ingredenzien am Sitz des Katholikos für alle von ihm geleiteten Bistümer neu zubereitet und geweiht. Dies geschieht in der Regel alle sieben Jahre – nun bereits seit nahezu 1700 Jahren der Geschichte des armenischen Christentums. Die großen Feste der Myronweihe bringen das armenische Volk aus der ganzen Welt am Sitz des Katholikos aller Armenier in Etschmiadzin (Armenien) und am Sitz des Katholikos des Großen Hauses von Kilikien (Antelias, Libanon) zusammen. So erhält die Einheit der Kirche durch Zeit und Raum sinnfälligen Ausdruck.

Das Myron als Zeichen der Einheit hat für das durch sein Schicksal weit zerstreute armenische Volk eine besondere Bedeutung, da es sowohl die Einheit der Kirche *und* die Einheit des Volkes sichtbar macht. Bei der Myronweihe wird stets ein Rest des alten Myron in den *Myroní katsán* – den Myron-Kessel – zu dem neuen Myron hinzugegossen. Mit diesem Rest wird das ursprüngliche Myron von Generation zu Generation weitergegeben, zwar in immer kleinerer Dosis, aber doch materiell und nie nur als rein abstrakte, immaterielle Idee. Mit der *Rechten des Erleuchters*, dem Arm-Reliquiar des Hl. Gregor des Erleuchters, wird am Sitz des Katholikos von Kilikien das neue Myron gerührt und gesegnet. In Edschmiatzin wird dazu die *Rechte* des Apostels Thaddäus benutzt, ein entsprechendes Segens-Reliquiar der armenischen Kirche.

Es ist ein außerordentlich wichtiger Punkt im armenischen Bewußtsein, daß sich auch in dem heute geweihten Myron-Öl Partikel des uralten

Der niederbeugtest dich zu uns, ›Ergossen Öl‹ genannt, Gesalbter Gottes du, durch Mischung mit gesalbter Gottheit dein die menschliche Natur annahmst, gieß auch ins Öl in dieses himmlische Gnaden dein.

Seiten 80, 83: Gefäß für das Heilige Myron·*Surb Myroni katsan*, 1817, Konstantinopel, Neusilber, Messing, vergoldet, gegossen, getrieben, ziseliert, geprägt, verschraubt, 127 cm, Dm 53 cm – Gestiftet für die Kirche der Hl. Sophia von Sis in der Amtszeit des Katholikos Kirakos des Großen von drei armenischen Notabeln aus Konstantinopel, Tschelebi Grigor und Sargis Duzian sowie Harutjun Amira Bezdjian. Gefertigt von dem Goldschmied Egheazar Baghdassarian. Dieses Gefäß wird auch heute in Antelias für die Feier der Weihe des Heiligen Myron benutzt.

heiligen Öls finden, die eine direkte physische Verbindung zu den frühen Zeiten der armenischen Kirche darstellen. Daß der Mensch als ganzheitliche Existenz in seinem Fühlen und Denken wesentlich von seinem Körper bestimmt ist, dem entspricht in orientalischer Weisheit das duftende Öl des Geistes. Wie in allen orthodoxen Kirchen ist die Taufe bei den Armeniern eng mit der Myronsalbung verbunden. Die Myronsalbung ist sakramentale *Versiegelung* und Schutz mit dem Heiligen Geist. Zum Weihe-Ritus für die Bischöfe, auch zur Weihe des Katholikos, gehört die Salbung mit dem Myron. Auf dem silbergetriebenen Einband des *Majr Maschtotz*, des *Großen Rituale* der Kathedrale von Sis, ist die Salbung eines Katholikos und – in historischem Rückblick – eines armenischen Königs festgehalten. Kirchen werden mit dem Heiligen Myron geweiht, ebenso der Heilige Tisch des Altars (*Surb Seghan*). Zum »Armenischen Weihnachten« am 6. Januar, dem Fest der *Gotteserscheinung*, gießt der Priester oder der Bischof das Heilige Myron während der *Wasserweihe* mit Hilfe der Myron-Taube in das gesegnete Wasser – sinnliche Erinnerung an die Erscheinung des Heiligen Geistes in Taubengestalt über Christus im Jordan. Die Myronsalbung ist auch in der christlich-armenischen Tradition das *Siegel der Gabe des Heiligen Geistes*, mit welchem im direkten Anschluß an die Taufe das Sakrament der Taufe bekräftigt und befestigt wird. Alle Armenier und Armenierinnen, die in der Armenischen Apostolischen Kirche getauft werden, sind auch mit dem Heiligen Myron gesalbt und so in die Segensüberlieferung seit den frühen Zeiten der armenischen Kirche hineingestellt.

INGREDENZIEN DES HEILIGEN MYRON

Mekkabalsam, *Commifora opobalsamum*
Balsambaum, *Myroxylon balsamum*
Gewürznelkenbaum, *Syzygium aromaticum*
Muskatnußbaum, *Myristica fragrans*
Kalmuswurzel, *Acorus calamus*
Nardenähre, *Nardostachys jataman-si*
Kubebenpfeffer, *Piper cubeba*
Griechischer Bockshornklee, *Trigonella foenum-graeca*
Chinesischer Zimt, *Cinnamomum cassia*
Zimtbaum, *Cinnamomum zeylanicum*
Weihrauch, *Boswellia carterii*
Maton-Kardamon, *Elettaria cardamomum*
Storaxbaum, *Styrax officinalis*
Zitronellgras, *Cymbopogon nardus*
Weißer Santal, Santelholzbaum, *Santalum album*
Jasminwasser, *Jasminum officinale, Liquidambar orientalis*
Safran, *Crocus sativus*
Majoran, *Origanum majorana*
Kirschlorbeer, *Laurocerasus officinalis*
Zitronella-Gras, *Cymbopogon citratus*
Nußgras, Knollen-Zyperngras, *Cyperus rotundus*
Haselwurz, *Asarum europaeum*
Kohlrose, Zentifolie, Provencerose, *Rosa centifolia*

Echte Kamille, *Matricaria recutita*
März-Veilchen, Wohlriechendes Veilchen, *Viola odorata*
Lotosblume, *Nelumbo nucifera*
Pomeranzenblüte, Bittere Orange, *Citrus aurantium*
Schwarzer Pfeffer, *Piper nigrum*
Lorbeerblatt, *Laurus nobilis*
Limettenblüte, Süße Zitrone, *Citrus limetta*
Myrtenblatt, *Myrtus communis*
Ringelblume, *Calendula officinalis*
Lorbeerbaum *Laurus nobilis* [vgl. 29].
Lack-Zistrose, *Cistus ladaniferus*
Ingwer, *Zingiber officinale*
Mastixstrauch, *Pistacia lentiscus*
Adlerholzbaum, *Aquilaria agallochum*
Mekkabalsam, *Commifora opobalsamum*
[Hibiscus?], *Abelmoschus moschatus*
Moschus, *Moschus moschiferus*
Galbanum-Harz, Stinkasant, *Ferula assa-foetida*
Deutsche Lilie, Schwertlilie, *Iris germanica*
Süßholz, Lakritze, *Glycyrrhiza glabra*
Pomeranze, *Citrus aurantium*
Rosenwasser; Kohlrose, *Rosa centifolia*

(nach Chandjian/Renhart)

ի յամի ՌՄԿԵ 1817 յաւուր ...
ի Հայրապետութեան տեառն Եփրեմ...
... ...

Քաջալերեալ ի վերայ այսր սրբոյ նշանի ի խորհրդոց
Գ անձանց սրբոյ Երրորդութեան և սրբոյ
քառասուն մանկանցն Սեբաստիոյ և սրբոյ նահա-
տակին Մերկերիոսի և հայր մեր Ներսեսի
ձայնաւոր և համանման մեզ այնորիկ Նորին
Սրբութեան Տեառն Եփրեմի Հայրապետի
Ամենայն Հայոց, զոր ատենադպիր երջանիկ
վարդապետ իւր որդի Յովսէփ վարդապետն
Ալեքսանդրապոլցի գրատարակիչ մերոյ մեծի
վանացս ետ շինել զսրբի դպրինս ...

ի ետ ատելոյ սրբարանիս ...

DIE VERSIEGELUNG MIT DEM HEILIGEN MYRON

Wie die Myron-Taube, Symbol der Armenischen Apostolischen Kirche, zur Großen Wasserweihe am Geburts- und Tauffest Christi, so gehört die *Versiegelung* mit dem Myron-Öl des Heiligen Geistes zu der Taufe eines jeden armenischen Christenmenschen. Nach der Taufe gießt der Priester etwas vom Heiligen Myron in seine Hand und zeichnet mit dem Myron-Öl das kreuzförmige Siegel mit folgenden Worten den Getauften auf

STIRN *Die liebliche Salbung im Namen Jesu Christi ist ausgegossen auf dich als Siegel der unzerstörbaren Geistesgaben.*

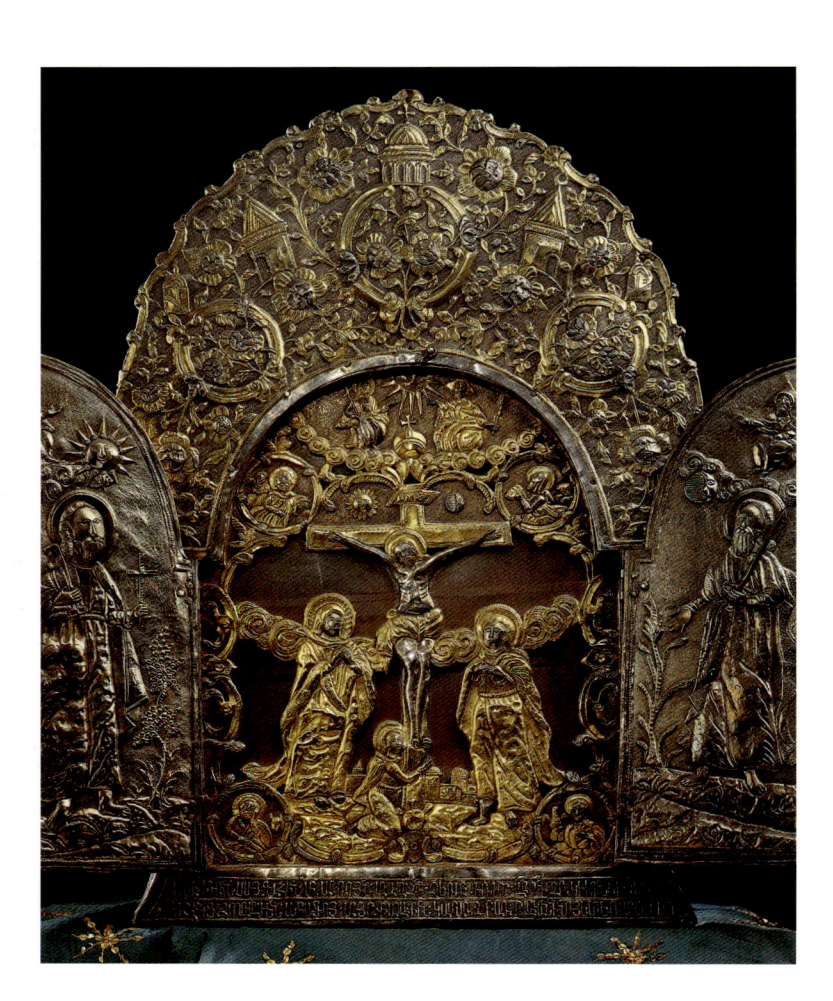

AUGEN *Das Siegel im Namen Jesu Christi erleuchte deine Augen, daß du nimmer schläfst zum Tode.*

OHREN *Diese heilige Salbung sei auf dir zum Hören der göttlichen Gebote.*

NASENFLÜGEL *Dieses Siegel im Namen Jesu Christi sei auf dir ein lieblicher Duft vom Leben zum Leben.*

MUND *Dieses Siegel im Namen Jesu Christi sei auf dir ein Wächter für deinen Mund und ein starkes Tor für deine Lippen.*

HÄNDE *Dieses Siegel im Namen Jesu Christi sei auf dir eine Ursache für gute Werke und für alles tugendhafte Tun und Wandeln.*

HERZ *Dieses göttliche Siegel schaffe in dir ein reines Herz und erneuere in dir einen aufrechten Geist.*

RÜCKEN *Dieses Siegel im Namen Jesu Christi sei auf dir ein Schild der Stärke, um aufzufangen all die feurigen Pfeile des bösen Feindes.*

FÜSSE *Dieses Siegel leite deine Schritte zu immerwährendem Leben, daß du nicht wanken mögest.*

Und dann sagt der Priester:

Friede auf dich, du Gottes Geretteter. Friede auf dich, du Gottes Gesalbter.

Seite 84/85: Altarzier·*Seghani Sard* in Form eines Triptychons, 18./19. Jh., Kilikien, Silber, teilvergoldet, getrieben, Flächen punziert, teilweise ziseliert, geschnitten, montiert, 45 x 30,5 cm (in geschlossenem Zustand) – Gestiftet für den Heiligen Stuhl von Sis von dem Vardapeten Krikor aus Gürün zum Gedächtnis der Gemeinde der armenischen Kirche von Sebastia (Sivas). Außen: Verkündigung, innen: Kreuzigung mit Peter und Paul.

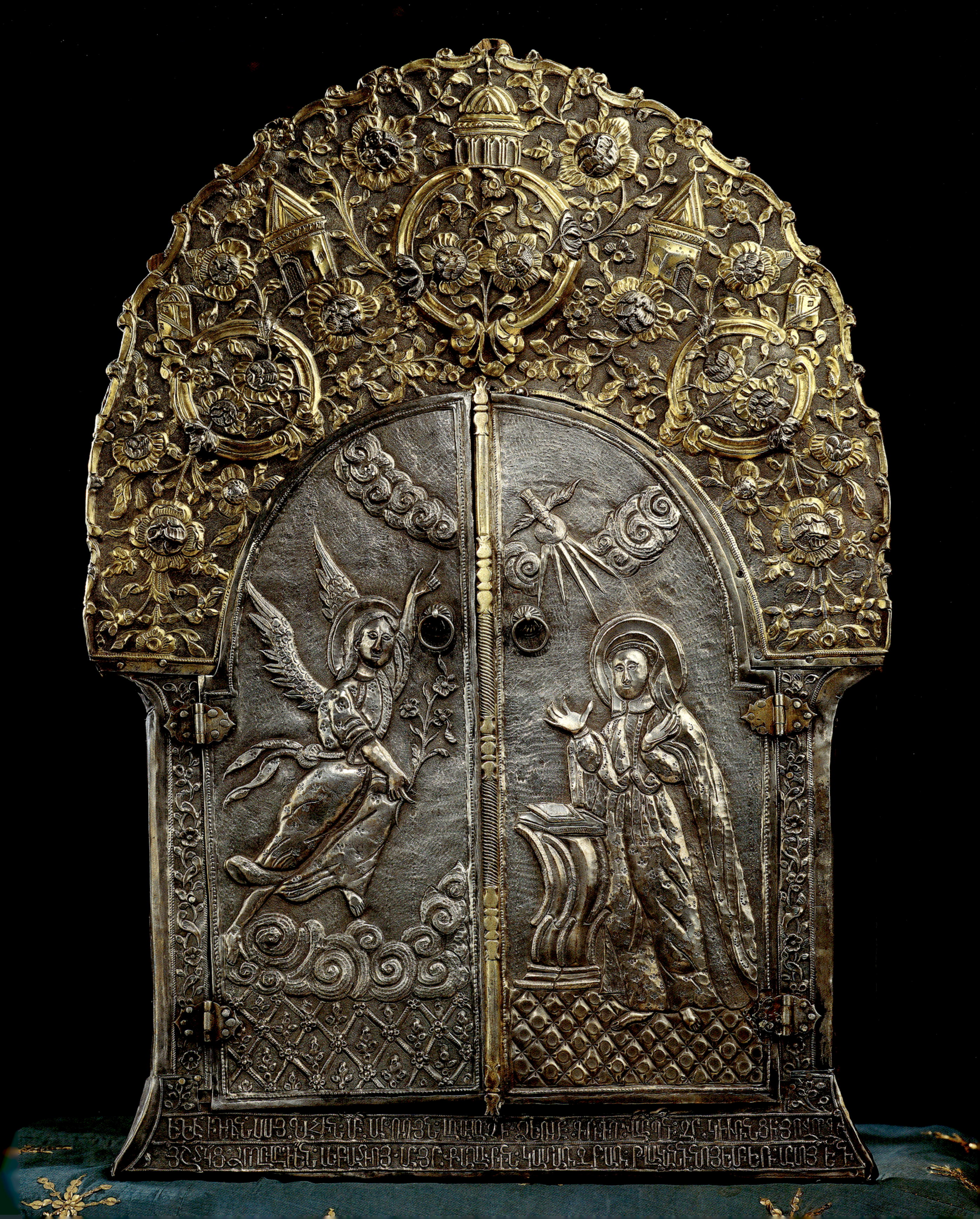

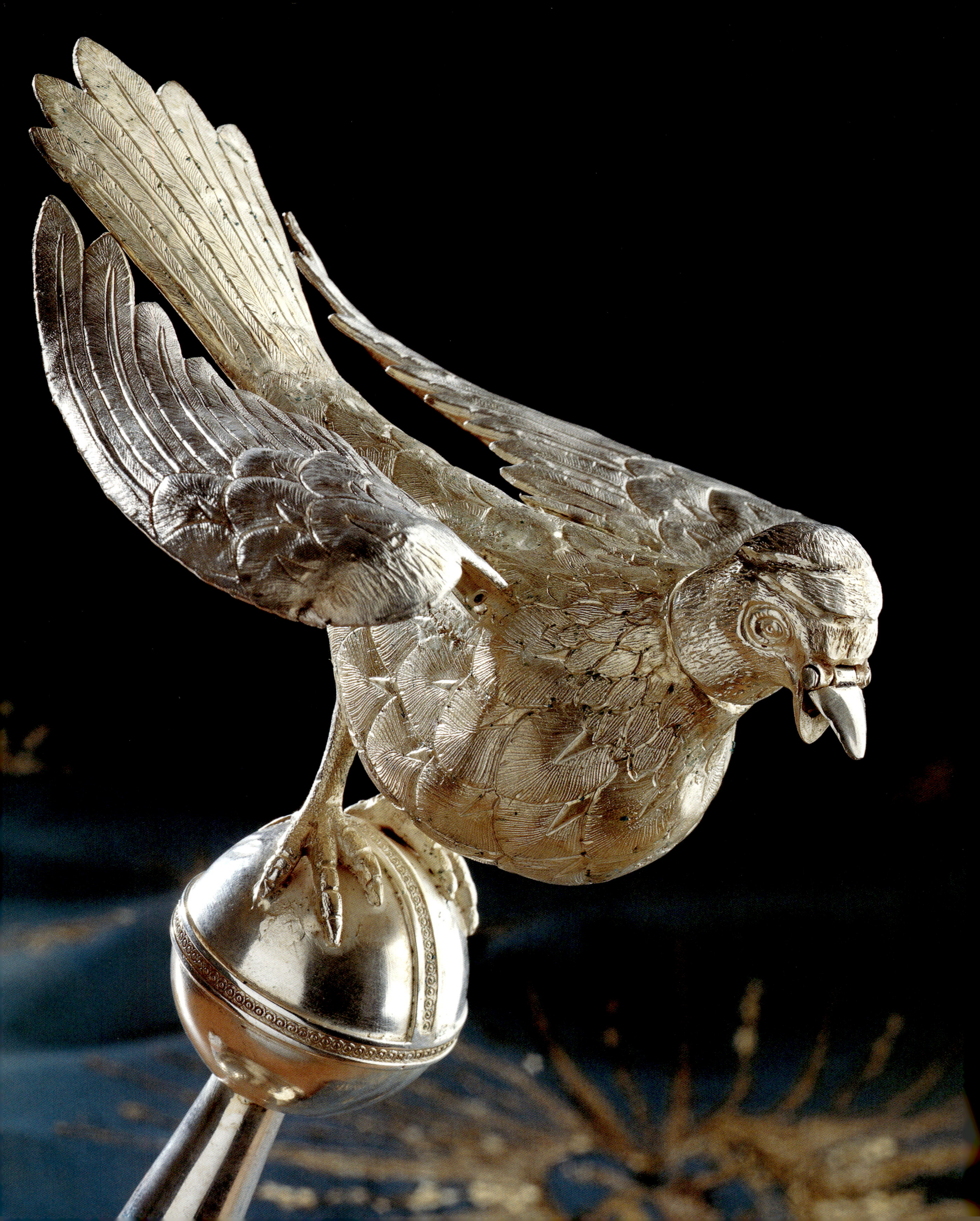

Die Myron-Taube · ՄԵՐՈՆԱԹԱՓ ԱՂԱՎՆԻ

Ein Erkennungszeichen der Armenischen Kirche ist die silberne Myron-Taube. Das Heilige Myron wird in sie eingefüllt. Durch den beweglichen Schnabel der Silbertaube fließt das Myron bei den Segens- und Weihehandlungen als Gabe des Heiligen Geistes in das zu segnende Wasser. Besonders eindrücklich erscheint die Myron-Taube in dem Gottesdienst der Großen Wasserweihe am 6. Januar, dem Fest der *Erscheinung Gottes – Astwatzahajtnutjun* (Theophanie) –, das bei den Armeniern sowohl der Geburt Christi wie auch der Taufe Christi im Jordan gewidmet ist.

Über dem Becken, dem »Jordan«, mit dem zu weihenden Wasser erhebt der Zelebrant die silberne Taube, daß sie wie die Taube des Geistes über dem Jordan schwebt, und läßt die Tropfen des Heiligen Myron aus dem Schnabel der Taube in das Becken tropfen.

Das so geheiligte Wasser des Geistes wird an die Gemeinde ausgeteilt. Zum Schluß des Gotteserscheinungsfestes haben die Gläubigen teil an dem durch das Myron geheiligten Jordanwasser: Die Gemeinde tritt an das Becken heran und trinkt andächtig von dem Wasser. Viele nehmen in Flaschen und Gefäßen das heilsame Wasser mit sich nach Hause.

Geist Gottes, von Mose du verkündet als der, der über den Wassern schwebt, oh unbeschreibliche Macht, der du mit schwingenden Fittichen behütest und unter den Flügeln verborgen in zärtlicher Liebe die junge Brut beschirmst, uns so das Geheimnis des Taufbades kundtatst. Nach dieser Art der Vorgestaltung hast du schon vor Ausbreiten der flüssigen Materie als letztem Vorhang gestaltet mächtig in herrscherlicher Weise vollständige Naturen von allem und jedem Wesen, von allem, was ist, aus dem Nichts.

Das Zentrum dieses uralten armenischen Weihnachtsgottesdienstes, in welchem Geburt und Taufe Christi gefeiert werden, ist die Basilika der Geburt Christi in Bethlehem. Dort wird das Fest vom Armenischen Patriarchat Jerusalem nach Julianischem Kalender am 19. Januar gefeiert (ansonsten richtet sich die Armenische Kirche nach dem neuen, Gregorianischen Kalender). Die armenischen Pilger aus aller Welt, ob sie aus Boston oder Kairo, Jerewan oder Jerusalem, Sidney oder Los Angeles kommen, nehmen das mit dem Myron geheiligte und geistbegabte Wasser mit in die Heimat, um ihre Familien an dem Heil der Gotteserscheinung sinnlich und geistig teilhaben zu lassen.

In der Bethlehemer Geburts-Basilika partizipieren drei christliche Konfessionen am Geheimnis der Menschwerdung Gottes, griechisch-arabische orthodoxe Christen, der Orden der Franziskaner als *Custodes Terrae Sanctae* und die apostolischen Armenier, die in ihrem Kloster auf dem Dach der Basilika ihre Pilger empfangen.

Taube für das Heilige Myron · *Myronathap Aghawni*, 19. Jh., Kilikien, Silber, graviert, ziseliert, montiert, 28 cm, Dm Fuß 12,5 cm – Sinnliches Zeichen der Herabkunft des Hl. Geistes in das Jordanwasser, ebenso Zeichen des Hl. Geistes bei der Salbung von Bischöfen und Katholikoi, wie es auf der Vorderseite des Silbereinbandes des Haupt-Rituale von Sis dargestellt ist, s. Seite 66

GOTTES GEDÄCHTNIS · ԱՍՏՈՒԾՈՅ ՅԻՇԱՏԱԿԸ

Adsch Lussawortschí, die *Rechte des Erleuchters*, die *Rechte* des Heiligen Nikolaus, die *Rechte* des Heiligen Sylvester –, die Arm-Reliquiare aus dem geretteten Schatz der Armenier sind nicht totes Gebein in prachtvoller Umhüllung von Gold und Silber. Sie sind Segen. Sie sind sinnliche Abbilder der *Rechten Gottes,* die unsichtbar segnet und regiert. Sie sind sinnliche Abbilder des Ursprungs alles Segens, sichtbares Zeichen des Heils.

In diesem heiligen Opferdienst sei Gedächtnis der heiligen Apostel, Propheten, Lehrer, Märtyrer und aller heiligen Patriarchen, der apostelgleichen Bischöfe, der Presbyter, der rechtgläubigen Diakone und aller Heiligen, wir flehen:
Gedenke Herr und erbarme dich

Die drei sind Heilige des 4. Jahrhunderts, des ersten Jahrhunderts der Armenischen Apostolischen Kirche. Ihre Armreliquien sind der Segen des Anfangs, der 1700 Jahre hindurch von jeder Generation empfangen wurde. Wie das Myron die Gläubigen mit diesem Anfang in körperliche Berührung bringt, so die Segensreliquiare das Volk unter den seit Anfang gespendeten Segen, den Gregor der Erleuchter spendete und spendet.

Unter dem Schatten der Rechten Gregors des Erleuchters lebt das armenische Volk. Unter dem Schatten der Rechten Gregors versammelt sich das armenische Volk aller Generationen. Der segnende Schatten der Rechten Gregors ist das geistige Dach aller Armenier.

Die Segens-Reliquien bilden im Heute das Muster des Anfangs. Wenn der armenische Katholikos heute mit der Rechten des Erleuchters das Myron segnet, ist es der Erleuchter, der das Myron durch die Zeiten segnet. Wenn der Katholikos heute mit der Rechten des Erleuchters das Volk segnet, so ist es der Erleuchter, der das Volk aller Zeiten segnet.

Die segnende Rechte faßt die lange Geschichte des Volkes zusammen. Sie stiftet Gedächtnis des *Heils in Christus* und nimmt durch den Segen in dieses Heil hinein. Hier läßt sich der eigentliche, innere Grund finden, warum es vergleichsweise viele Reliquien des Kreuzes Christi gibt. Das Kreuz Christi ist das Urdatum der Rettung. Das Kreuz ist die Ur-Reliquie. Durch jede dieser Reliquien geschieht Gedächtnis des Kreuzes Christi, geschieht Gedächtnis der Rettung, Gedächtnis des Heils, Gedächtnis Gottes, von welchem das Heil kommt.

Die Märtyrer und die Heiligen haben dieses Heil bezeugt. Sie gehören zu Christus und seinem Kreuz wie die Strahlen zur Sonne. Sie sind Abbilder der Güte Gottes, die den Menschen verwandelt. In der sprichwörtlichen

Seite 89: Die Rechte des Erleuchters·*Adsh Lussawortschi*, Hauptreliquie des Katholikosats von Kilikien, Armreliquiar des Hl. Gregor des Erleuchters, erneuert 1926 in Aleppo durch Katholikos Sahak II., heute in persönlicher Aufbewahrung des Katholikos. Auf dem Handrücken Darstellung des Hl. Gregor. Lit.: Babken Gülesserian, S. 1270–1328

Seite 90: Armreliquiar des Heiligen Sylvester·*Masunk Surb Seghbestrosi*, erneuert 1772 durch Katholikos Jeprem, mit Goldblech beschlagen, Arm mit vergoldetem Silberblech belegt, ziseliert, graviert, 39 x 10 cm

Seite 91: Armreliquiar des Heiligen Nikolaus·*Masunk Surb Nikoghajosi*, erneuert 1325, überarbeitet 1926, Silber, teilvergoldet, getrieben, ziseliert, geprägte Zierbänder, Edelsteine, 47,5 x 9,5 cm

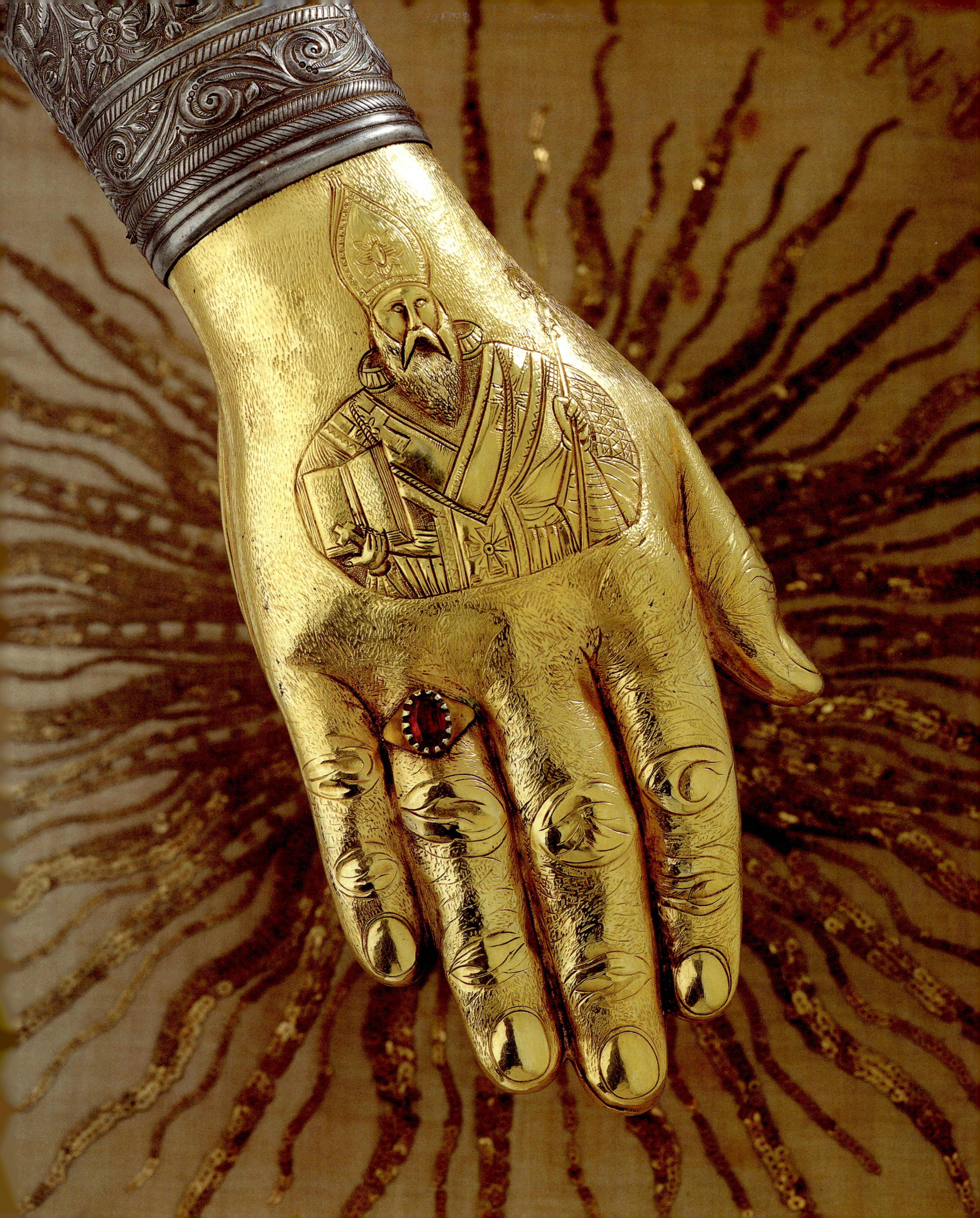

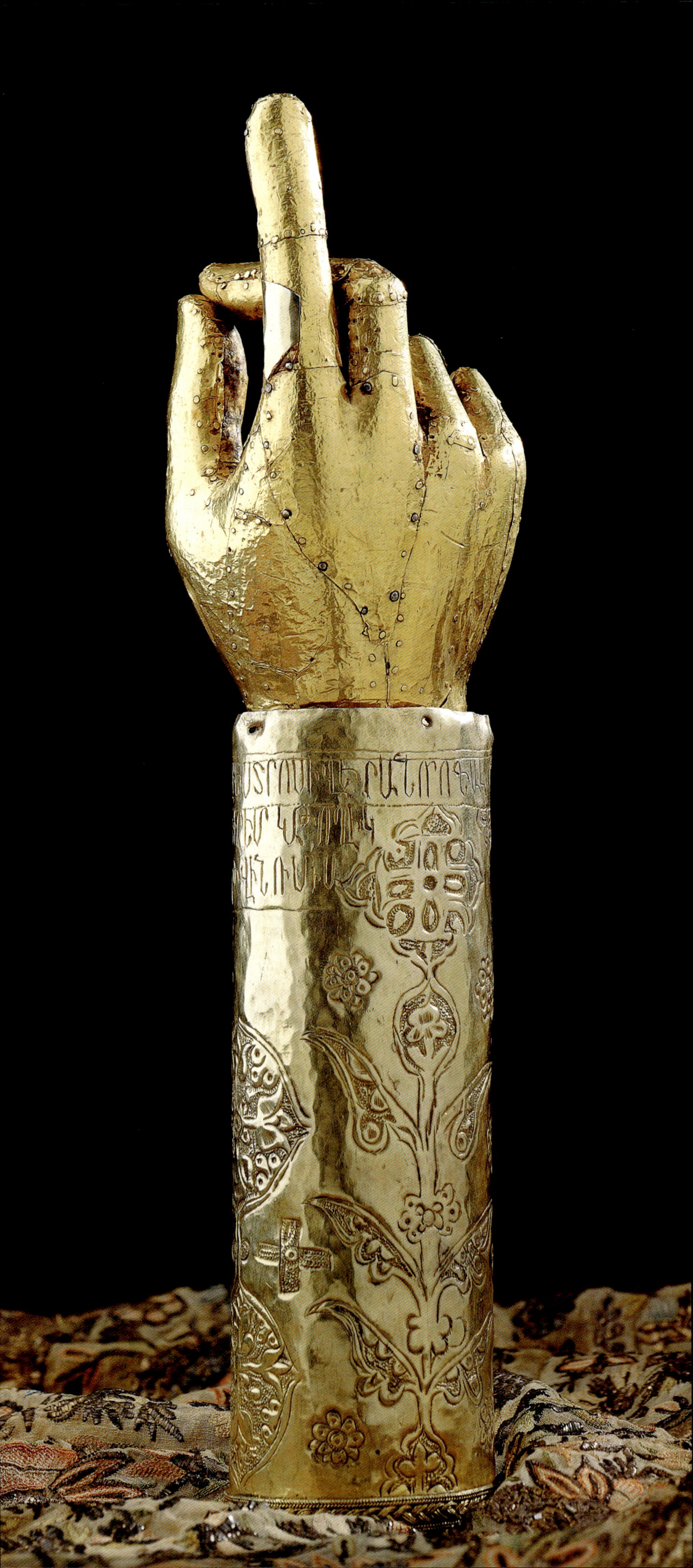

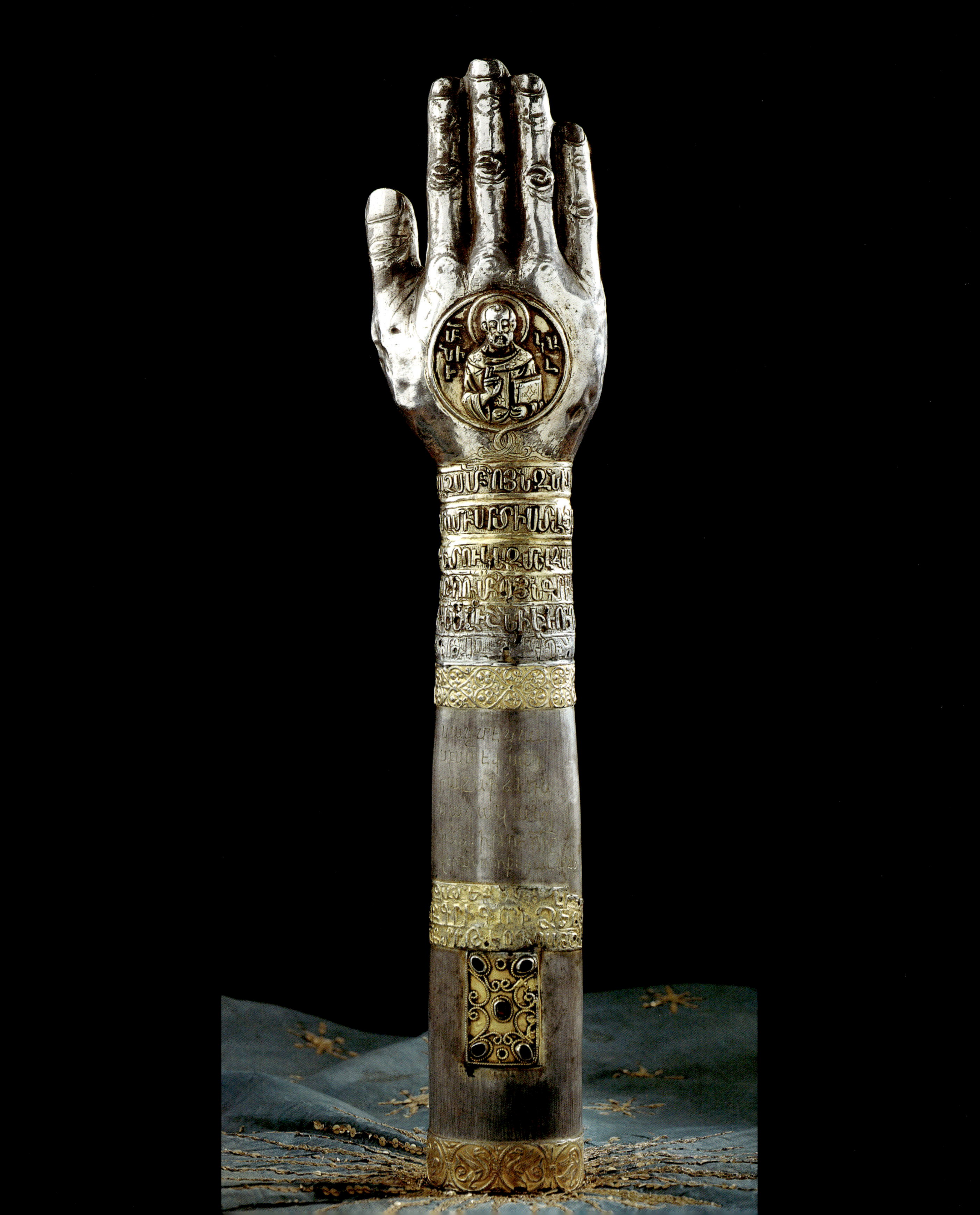

Güte des Bischofs Nikolaus von Myra ist ein Abglanz der Güte Gottes auf Erden sichtbar geworden. Die Verehrung der Märtyrer und Heiligen ist Verehrung dieser verwandelnden Kraft Gottes, die vor dem ewigen Tod rettet. Die von Gottes Güte durchdrungenen und verwandelten Heiligen leben durch die Schöpfermacht Gottes. Wie Gott seinen Christus nicht im Tode läßt, so läßt er auch seine Heiligen nicht im Tode. *Denn du wirst mich nicht dem Tode überlassen / und nicht zugeben, daß dein Heiliger die Grube sehe.* (Ps 16,10)

Die Verehrung der Reliquien der Märtyrer und Heiligen ist ein Zeugnis des Glaubens gegen den Augenschein. Sie ist ein Zeugnis der festen Hoffnung des Glaubens an den Gott, der seine Heiligen um sich sammelt. Die Silber- und Goldmäntel um die Gebeine der Heiligen, der wunderbar ziselierte und getriebene Reliquienkasten im geretteten Schatz der Armenier, bestimmt für die Arm-Reliquiare, lassen diese Hoffnung sichtbar werden. Sie sind sinnliches Zeichen des Lebens in der Herrlichkeit Gottes.

Die Märtyrer und Heiligen stehen in der großen Gebetsgemeinschaft des Gottesdienstes. Im *Surb Patarag*, der Feier des Opfers Christi, geschieht *Gemeinschaft* Gottes mit seinem Volk. Gott durchbricht die Grenzen von Raum und Zeit, er bringt diese Gemeinschaft durch Raum und Zeit zusammen. Gemeinsam feiert die Kirche an allen Orten, gemeinsam feiert die Kirche aller Zeiten, von den Aposteln bis auf den heutigen Tag.

Hörbar wird dies während des Gottesdienstes im Gedächtnisgebet für die Märtyrer und Heiligen. Es würde wohl kaum etwas von der Geschichte der Christenheit bekannt sein, wenn es nicht diese Kultur des Gedächtnisses in der Liturgie gäbe. Und dieses Gedächtnis vergegenwärtigt die große Gemeinschaft des Gottesdienstes. Um das Gedächtnis des Kreuzestodes Christi, um Brot und Wein, Leib und Blut Christi, scharen sich die vergangenen Generationen, scharen sich die irdischen und die himmlischen Hierarchien. Es ist eine *Kosmische Liturgie*, die gefeiert wird.

Es ist nicht die Gedächtniskraft der Menschen, die diese kosmische Liturgie hervorbringt. So heißt es in den Worten des Gedächtnisgebets nicht: *Laßt uns der Heiligen gedenken...* Vielmehr wird Gott angefleht, daß er unser und seiner Heiligen gedenken soll:

Gedenke Du Herr und erbarme dich. In diesem heiligen Opferdienst sei Gedächtnis ... wir flehen zu dir, Gott.

Wenn es etwas gibt, das die Macht hat, das Vergangene, das Tote, aus dem Rachen des alles verschlingenden *Chronos* zu reißen, dann ist dies nur das *Gedächtnis Gottes*, das Gedächtnis des lebendigmachenden Schöpfers.

Seite 93: Reliquienkasten *Adsheru Arkghe* für die drei Armreliquiare und das Handreliquiar des Hl. Bar Sauma aus der Kathedrale der Hl. Sophia von Sis, 1765, Antiochien, Silber, ziseliert, auf Holzkasten montiert, 23 x 60 x 24 cm – Gestiftet von Katholikos Gabriel von Sis zum Gedächtnis seiner Vorgänger, der Katholikoi Ghukas und Mikael. Die Darstellungen auf den Silberblechen, die den gesamten Holzkasten überziehen, sind gefertigt von Harutjun Ghalemgiar, Goldschmied in Antiochien. Der Deckel zeigt um die Gestalt des Hl. Gregor des Erleuchters in Medaillons dessen Martern, darüber und darunter die Evangelisten. Auf der hinteren Längsseite thronen links die Katholikoi Ghukas und Mikael und rechts der Stifter, Katholikos Gabriel bei einer Weihe, s. Seite 15. Lit.: Karapetean

Seite 94/95: Reliquiar in Form der Heiligen Lanze mit Partikel vom *Holz des Lebens·Pajt Kenatz*, 18. Jh., Silber, vergoldet, ziseliert, montiert, Reliquie hinter Hornscheibe, rotes Siegel, 36 x 12 cm – Rückseite: Kreuzigung Christi

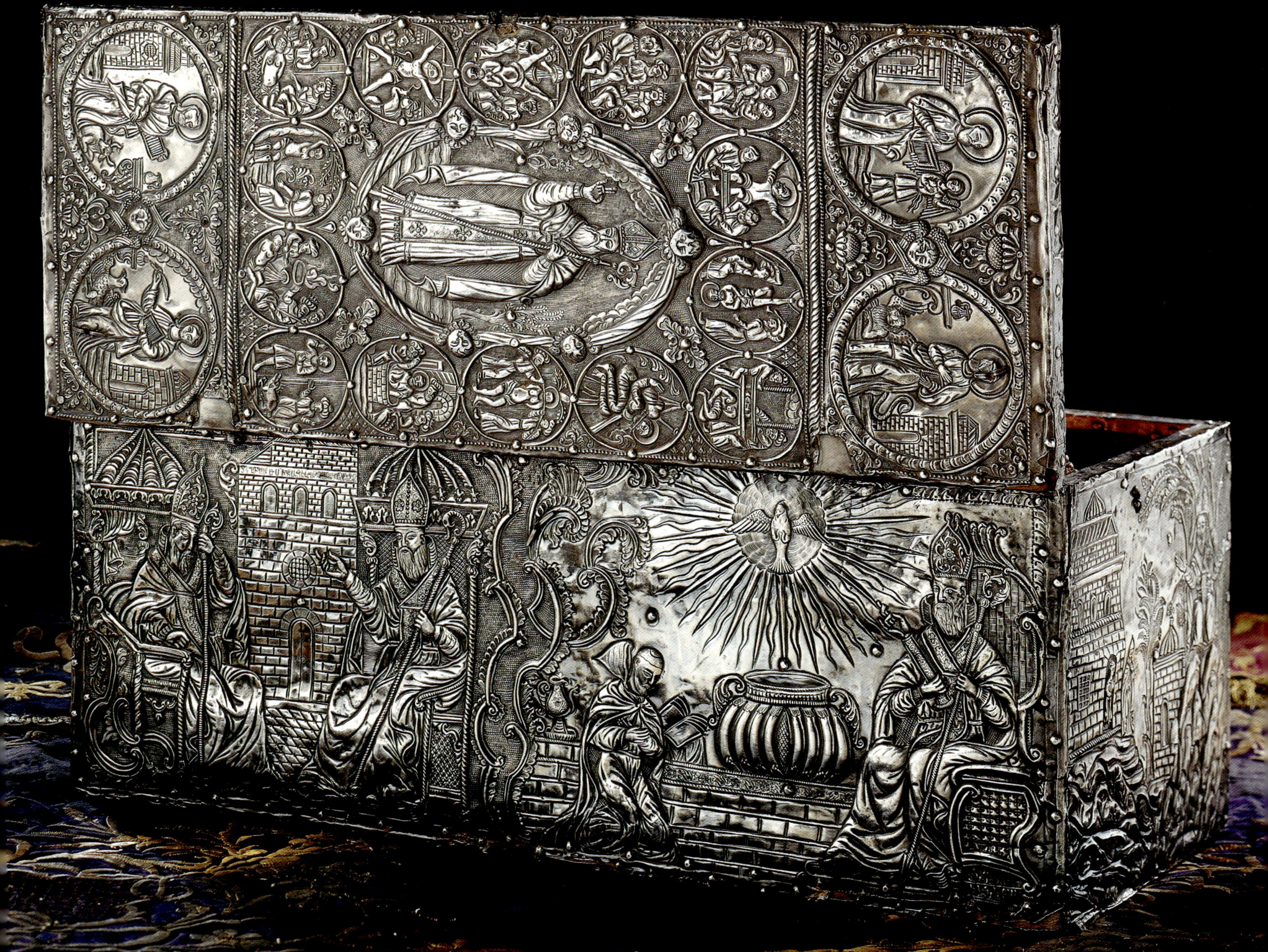

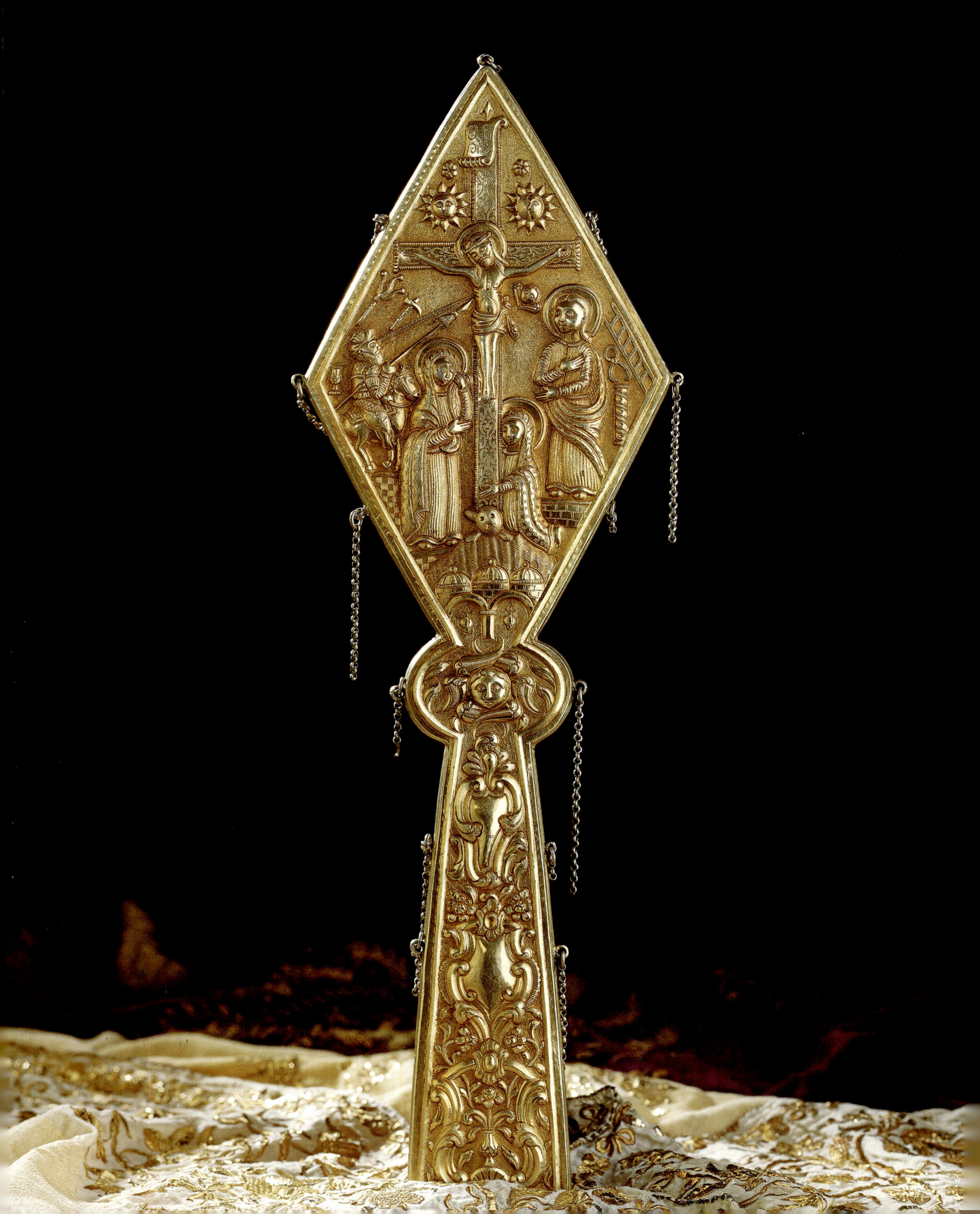

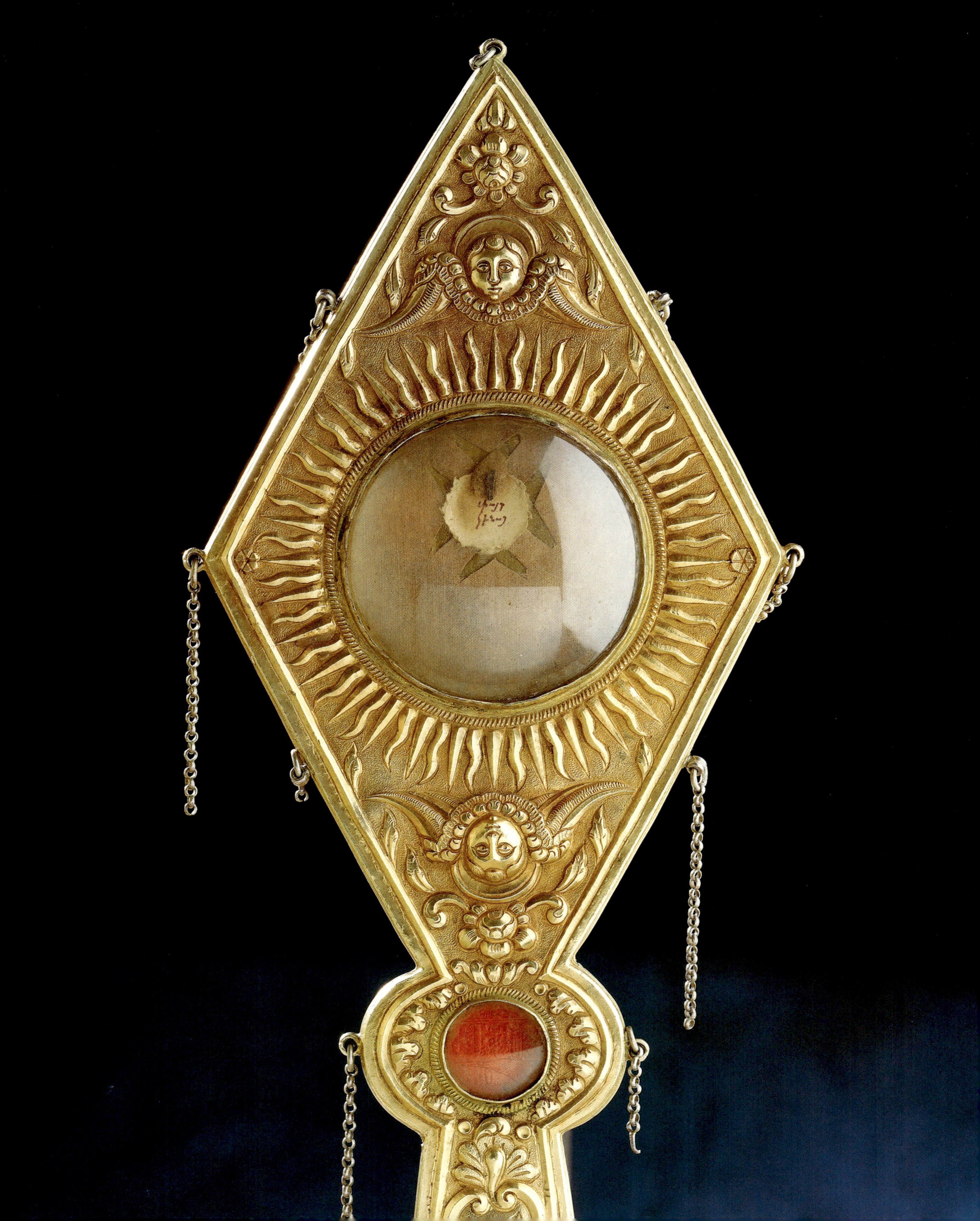

AUS DEM ALLGEMEINEN GEDÄCHTNIS-GEBET

Durch das Vergießen des Blutes Christi laß ruhen du, Geist Gottes, alle zuvor in Christus Entschlafenen, die Vorväter, Patriarchen, Propheten, Apostel, Märtyrer, Bischöfe, Presbyter, Diakone und den ganzen Klerus deiner heiligen Kirche, und alle vom Laienstande, Männer und Frauen, die im Glauben entschlafen sind. GEDENKE, HERR, UND ERBARME DICH.

Der heiligen Gottesgebärerin und Jungfrau Mariam und Johannes des Täufers, Stephanos des Erstmärtyrers und aller Heiligen sei Gedächtnis in diesem heiligen Opferdienst, wir bitten. GEDENKE, HERR, UND ERBARME DICH.

Der heilige Apostel, Propheten, Lehrer, Märtyrer und aller heiligen Patriarchen; der apostolischen Bischöfe, Presbyter, der orthodoxen Diakone und aller Heiligen sei Gedächtnis in diesem heiligen Opferdienst, wir bitten. GEDENKE, HERR, UND ERBARME DICH. ...

Unserer Anführer und ersten Erleuchter, der heiligen Apostel Thaddäus und Bartholomäus und Gregors des Erleuchters, des Aristakes, Vertanes, Hussik,

Seite 96: Reliquiar der rechten Hand des Hl. Bar Sauma · *Surb Parsamaj Dschgnawori Adshin Tupe*, 1723, Sis, Meister Mahtesi Ghablan, Silber, graviert, Niello, ziselierter Gittereinsatz, 15,5 x 9 x 5,5 cm – Eine der Hauptreliquien des Katholikosats.

Seite 97: Reliquienkästchen · *Masunknerou arkghik*, Hl. Stephan, *Holz des Lebens* und Hl. Karapet (Johannes der Vorläufer), 1804, Sis, Silber, vergoldet, graviert, Filigran, Rubine, Granate, Smaragde, Lapislazuli, Türkise, 9 x 16 x 8,5 cm

Grigoris, Nerses, Sahak, Daniel und Chad, Mesrop des Vardapeten und des Grigor Narekatzi und des Nerses Klajetzi, des Howhannes Worotnetzi, des Grigor und Moses Tatewatzi und der heiligen Grigorianer und Nersessianer, der Hirten und Erzhirten Armeniens sei Gedächtnis in diesem heiligen Opferdienst, wir bitten. GEDENKE, HERR, UND ERBARME DICH.

Der heiligen Einsiedler, der tugendliebenden und gottgelehrten Mönche: Paulus, Antonius, Paul, Makarius, Onuphrius, des Abtes Markus, Serapion, Nilus, Arsenius, Evagrius, Barsumas, der Johannessianer, der Simeonianer, der Oskeanen und Sukiassianer und aller heiligen Väter und ihrer Schüler in der ganzen Welt sei Gedächtnis in diesem heiligen Opferdienst, wir bitten…

Gedenke, Herr, und erbarme dich und segne dein vor dir stehendes Volk und die, die Opfergaben bringen, und schenke ihnen das Notwendige und Nützliche. Reinige unsere Gedanken und mache uns zu Tempeln, um den Leib und das Blut deines Eingeborenen, unseres Herrn und Erlösers Jesus Christus, zu empfangen, mit welchem dir, dem allmächtigen Vater, zusammen mit dem lebenschaffenden und befreienden Heiligen Geist gebührt Ehre, Macht und Achtung, jetzt und immer und in alle Zeiten. AMEN.

Seite 98: Altarkreuz mit Reliquie · *Chorani Chatsch Masunkow* vom *Holz des Lebens*, 19. Jh., Silber, vergoldet, Filigran, Smaragde, Rubine, Reliquie unter Hornscheibe, Koralle, 32,5 x 17,5 cm – Rückseite: Kruzifix

Seite 99: Altarkreuz mit Reliquien · *Chorani Chatsch Masunkow*, 1792, Silber, vergoldet, montiert, Filigran, Türkise und Rubine, Korallen, Saphir, Bergkristalle, 37,5 cm, Dm 23 cm – Gestiftet vom Vardapet Georg. Reliquien der Apostel Johannes und Petrus sowie des Hl. Stephan.

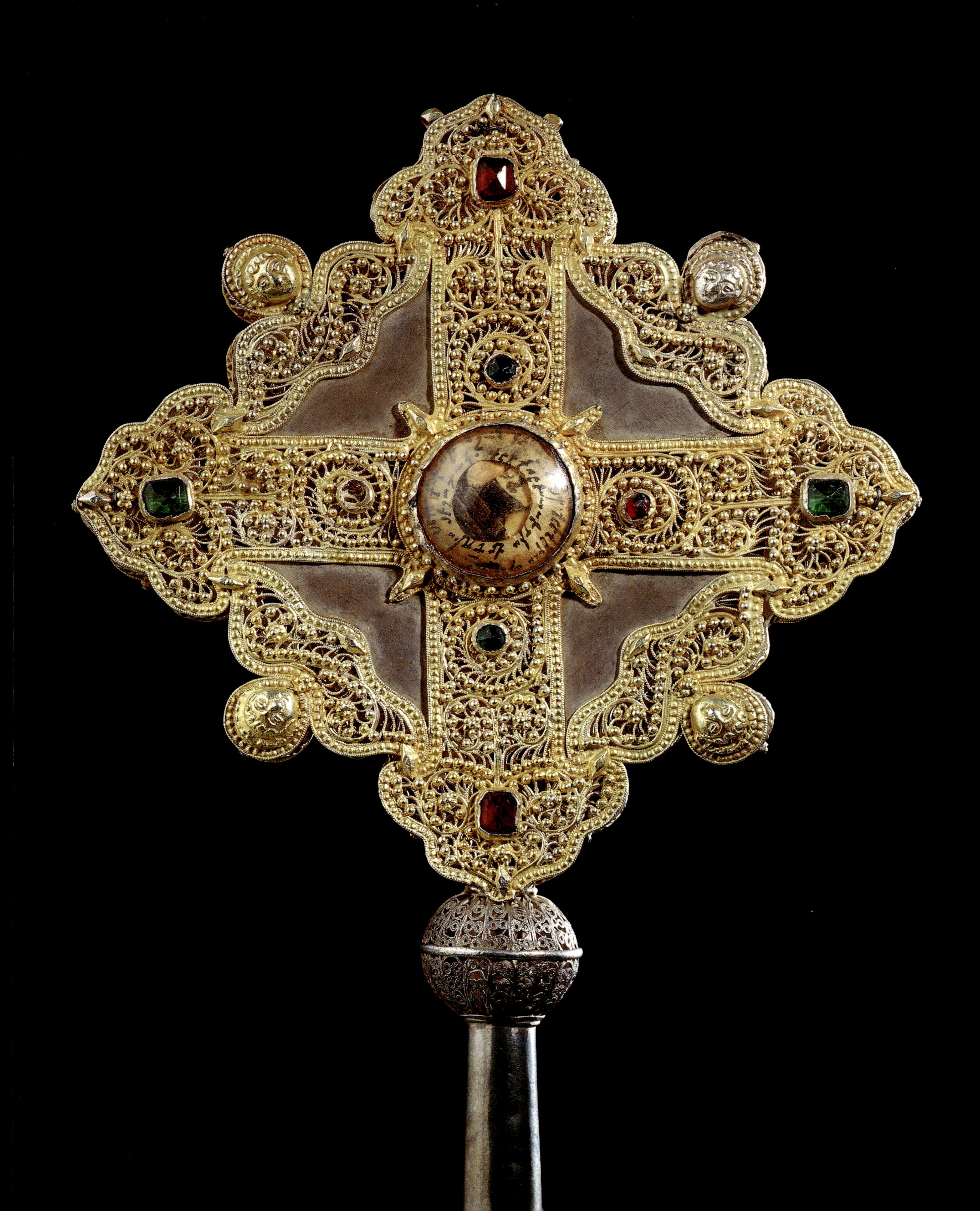

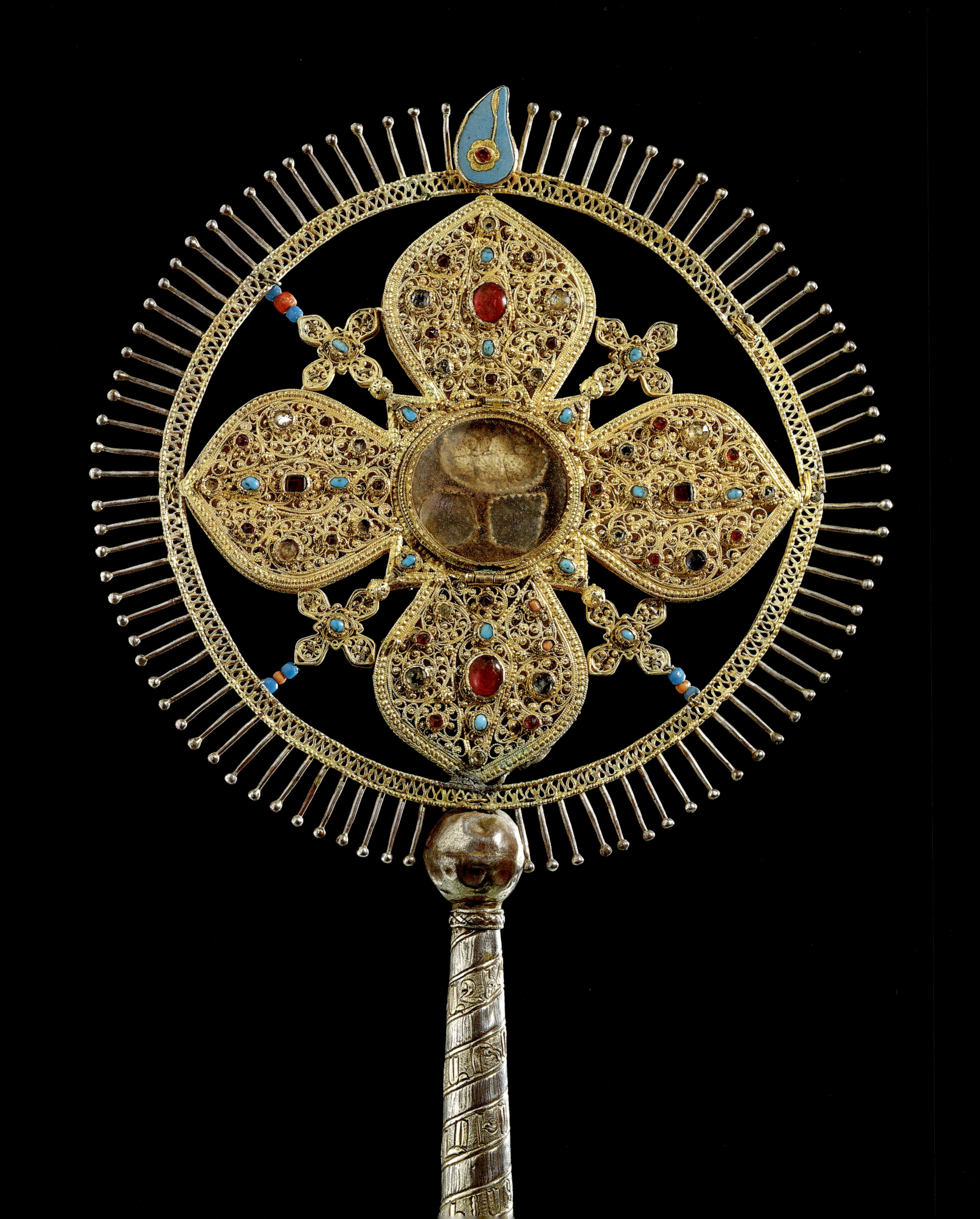

In diesem armenischen Gebet um Gottes Gedächtnis erscheint die Gemeinschaft der Heiligen durch Raum und Zeit, wo die allgemeine Kirche zusammen mit der armenischen eine unlösliche Einheit bilden.

Es ist die Gottesmutter Mariam, um deren Gedächtnis an hervorgehobener Stelle gebetet wird, mit ihr um das Gedächtnis des Vorläufers und Täufers Howhannes (Johannes), der auch im Armenischen *Karapet* (Vorläufer) genannt wird.

Neben diesen beiden Haupttheiligen, Mariam und Howhannes, wird Gott in einem Atemzug um das Gedächtnis des Erstmärtyrers Stephanos gebeten, der im Armenischen *Nachawka* (Ur-Zeuge) genannt wird, eine Wiedergabe des griechischen *Protomartys*.

Wie sehr sich die Armenische Kirche in die allgemeine Kirche eingebettet sieht, wird sichtbar an der Gedächtnisbitte für die Apostel, Propheten, Märtyrer, Patriarchen, Bischöfe, Presbyter, Diakone und aller Heiligen. Und die Brücke zwischen der Allgemeinen Kirche und der Armenischen Kirche bilden – auch in dem Gedächtnisgebet – die Ersten Erleuchter Armeniens, die Apostel Thaddäus und Bartholomäus, die nach armenischer Überlieferung die ersten christlichen Gemeinden im 1. Jahrhundert auf dem Gebiet Armeniens gegründet haben.

Daher wird des Hl. Gregor des Erleuchters im Gedächtnisgebet erst an zweiter Stelle, nach Thaddäus und Bartholomäus gedacht. Dieser, armenisch *Grigor Lussaworitsch*, entstammt der parthischen Arsakiden-Dynastie und hat nach seiner kirchlich-theologischen Ausbildung in Caesarea in Kappadokien in Armenien missioniert. Mit der Bekehrung des armenischen Königs Trdat III. durch den Hl. Gregor wurde das Christentum zu Beginn des 4. Jahrhunderts zur Religion des armenischen Königshauses und des armenischen Volkes.

Nach Gregor dem Erleuchter wird in den Bitten um Gedächtnis Aristakes genannt, Sohn des Gregor und dessen Nachfolger in der Leitung der armenischen Kirche (325–333), dessen Name auch unter denen der Väter des ersten Ökumenischen Konzils in Nizäa 325 figuriert. In der armenischen Kirchengeschichte wie im Gedächtnisgebet folgen dann der Bruder des Aristakes, Vertanes, der der Nachfolger des Aristakes war (333–341), der Märtyrer Hussik, Sohn des Vertanes und Nachfolger seines Vaters auf dem Patriarchenthron (341–347), sowie Grigoris, armenischer Märtyrerbischof des 4. Jahrhunderts.

Mit den Patriarchen Nerses (353–373), Enkel des Hussik, und Sahak (387–439), Sohn des Nerses, wird um das Gedächtnis großer Leuchten der armenischen Kirche gebetet. Sahak war für Mesrop-Maschtotz Promotor bei der Erfindung des armenischen Alphabets und der Übersetzung der Bibel. Nach der Bitte um das Gedächtnis Gottes für die Märtyrerbischöfe des 4. Jahrhunderts, Daniel und Chad, wird das Gedächtnis für Mesrop den Vardapeten erfleht, den großen armenischen Lehrer, Alphabet-Erfinder und Bibelübersetzer.

Die armenische christliche Spiritualität hat ihre besondere Spur im Gedächtnisgebet der armenischen Kirche hinterlassen, da hier auch des Dichter-Theologen Grigor Narekatzi († 1003), Mönch des Klosters Narek, südlich des Van-Sees, heute zerstört, gedacht wird.

Die armenisch-kilikische Tradition ist im Gedächtnisgebet mit der berühmten Gestalt des Katholikos Nerses Klajetzi, besser bekannt als Nerses *Schnorhali* (der *Gnadenvolle*, *Begnadete*, *Anmutige*) präsent, der durch seine Hymnendichtungen und seine eindrücklichen theologischen Bemühungen um den Ausgleich zwischen armenischer und byzantinischer Theologie weit über die Grenzen der Armenischen Kirche verehrt wird.

Mit der Gedächtnisbitte für Howhannes Worotnetzi († 1388), Grigor Tatewatzi († 1410), für Moses Tatewatzi, als Katholikos Moses III. von 1629–1632 Führer einer Erneuerungsbewegung in Armenien, und für die *Grigorianer* und *Nersessianer*, Jünger der geistigen Bewegung um die Kloster-Akademien Glatzor und Tatew im 13. und 14. Jahrhundert wird auch der bedeutenden geistigen Strömungen im armenischen Spätmittelalter gedacht.

Deren armenische Erben und Fortsetzer finden sich später, in der beginnenden Neuzeit, in Konstantinopel und in Europa, besonders in den Klöstern des armenischen Mechitaristen-Ordens in Venedig und Wien.

Unverzichtbar für das Verständnis der Spiritualität der armenischen Kirche ist die Bitte um Gedächtnis für die berühmten frühen Eremiten in Ägypten, Paulus von Theben (3. Jh.), Antonius den Großen († um 355), Asket in der Libyschen Wüste, für Paulus Simplex (4. Jh.), Eremit in der Thebais, Makarios den Großen († um 390), Mönch in der Sketis, den thebaischen Einsiedler Onuphrius († etwa Ende des 4. Jh.), für Markus den Eremiten († nach 430), zunächst Abt in Ankyra (Ankara), dann Einsiedler in Palästina, für den Schüler des Antonius, Serapion († nach 362 als Mönchsvater, vorher Bischof von Thmuis), für Nilus von Ankyra († um 430), zunächst Mönch auf dem Berge Sinai, später Abt eines Klosters bei Ankyra, für Arsenios den Großen (354–445), Einsiedler in der Libyschen Wüste, für Evagrios (346–399), berühmter Prediger in Konstantinopel, seit 382 Einsiedler in der Nitrischen Wüste und für Bar Sauma († 458), armenisch *Barsumas*, ein hochangesehener Asket (das Bar-Sauma-Kloster lag bei Melitene/Malatya, heute in der Türkei), dessen Handreliquie sich in dem geretteten Schatz befindet.

An die Gedächtnisbitten für diese Asketen der allgemeinen Kirche schließen sich die Bitten für die hochverehrten armenischen Asketen- und Märtyrergruppen, die *Johannesseaner*, die *Simoneaner*, *Woskaneaner* und *Sukiasseaner* an.

Zum Zeichen der Einheit und Gemeinschaft der Geistlichkeit und des Volkes folgen nun in den Bitten um Gottes Gedächtnis die *gläubigen heiligen Könige*, so der armenische König Trdat III., unter welchem die Christianisierung des gesamten armenischen Volkes stattfand, neben König

Trdat aber auch der Abgar von Edessa und die römischen Kaiser Konstantin der Große und Theodosius. Zusammen mit diesen hochgestellten »Laien« wird Gott um Gedächtnis gebeten für *alle Gläubigen, Männer und Frauen, Greise und Kinder, die in Christus entschlafen sind.*
GEDENKE HERR UND ERBARME DICH.

Die Spiritualität der armenischen Kirche ist wie die aller orthodoxen Ostkirchen von einem bemerkenswerten gläubigen Realismus. Wichtig für die Kirche war von Anfang an der Kampf gegen einen Dualismus, der das Geistige und Immaterielle idealisierte und verabsolutierte – und das Materielle und Körperliche der Sphäre des Bösen, Finsteren und Unwerten zuschlug. Bei allen Versuchungen, die auch für die asketische Bewegung in einer dualistischen Lebensauffassung lagen, hat die Theologie der Kirche immer an der ganz besonderen Güte der materiellen Schöpfung Gottes und an der Gleichwertigkeit des Körperlichen festgehalten. Mit der Menschwerdung Gottes in Christus ist unsere menschliche Natur, unser Körper, sogar so geehrt worden, daß mit dem auferstandenen und zur Rechten Gottes thronenden Christus auch unsere Natur und *unser Fleisch* über der immateriellen Welt, über allen Engelhierarchien bei Gott thront.

So hält auch der Glaube der orthodoxen Kirchen gegen alle Anfechtungen an der leiblichen Auferstehung der Toten fest und verwässert den Glauben an die lebendigmachende Macht des Schöpfers nicht durch spiritualistische Auflösungen des Auferstehungsglaubens.

So ist im Lichte der Schöpfermacht Gottes gerade die Vergänglichkeit des Menschen und der Materie der eigentliche Anlaß für die Hoffnung auf die Auferstehung und auf den *neuen Himmel* und die *neue Erde*, auf eine Welt, wo die Menschheit – wie es im Buch der Offenbarung heißt – *ohne Tod, ohne Leid, ohne Geschrei und Schmerz* sein wird.

Sakramentshäuschen·*Tapanak*, 1787, Adana, Werk von fünf armenisch-kilikischen Goldschmieden, Silber, vergoldet, graviert, montiert, Teile gegossen, Steg-Emails, Drahtarbeit, Goldfiligran silberfoliert, Silberfiligran, Granate, Perlen und Koralle, Türkise und Achat, 30 x 28 x 25 cm

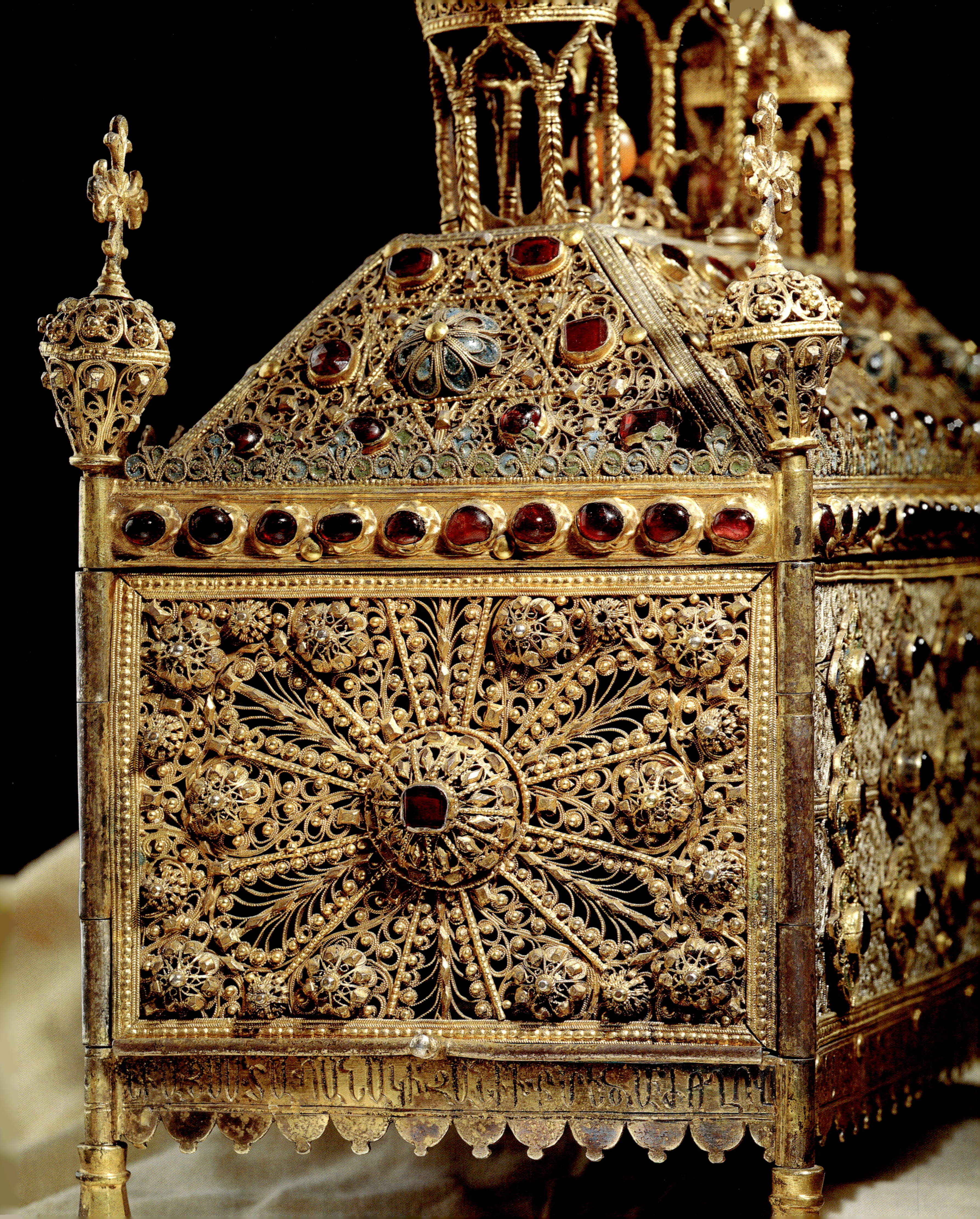

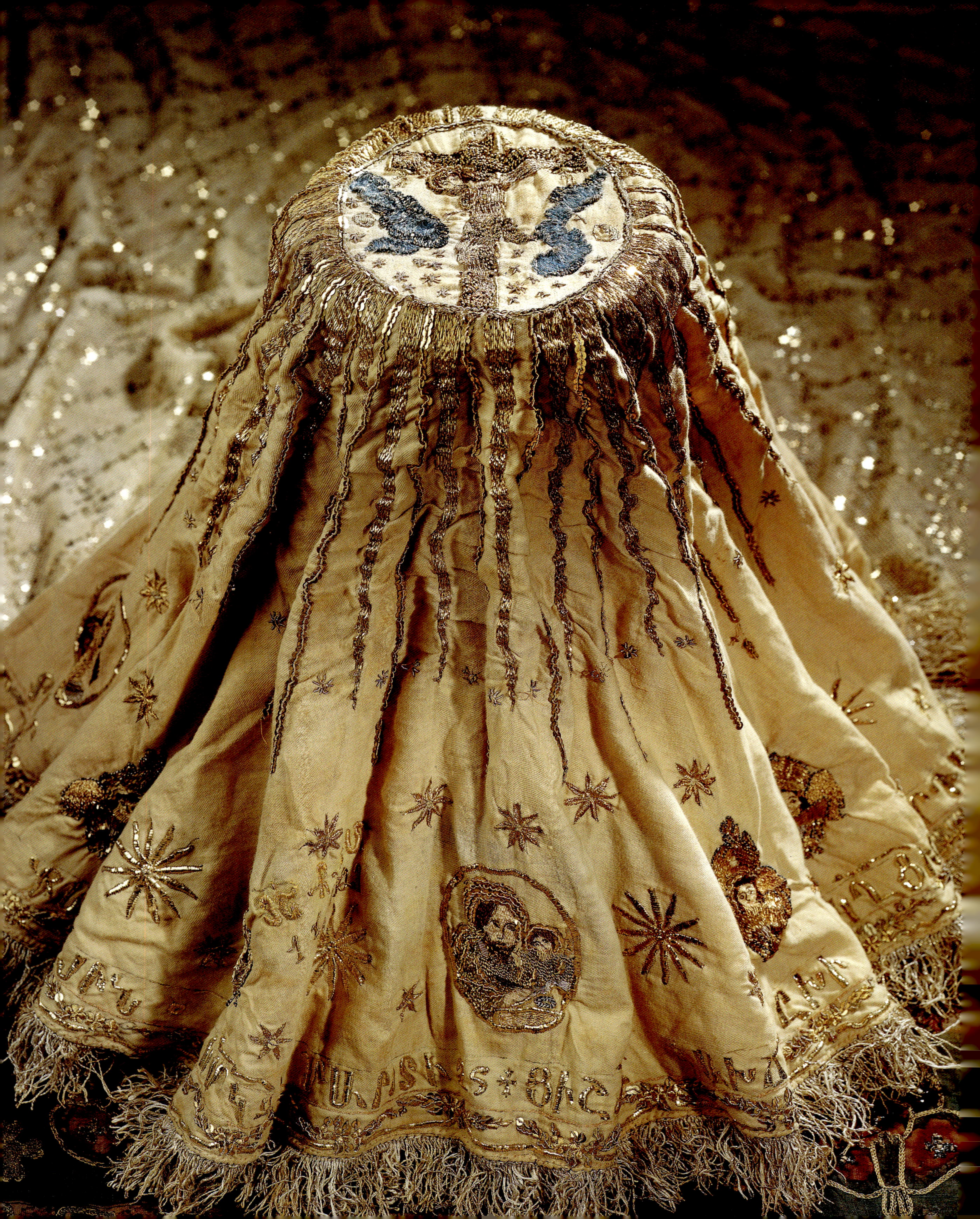

HIMMELSBROT · ԵՐԿՆԱԻՈՐ ՀԱՑ

Die Liturgie des *Surb Patarag* ist einer Ellipse vergleichbar, aus welcher die beiden Brennpunkte *Evangelium* und *Kommunion* hervorleuchten.

Zu Anfang der Mahlfeier, zur Vorbereitung der *Gabendarbringung*, werden Brot und Wein in einer feierlichen Prozession durch den Diakon zum Altar gebracht. Auf die Kuppa des Kelches (*skih*) wird die Kelchbedeckung (*Maghsmá*), gesetzt. Das Ganze ist mit dem *Zatzkótz*, dem Kelchtuch, vollständig, von oben bis zum Fuß des Kelches, bedeckt. Der so bekleidete Kelch zeigt durch die vollständige Verhüllung das verborgene große Geheimnis des Opfer-Sakraments Christi. Dieser verhüllte geheimnisvolle Kelch ist die Symbolgestalt des in der menschlichen Natur verborgenen Gottes.

Der eucharistische *Deus absconditus* wird nun in den Händen des Diakons in das Allerheiligste getragen. Gott kommt in das Seine. Das *Surb Patarag* steigert sich hier zur dramatischen Szene der Ankunft Gottes. Das Responsorium (*Poch*) des Großen Einzuges macht dies hörbar, wenn auf die Frage, wer der unter dieser Verhüllung geheimnisvoll Kommende ist, mit klingender Stimme vom Diakon verkündet wird, daß Gott selber in sein Heiligtum einzieht (Ps 24): *Hebt, Fürsten, eure Tore hoch! Es werden erhoben die ewigen Tore, und es zieht ein der König der Herrlichkeit.*

Vom heiligen, vom heiligen ehrwürdigen Leib und Blut unseres Herrn und Erlösers Jesus Christus laßt uns kosten in Heiligkeit, der herabgestiegen von den Himmeln verteilt wird mitten unter uns.

Und der am Altar dienende Priester tritt dem Diakon entgegen, ehrt das *furchtbare Geheimnis* mit Weihrauch und fragt und antwortet zugleich: *Wer ist dieser? Der König der Herrlichkeit, der Herr, stark durch seine Kraft, der Herr, mächtig im Kampf.*

Darauf der Diakon noch einmal: *Hebt, Fürsten, eure Tore hoch! Es werden erhoben die ewigen Tore, und es zieht ein der König der Herrlichkeit.*

Und der Priester wiederum: *Wer ist dieser? Der König der Herrlichkeit, der Herr der Heerscharen.*

Der Diakon: *Der selbst ist der König der Herrlichkeit.*

Und der Priester fällt nieder vor dem kommenden Gott, *mit Furcht und Zittern*, nimmt das *heilige Brot* und den *Kelch der Unsterblichkeit* in seine Hände, segnet das Volk mit dem Kreuz und spricht: *Gelobt der gekommen im Namen des Herrn.*

Dieser Einzug Christi in seinen Tempel erinnert an den Einzug Christi in Jerusalem zur Kreuzigung, ebenso aber an seine *Zweite Ankunft* zu Gericht am Ende der Zeiten.

Kelchtuch·*Skihi Zatzkotz*, 1817, farbige und plastische Stickerei auf Baumwolle, Gold-, Silber- und Seidenfaden, Drahtarbeit, Pailletten, Fransenborte, Dm 100 cm – Kreuzigung im Strahlenkranz, außen Evangelisten und Seraphime

Nachdem der bedeckte Kelch auf den Altartisch gestellt worden sind, ehrt der Priester den gekommenen Herrn mit Weihrauch. Zum Zeichen der eigenen inneren und äußeren Reinheit wäscht er sich die Hände im *Konk,* einer Wasserschale, die bestimmt ist für die symbolische Reinigung des Zelebranten während und zum Schluß der Liturgie.

DER FRIEDENSKUSS

Der Herr der Himmlischen Heerscharen ist der *Friedefürst*. Mit ihm zieht der *Friede* ein. Niemand soll während der Kommunion etwas gegen seinen Nächsten haben.

In sichtbarer, sinnlich spürbarer Weise geht der Frieden vom Altar, vom Thron Gottes, aus. Die Diakone, Bringer des Friedens, steigen aus dem Altarraum hinab in das Kirchenschiff zum Volk und verteilen den *heiligen Kuß* als Zeichen des Friedens, der von oben, von Gott, kommt und ein ewiger Friede ist. *Grüßt einander mit dem heiligen Kuß!*

Alle in der Kirche, Klerus und Laien, umarmen sich gegenseitig. In diesem Friedensgruß erscheint wieder der Herr selber. Daher singt der Chor im Deute-Hymnus zum Friedensgruß:

Christus ist unter uns erschienen, der ER-IST, Gott, hat sich hier niedergelassen.
Die Stimme des Friedens ist erklungen, die Weisung zum heiligen Gruß ist gegeben.
Diese Kirche ist eins geworden, dieser Kuß ist als Band der Vollkommenheit gegeben.
Die Feindschaft ist entfernt, die Liebe ist über alle ausgesprengt.
Auf, Diener, die Stimme erhebt, gebt Lobpreis aus einem Munde,
Der einigen Gottheit, welcher die Seraphim das Heilig singen.

Nun triumphieren Versöhnung und Frieden, und der eigentliche Dienst des *Heiligen Opfers* beginnt. Nach dem Dialog *Würdig und recht ist es* leitet der Priester mit dem Eucharistischen Hochgebet zum Sanctus (*Surb Surb Surb*), dem Engelsgesang vor dem Thron Gottes, hinüber:

Seite 106: Aspergill·*Srakman sapor* für geweihtes Wasser, 19. Jh., Silber, ziseliert, 28 x Dm Fuß 8,5 cm
Kleine Schale·*Dshraman* für geweihtes Wasser, 19. Jh., Kilikien, Silber, getrieben, ziseliert, 3,5 cm, Dm 12,5 cm – Christus mit den zwölf Aposteln

Seite 107: Altarkelch·*Skih*, 1815, Konstantinopel, Silber, vergoldet, getrieben, ziseliert, graviert, gegossen, montiert, 43,5 cm, Dm Kuppa 13,5 cm, Dm Fuß 22 cm – Gestiftet von Vardapet Theodoros aus Konstantinopel für den Heiligen Stuhl von Sis.

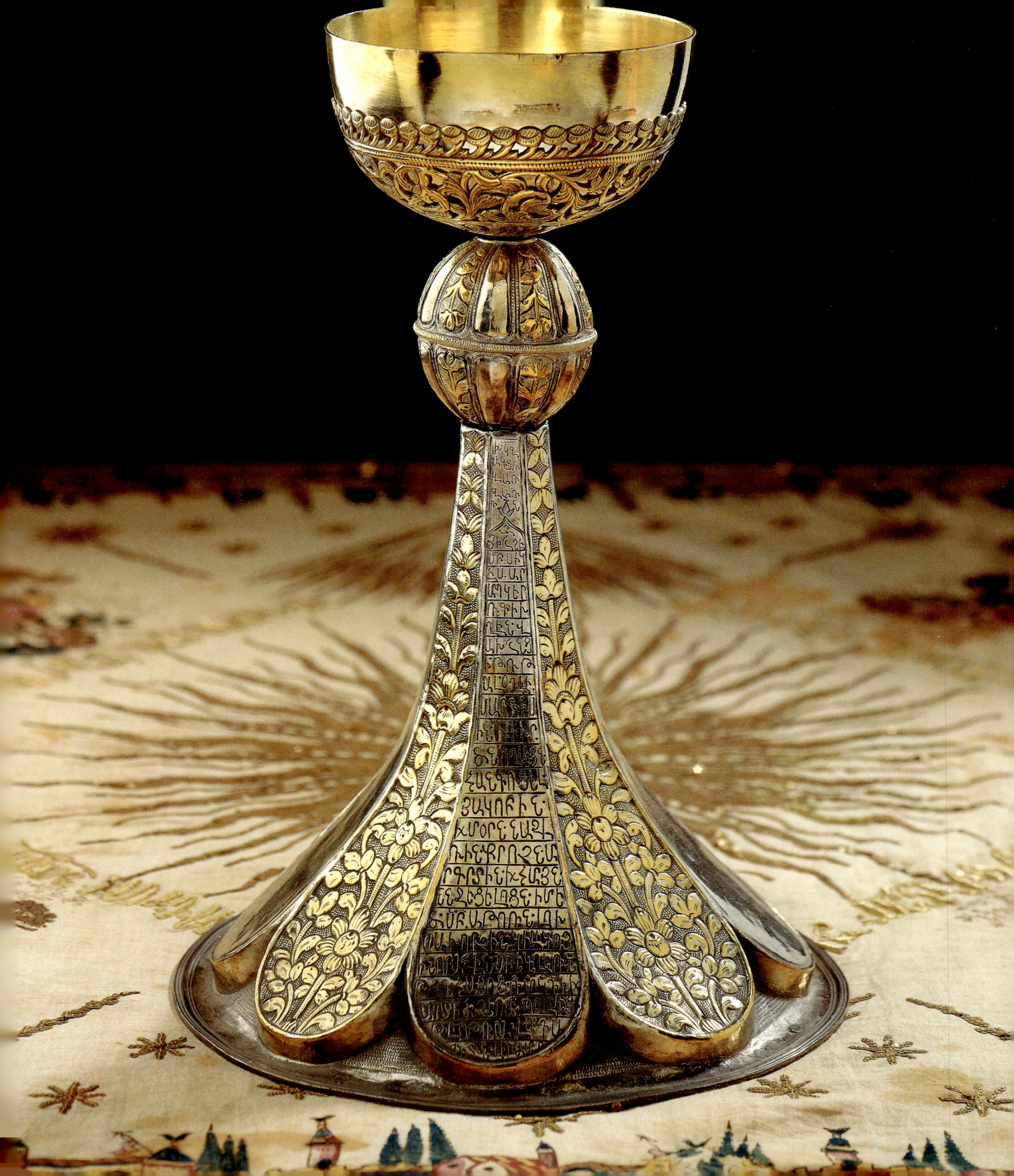

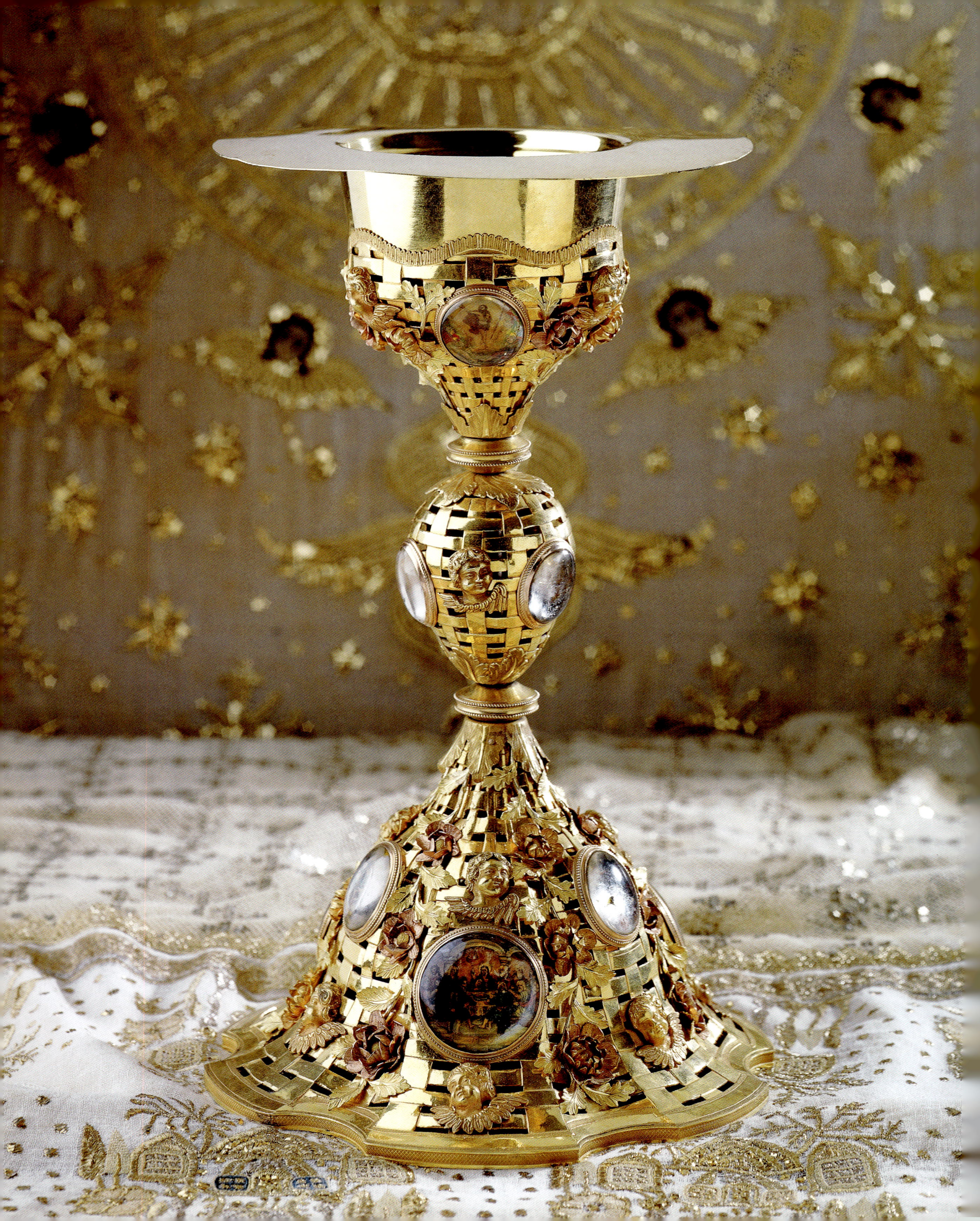

Heilig, heilig, heilig der Herr der Heerscharen, voll sind Himmel und Erde deiner Ehren. Segen in der Höhe. Gesegnet du, der du kamst und kommen wirst im Namen des Herrn. Hosianna in der Höhe.

Es erklingen die Worte Jesu Christi, mit denen er dieses Mahl eingesetzt hat. Nach dem Dank für das Opfer, das Gott den Menschen mit dem Kreuzestod seines eingeborenen Sohnes gebracht hat, wird der Heilige Geist herabgefleht. Das geschieht im Gebet des *Kotschúmn*, der *Anrufung* Gottes, daß er seinen Heiligen Geist herabsende:

Wir fallen nieder und bitten und ersuchen dich, gütiger Gott, sende auf uns und auf diese vorgelegten Gaben deinen gleichewigen und wesenseinen Heiligen Geist.

Der Geist Gottes wird nicht nur auf die *vorgelegten Gaben* herabgefleht. Er soll auch auf das Volk herabkommen und diese erneuern und wandeln. Es ist nicht der Priester, der die Wandlung der Gaben vollzieht. Es ist Gott selber, der seinen lebenschaffenden und umwandelnden Heiligen Geist herabsendet. Deswegen bittet *mit großer Furcht und Zittern* der Diakon, der neben dem Priester steht, leise: *Amen. Segne, Herr.*

Der Priester schlägt das Kreuzzeichen über den Gaben und sagt in der Stille zu Gott die dreifach inständig wiederholten Bitten:

Durch welchen Heiligen Geist du dieses gesegnete Brot wahrhaftig zum Leib unseres Herrn und Erlösers Jesus Christus machen mögest. Und diesen gesegneten Kelch wirklich zum Blut unseres Herrn und Erlösers Jesus Christus machen mögest. Durch welchen du dieses gesegnete Brot und diesen gesegneten Wein wahrhaftig zum Leib und Blut unseres Herrn und Erlösers Jesus Christus machen mögest, es verwandelnd durch deinen Heiligen Geist. Damit diese uns allen, die wir hinzutreten, zur Freisprechung, zur Sühnung und zur Vergebung der Sünden werden möge.

Diese Wandlung der Gaben ist keine Aktion des Priesters, sondern ein *Machen* oder *Schaffen* durch Gott, es ist das souveräne schöpferische Handeln Gottes, der mit seinem Geist die Schöpfung neumacht und umwandelt, der seine Geschöpfe und Brot und Wein zur Gegenwart seines Christus wandelt. Dies ist die Zeit der Neuschöpfung, die Zeit, wo der lebenschaffende Geist Gottes die toten Seelen der Gemeinde zum Leben erweckt. Hier wird daher auch der Kirche zu allen Zeiten und an allen Orten, der Lebenden und der Verstorbenen im Gedächtnisgebet gedacht. Entsprechend der *Anrufung* ist es Gott, der um sein *Gedächtnis*, armenisch *Hischaták*, angefleht wird. Die Geschöpfe, die Zeiten und die Orte sind allein in Gottes Gedächtnis unverlierbar aufgehoben. Er allein kann sie miteinander in lebendige Gemeinschaft bringen.

Kelch mit Bedeckung·*Skih jev Maghsma*, 19. Jh., italienische Arbeit, Kelch: Silber, vergoldet, montiert, Besätze aus Rotgold, zwölf Medaillons, 29,5 cm, Dm Fuß 18 cm, Bedeckung: Gold, massiv, Druckmarken, Dm 16,6 cm

Das Vaterunser, das nun gesungen wird, ist *Gnadengabe*, armenisch *Schnorh*, denn Gott darf darin *Vater* genannt werden. Und nachdem das ganze Volk mit dem Priester betend auf die Knie gefallen und das heilige Brot sichtbar erhoben worden und der *heilige Leib* in den Kelch, das *unverderbliche Blut* getaucht worden ist, wird zur Kommunion, zur Teilhabe an den heiligen Gaben geladen. Es kommunizieren zunächst Priester und Diakone, wobei der Chor das *Lied der Teilhabe*, den *Sang der Kommunion* singt:

Christus geopfert, er wird verteilt unter uns, Halleluja.
Seinen Leib gibt er uns als Speise, und sein heiliges Blut taut er auf uns, Halleluja.
Tretet zum Herrn und nehmt das Licht, Halleluja.
Kostet und seht, daß süß der Herr ist, Halleluja.
Lobt den Herrn im Himmel, Halleluja.
Lobt ihn in den Höhen, Halleluja.
Lobt ihn, alle seine Engel, Halleluja.
Lobt ihn, alle seine Heerscharen, Halleluja.

Der Priester erbittet vor dem Kosten von den heiligen Gaben Vergebung für seine Feinde und für die, die ihn hassen. ... *und dann kostet er mit Furcht und Zittern vom Leib und trinkt vom Kelch und sagt das Gebet des Kostens: Mit Glauben koste ich deinen heiligen und lebenschaffenden und rettungschaffenden Leib, Christus mein Gott Jesus, zur Vergebung meiner Sünden. Mit Glauben trinke ich dein heiligmachendes und reinigendes Blut, Christus mein Gott Jesus, zur Ablassung der Sünden. Dein unverderblicher Leib sei mir zum Leben und dein heiliges Blut zur Sühnung und Ablassung der Sünden.* Das Volk wird zur Kommunion geladen: *Mit Furcht und Glauben tretet herzu und in Heiligkeit habt teil.* Gott erscheint und gibt sich dem ganzen Volk. So singt auch der Chor *mit erhobener Stimme: Unser Gott und unser Herr ist uns erschienen. Gesegnet der gekommen im Namen des Herrn.*

Die Hostie, armenisch *Nschchar* (wörtlich *Brechung*) ist das kleine Brot, das für die eucharistische Darbringung besonders zubereitet wurde. Es wird vom Zelebranten oder vom Diakon vor der Liturgie vorbereitet. Das Nschchar ist ein kleiner dünner runder Brotlaib aus ungesäuertem Teig von reinem Weizen und ohne Salz. Es wird mit einem Bildstempel des Kreuzes, der Weizenähren und der Weintrauben gestempelt und nur solange gebacken, daß es nicht braun wird. Das Nschchar ist ein einziges Brot zum Zeichen der Einheit der Kirche und des Einen Herrn Jesus Christus (1. Kor 10,17). Daß es ungesäuert ist, symbolisiert die Reinheit des Glaubens.

Hostienstempel · *Nschchari Kaghapar*, 19. Jh., Kilikien, Holz, geschnitten, 10 cm, Dm 7 cm – Darstellung der Kreuzigung, umgeben von Ähren und Blumen

Hostienstempel · *Nschchari Kaghapar*, 19. Jh., Kilikien, Holz, geschnitten, 16 cm, Dm 14,5 cm – Darstellung der Verklärung Christi, umgeben von Ähren

Das gesegnete Brot ist nach alter Überlieferung das *Manna,* das *Himmelsbrot.* Gott hatte dem Volk Israel in der Wüste das Manna gesandt: *Und Gott gebot den Wolken droben / und tat auf die Türen des Himmels. Und ließ Manna auf sie regnen zur Speise / und gab ihnen Himmelsbrot.* (Ps 78, 23.24) An dieses Wunder der Rettung knüpfen die Worte Jesu an: *Wahrlich, wahrlich, ich sage euch: Nicht Mose hat euch das Brot vom Himmel gegeben, sondern mein Vater gibt euch das wahre Brot vom Himmel. Denn Gottes Brot ist das, das vom Himmel kommt und gibt der Welt das Leben ... Ich bin das Brot des Lebens. Wer zu mir kommt, den wird nicht hungern; und wer an mich glaubt, den wird nimmermehr dürsten.* (Joh 6, 32–35)

Neben dem *Nschchar* gibt es ein anderes Brot im Gottesdienst, das *Mas,* wörtlich *Teil,* ein sehr dünnes, ungesäuertes Weizenbrot. Im Unterschied zum *Nschchar* kann es von jedem Gemeindeglied gebacken werden. Das *Mas* wird am Ende der Liturgie an die Gemeinde verteilt. Es ist ein Brauch, vom *Mas* den Familienmitgliedern und Freunden mitzunehmen, die der Liturgie nicht beiwohnen konnten. Das *Mas* symbolisiert das Band der Liebe zwischen den Gliedern der Kirche. Dieses Band der Liebe erstreckt sich weit. Die Kirche wird zum Thronsaal Gottes, der in Brot und Wein auf dem Altar thront. Und so dienen sichtbar Menschen und unsichtbar Engel um diesen Thron Gottes: *Mit Engelsgefolge hast du gefüllt, Gott, deine heilige Kirche. Tausende über Tausende von Erzengeln stehen vor dir, und Myriaden über Myriaden von Engeln dienen dir, Herr.* Die irdische Gemeinde ist das sichtbare Abbild der feurigen Cherubim im Thronsaal Gottes. Mit dem *Cherubim-Hymnus,* den die armenische Kirche aus der byzantinischen übernommen hat, wird diese Vision besungen.

Die wir die Cherubim geheimnisvoll abbilden
Und der lebenschaffenden Dreifaltigkeit den dreimalheiligen
Lobpreis darbringen,
Alle alltäglichen Mühen ablegen wir,
So daß wir den König des Alls empfangen können ...

Seite 113: Altarkelch·*Skih*, 1782, Palu – s. Seite 27
Altarkelch·*Skih*, 1769, Sis, Silber, vergoldet, getrieben, ziseliert, graviert, gegossen, 47 cm, Dm Fuß 22,5 cm, Dm Kuppa 14 cm – Im Inneren der Kuppa roter Korrosionsfleck, der volkstümlichen Überlieferung nach eine blutige Träne von Katholikos Sahak II., die er bei der Deportation der Armenier aus Kilikien vergossen hat. Schaft des Kelches in Gestalt eines Kirchenmodells, darüber die vier Lebewesen aus der Gottesvision des Hesekiel zum Zeichen der göttlichen Gegenwart in der Eucharistie.

Seiten 114/115: Flabella·*Kschotzner*, 1838 und 1858, Silber, Zinn, Rand ziseliert, Schellen aus vernickeltem Messing, Seraphim getrieben und ziseliert, 43,5 cm, Dm 24,5 cm und 46 cm, Dm 25 cm – Die Metallfächer symbolisieren in der Eucharistie die obersten Engel um Gottes Thron. Die Schellen werden zur Untermalung des Vaterunsers benutzt.

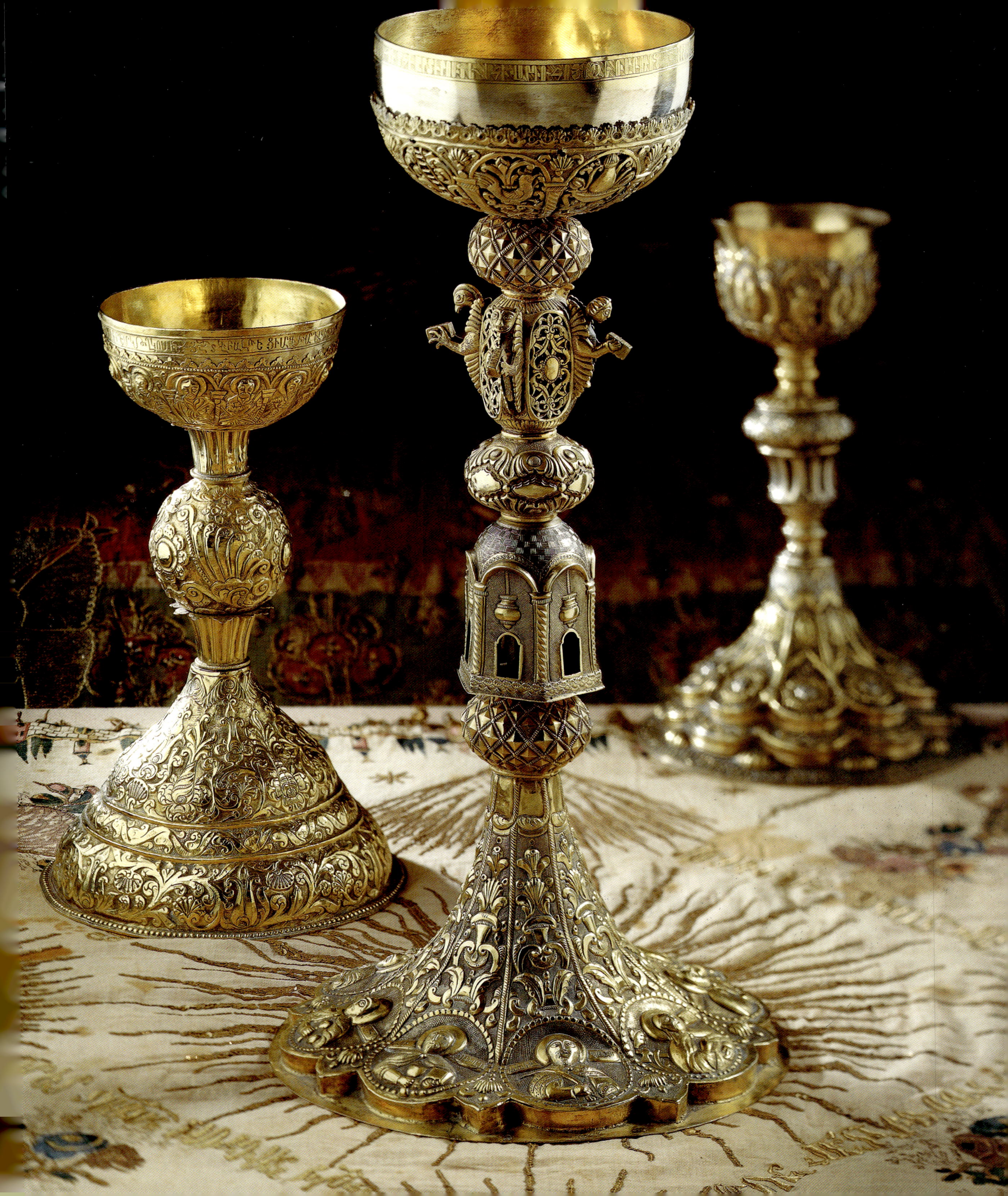

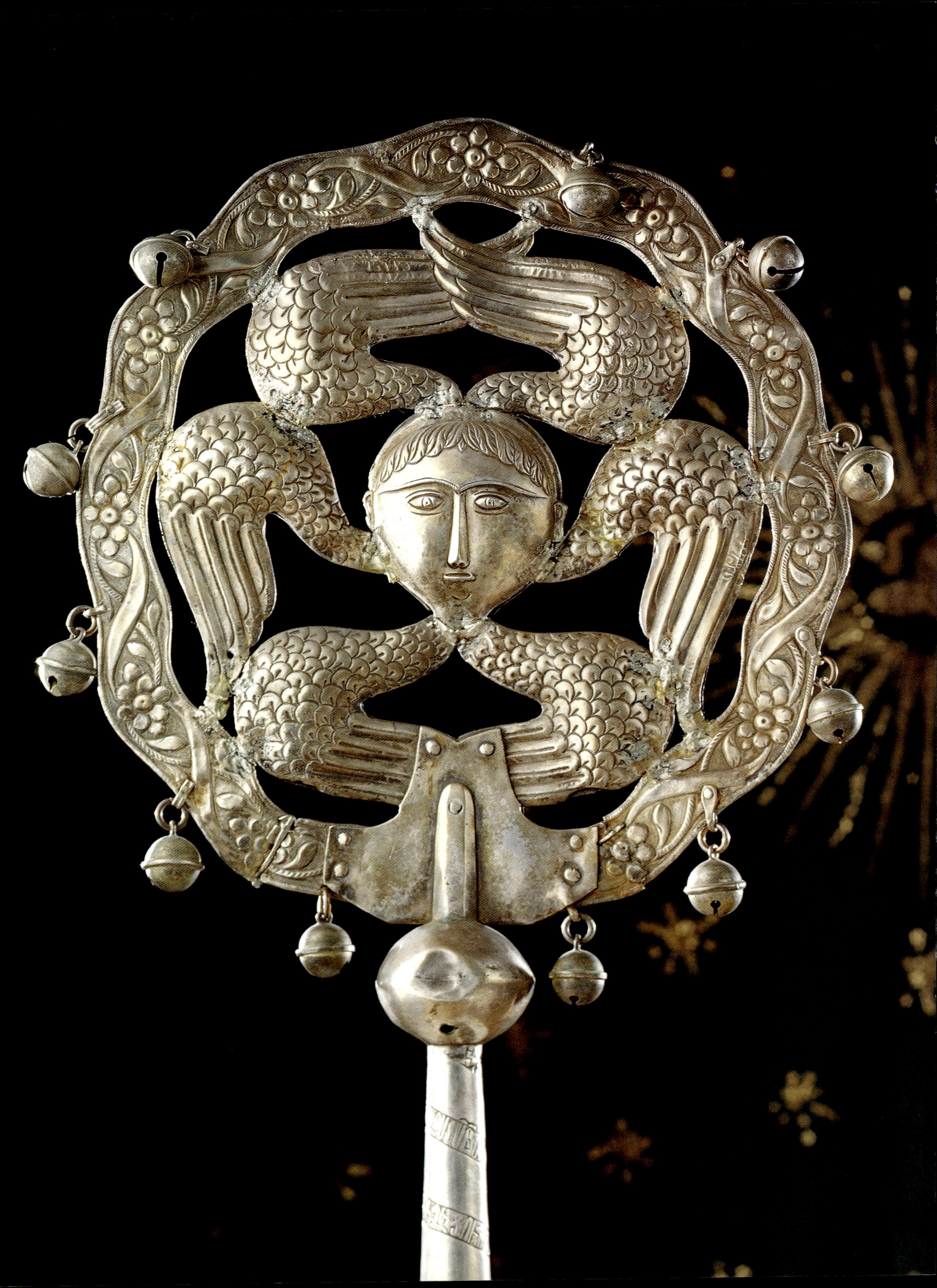

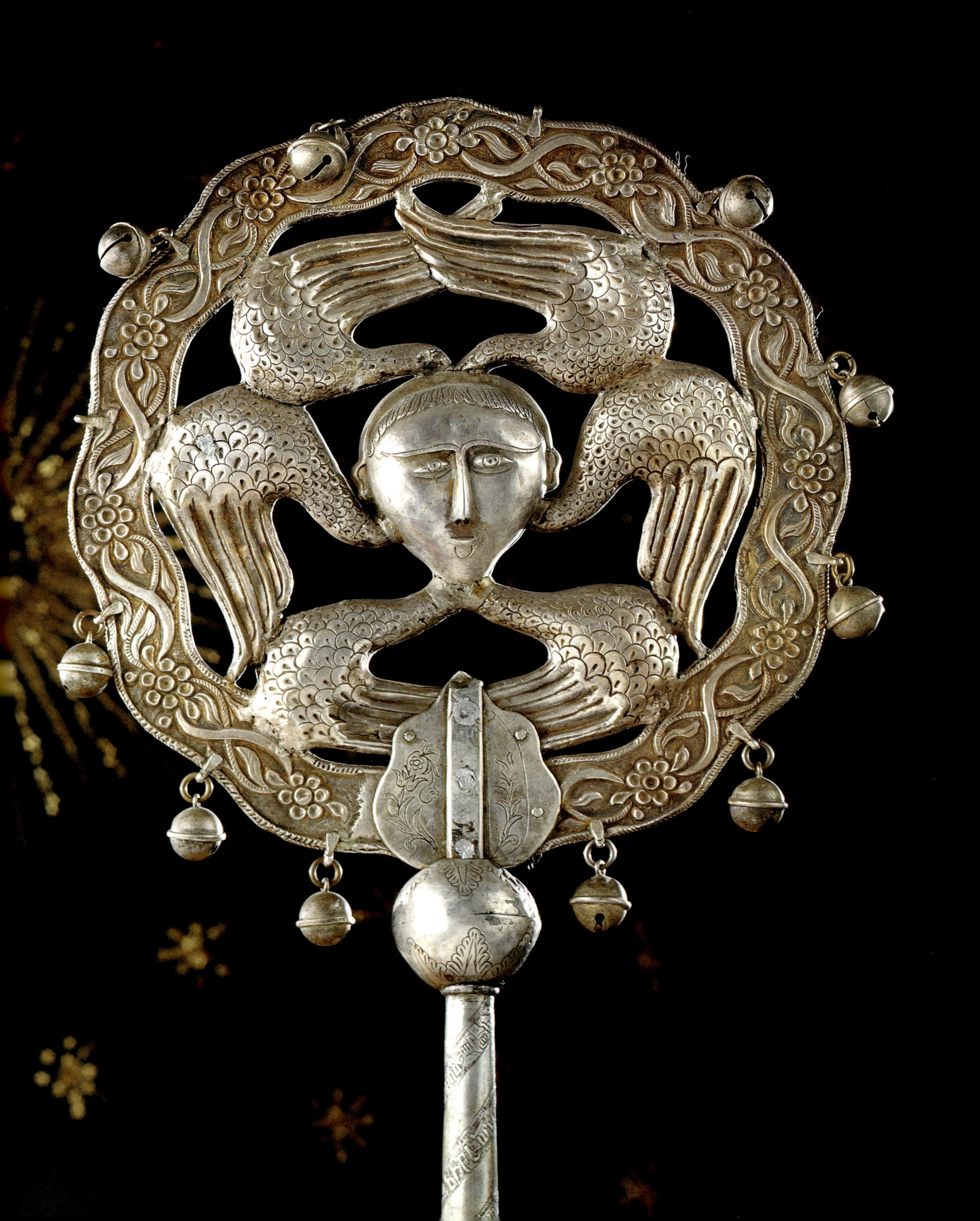

HEILIGES ZEICHEN · ՍՈՒՐԲ ՆՇԱՆ

Das Kreuz ist das mächtige Zeichen von Gottes Sieg über Tod und Teufel. Daher schirmt es im Glauben gegen die Kräfte des bösen Feindes und der Dämonen, es vertreibt sie. Es schützt vor sichtbaren und vor unsichtbaren Feinden.

Dieses Kreuz zeichnen in Ägypten oder im Transkaukasus, in Rußland oder in Irland christliche Mönche und Nonnen an die Tür ihrer Zelle. Das ist die Bedeutung des Kreuzes, das orientalische Christen in die Lehmziegel ihrer Bauernhäuser ritzen. Das Kreuz ist das *Trophaion*, das Siegeszeichen Christi und seiner Gläubigen. Diese Kreuzestheologie existierte schon vor der Zeit, da ›christliche Reiche‹ im Westen und im Osten das Kreuz zum staatlichen und militärischen Symbol machten. Diese Kreuzestheologie existiert auch nach der Zeit der ›christlichen Imperien‹. Die orientalischen christlichen Kirchen haben in der Liebe und Verehrung des Kreuzes besonders deutlich Züge frühen Christentums lebendig aufbewahrt. In diesen Kirchen sind bei aller Verfeinerung der christlich-kirchlichen Kultur durch zwei Jahrtausende immer noch urtümliche Muster spürbar, sei dies bei den Kopten, den Äthiopiern, den aramäisch-syrischen Christen, den Armeniern oder bei den christlichen Indern der aramäisch-syrischen Tradition. Das Kreuz Christi zeigt sich hier deutlich als beherrschendes Zeichen in Wort, Ritus und bildlicher Darstellung.

Bewahre uns, Christus, unser Gott, unter dem Schatten deines heiligen und ehrwürdigen Kreuzes in Frieden. Errette uns vor dem sichtbaren und unsichtbaren Feind. Würdige uns, mit Danksagung zu ehren dich mit dem Vater und mit deinem Heiligen Geiste, jetzt und immer und in Ewigkeit der Ewigkeiten. Amen.

Die Armenische Kirche gibt dabei ein besonders beeindruckendes Beispiel. Das eigentliche Zeichen, nicht nur der armenischen Kirche, sondern der gesamten armenischen Kultur, ist das Kreuz in typisch armenischer Form, das *Pajt Kenátz*, *Holz des Lebens*. Das Kreuz ist so fundamental in der armenischen Kultur, daß oft nicht das eigentliche armenische Wort für Kreuz gebraucht wird, *Chatsch*, sondern daß dafür in vielen Fällen das Wort *Nschan* oder *Surb Nschan* steht, was *das Zeichen* oder das *Heilige Zeichen* bedeutet.

Viele Kirchen der Armenier sind Surb-Chatsch-Kirchen (Hl. Kreuz) oder Surb-Nschan-Kirchen (Hl. Zeichen). Beide Patrozinien weisen auf Jerusalem, genauer auf die Golgatha-Kirche in der Grabeskirche, wie das auch

Oben: Reliquiar in Kreuzform·*Chatschadzew Masnatup*, 1799, Adana, Silber, vergoldet, ziseliert, Filigran, verso Rubine, 12 x 12 cm – Gedächtnis-Inschrift des Vardapet Davith.
Links: Reliquiar in Kreuzform, Reliquie des Hl. Menas, 1762, Sis, Silber, vergoldet, Smaragde, Rubine, Koralle, Saphir, Gemme, 10 x 10 cm
Rechts: Reliquiar in Kreuzform, 18. Jh., Akn Gawar, Silber, vergoldet, graviert, Reliquie unter Berkristall, Smaragde, Rubine, Achate, Bergkristalle, grünes Glas, 11 x 11 cm
Unten: Reliquiar in Kreuzform, Reliquie des Hl. Jakob von Nisibis, 1824, Adana, Silber, vergoldet, Filigran, Bergkristall, Rubine, verso graviert, 13 x 12,5 cm – Widmungsinschrift für die Gottesmutterkirche in Adana

Seite 118/119: Altarreliquiar·*Chorani Masnatup*, Ostensorium·*Tshatshantsch*, 18. Jh., Silber, vergoldet, ziseliert, 42 x 17 cm – Vorderseite: Kreuzigung, Behältnis für Reliquie, Rückseite: Taufe Christi, Reliquien: Johannes der Täufer, Jakob von Nisibis, Katholikos Petros und *Holz des Lebens*?

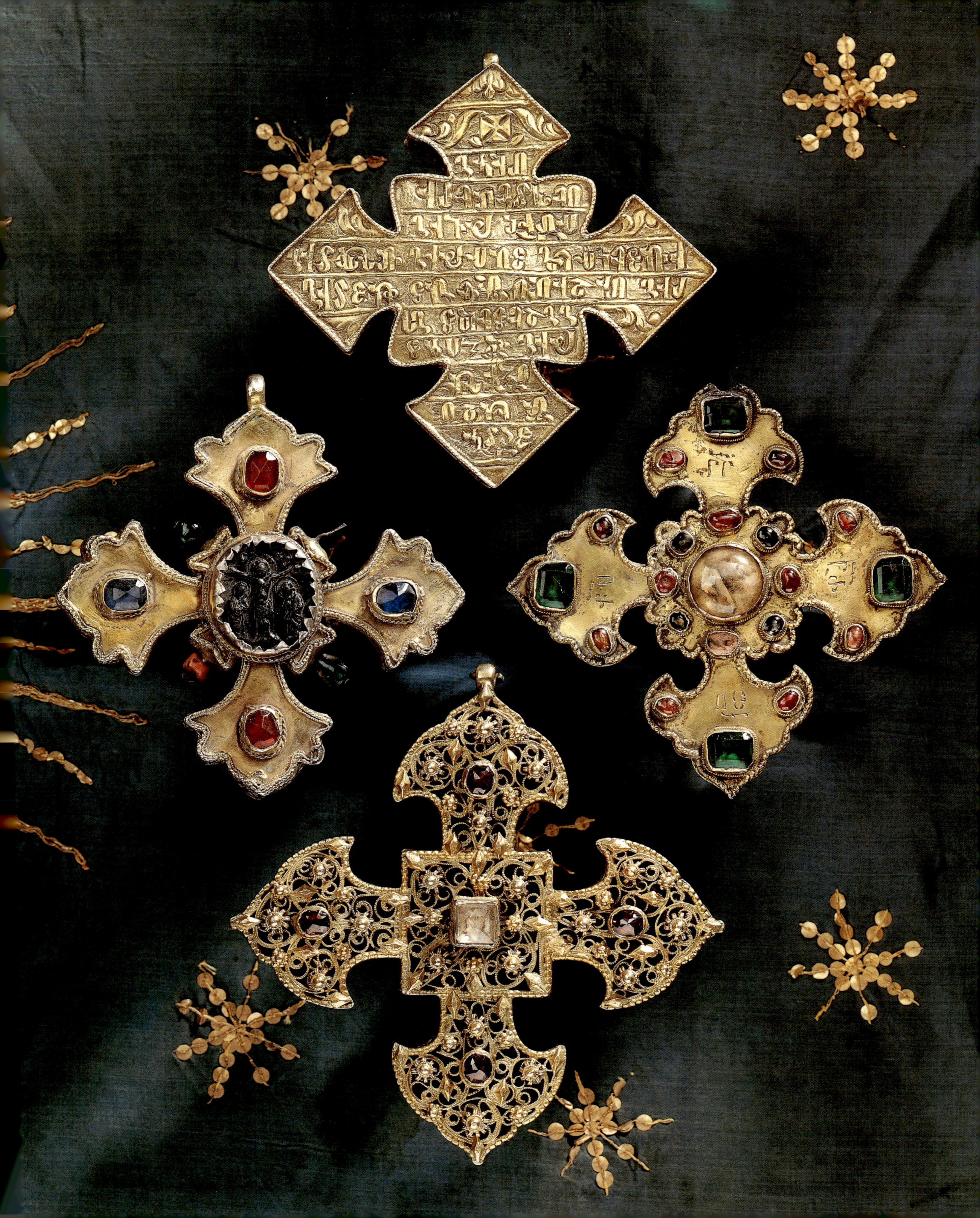

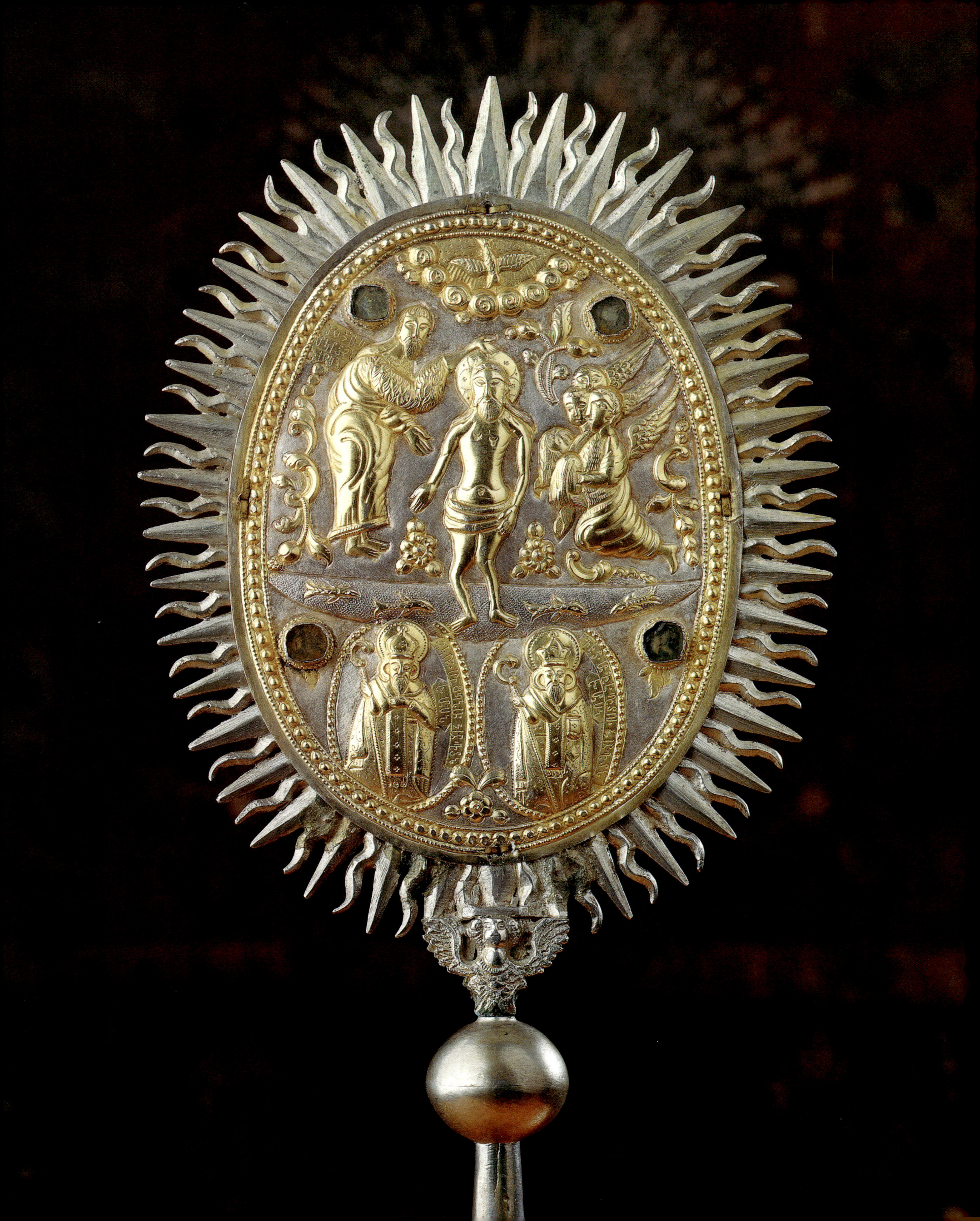

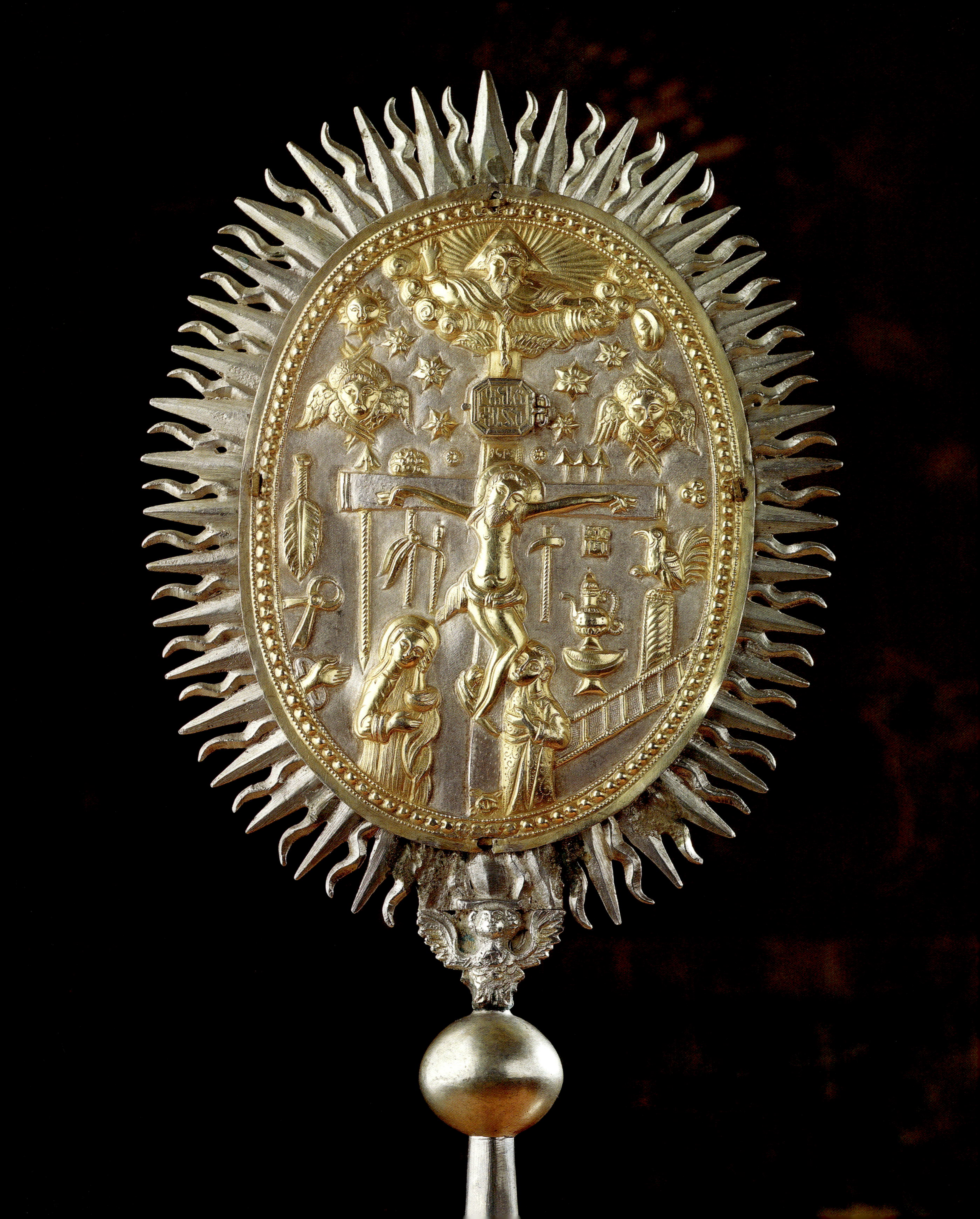

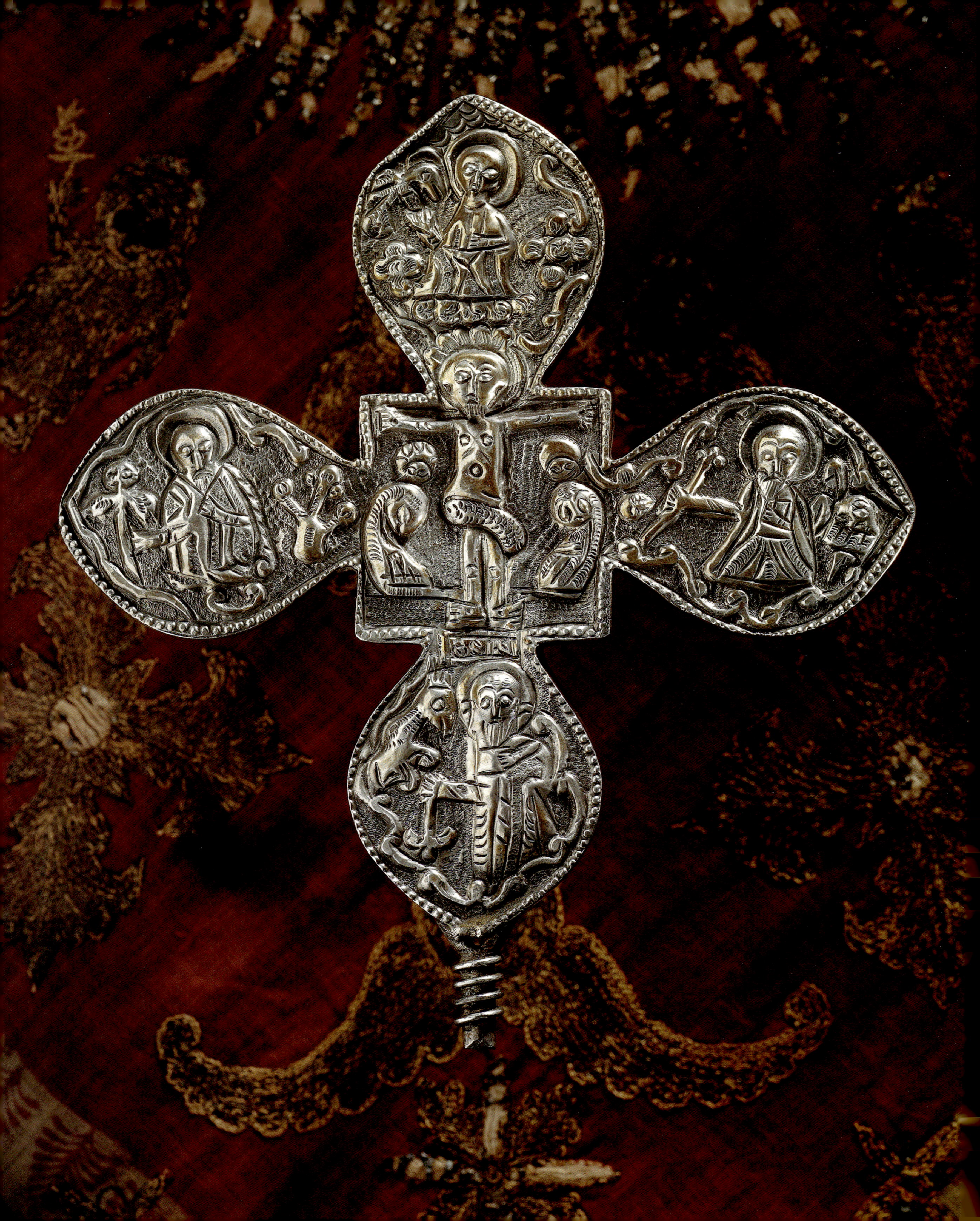

von den Hl. Kreuz-Kirchen des Mittelalters in Deutschland bekannt ist, etwa von der wunderbaren Landsberger Doppelkapelle *Sanctae Crucis* bei Halle.

Die Beiruter armenische Bischofskirche *Surb Nschan* im Westen der Stadt war bis in das 20. Jahrhundert hinein eine kleine Kirche und Pilgerstation für die armenischen Jerusalempilger und gehörte zum armenischen Patriarchat Jerusalem. Dann diente sie nach dem 1. Weltkrieg als Kirche für die armenischen Flüchtlinge aus der Türkei und mußte daher 1938 in größerer, einfacher Form rekonstruiert werden.

Auch heute, als Kathedrale des armenischen Erzbischofs von Beirut, die wiederum den libanesischen Bürgerkrieg zu überstehen hatte, trägt sie den beziehungsvollen Namen *Surb Nschan*. Der erinnert nun sowohl an die Leiden Christi auf Golgatha, als auch an die Leiden des armenischen Volkes in Massakern und Genozid.

Die Worte *Chatsch* und *Nschan* für das Kreuz und (Kreuz-)Zeichen sind durch die Kreuzfeiertage im armenischen Kirchenkalender auch zu Taufnamen und zu Namen geistlicher Personen geworden. Sowohl die Formen *Chatsch* wie auch *Chatschik* (Kreuzchen) und *Chatscher* (Kreuze) begegnen als Vornamen (entsprechend dem griechischen *Stavros*). Auch in armenischen Familiennamen erscheint häufig das Kreuz, etwa in *Chatschikian*, *Nschanian*, *Chatscherian*, alles bekannte und geläufige Namen. Der sehr bekannte armenische Familienname *Chatschaturian* ist aus dem armenischen Vornamen *Chatschatur* gebildet, der etwa *Kreuzesgabe*, *Kreuzesgeschenk*, analog zu *Theodor* (*Gottesgabe*) bedeutet.

Das armenische Wort *Chatsch* hat offenbar erst nach dem Völkermord an den Armeniern in der Türkei weite Verbreitung in der türkischen Sprache gefunden. Möglicherweise ist bei der von Atatürk angeordneten Reinigung der türkischen Sprache von den vielen persischen und arabischen Elementen das interethnisch geläufige Wort *Chatsch* als quasi-türkisches in die moderne türkische Sprache übernommen worden.

Mit der poetisch wirkenden Bezeichnung des Kreuzes als *Pajt kenátz*, *Holz des Lebens*, wird die tiefste Paradoxie des Christentums von Todesernst und

Seite 120: Altarkreuz · *Chorani Chatsch*, 18./19. Jh., Silber, ziseliert, Smaragd, Rubine, 18,5 x 16 cm – Vorderseite: Edelsteine, Taufe Christi, Darstellung Christi, Gnadenstuhl?, Rückseite: Kreuzigung mit Evangelisten

Seite 121: Reliquiar in Kreuzform · *Chatschadzew Masnatup*, 14./15. Jh., Silber, vergoldet, graviert, appliziert, grobes Filigran, Bergkristallperle, 11 x 12,5 cm – Rückseite: Gedächtnis-Inschrift für die Eltern des Mönchspriesters Mechitar

Lebensfreude vor Augen gestellt. Unter *Pajt*, das *Holz* (griechisch *Xylon*), kann das antike Kreuz als Hinrichtungsinstrument verstanden werden, der antike Galgen oder Marterpfahl, an welchen der zum Tode Verurteile gebunden oder geschlagen wurde. So wäre *Pajt Kenatz* eigentlich mit *Galgen des Lebens* zu übersetzen.

Diese Übersetzung, die das Kreuz Christi als das endgültige Todeswerkzeug für das Leben mißverstehen läßt, schießt aber zu kurz. Vielmehr steht hinter dem *Holz des Lebens* als Gegensatz das *Holz des Todes*, *Pajt Mahú*, wobei Holz hier in der ebenso geläufigen Bedeutung Baum zu verstehen ist. Beides, sowohl das Holz des Todes wie auch das Holz des Lebens, verweist auf die zwei Bäume im Paradies, den Baum der Erkenntnis des Guten und des Bösen und den Baum des Lebens. (1. Mose 2)

Der Baum der Erkenntnis ist für die Menschen, die das Gebot Gottes nicht hielten, zum Baum des Todes geworden, zum Baum jenes Fluches, der sie nach der Austreibung aus dem Paradies ereilte.

Das Kreuz Christi ist in früher christlicher Deutung zum Baum des Lebens geworden, zum Schlüssel des Paradieses, der den Fluch der Gottesferne löst.

Die Frucht vom Baum des Lebens ist nun der Lohn des Martyriums für Christus:

Wer überwindet, dem will ich zu essen geben vom dem Baum des Lebens, der im Paradies Gottes ist. (Offb 2,7) Das durch das Kreuz Christi wiedergeöffnete Paradies ist um ein vielfaches prächtiger als das alte, denn hier steht nicht nur ein Baum des Lebens, sondern viele Lebensbäume am Strom, der von Gottes Thron entspringt:

Und der Engel zeigte mir einen Strom lebendigen Wassers, klar wir Kristall, der ausgeht von dem Thron Gottes und des Lammes, mitten auf dem Platz und auf beiden Seiten des Stromes Bäume des Lebens, die tragen zwölfmal Früchte, jeden Monat bringen sie ihre Frucht, und die Blätter der Bäume dienen zur Heilung der Völker. (Offb 22, 1.2)

Christus ist der zweite Adam. Golgatha, die Schädelstätte, ist zum Paradies geworden.

Seite 122: Kleines Schmuckkreuz · *Chatsch Veghari*, 1802, Gold, Diamanten, Rubine, 5 x 3 cm – Schmuckkreuz, welches Katholikos Karekin I. Howsepianz am Veghar (Kopfbedeckung des armenischen Mönchs) trug.

Seite 123: Altarkreuz · *Chorani Chatsch*, 1690, Silber, vergoldet, montiert, Kruzifix Niello, Nodus: teilvergoldet, graviert, kannelliert, ornamental graviert, aufgesetzter Perldraht, Besätze genietet, graviert, durchbrochen, Evangelistensymbole und Corpus Christi gegossen, 33 x 13 cm – Gestiftet von Tiratzu Avetik und seiner Frau Gohar für die Kirche des Hl. Johannes in Lanperno.
Handkreuz · *Dzeratz Chatsch*, 19. Jh., Adana, Silber, vergoldet, Filigran, graviert, Corpus Christi gegossen, Medaillons aus Maler-Email, Rubine, Saphire, 21 x 9,5 cm – Gestiftet zum Gedächtnis von Katholikos Theodoros III.

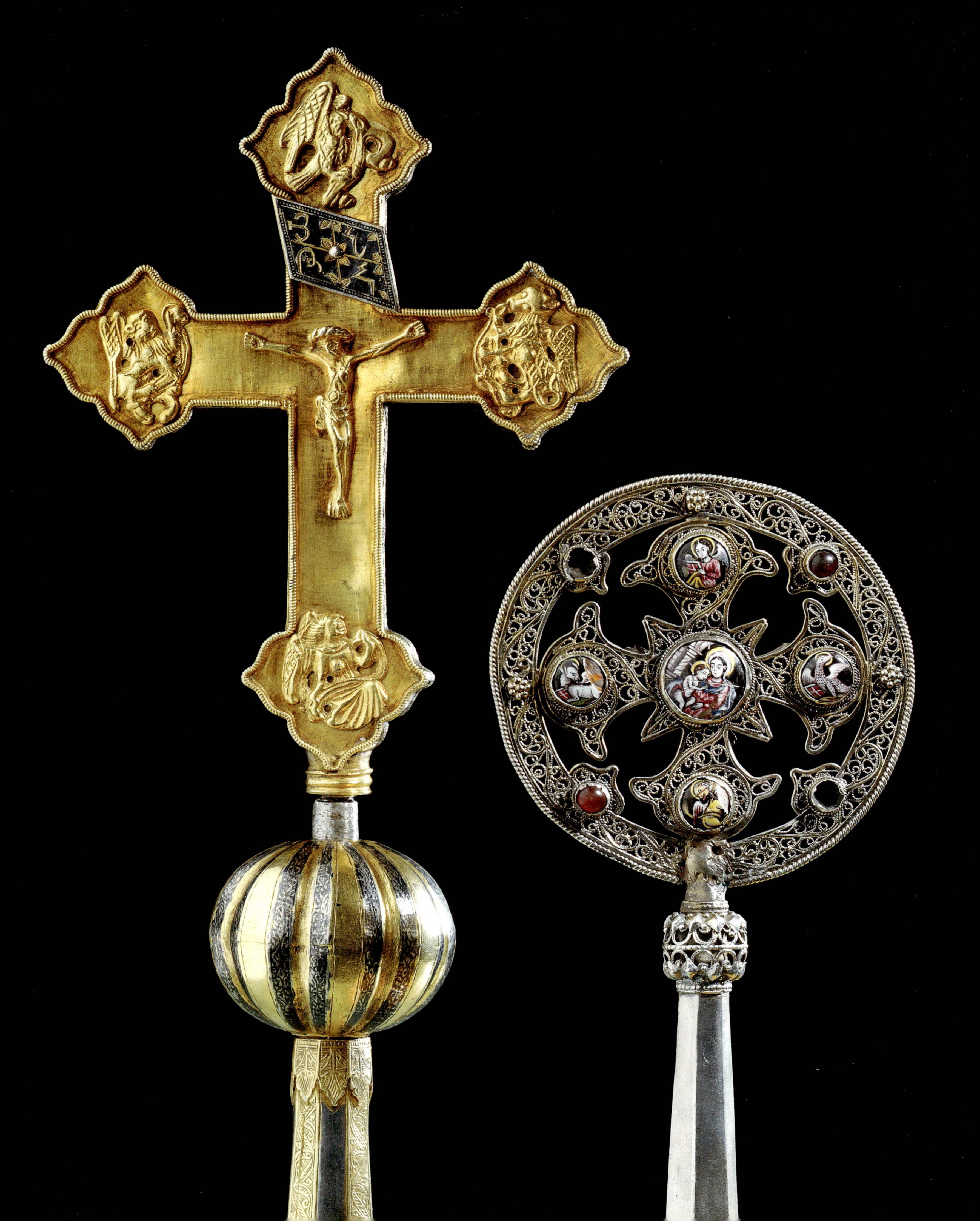

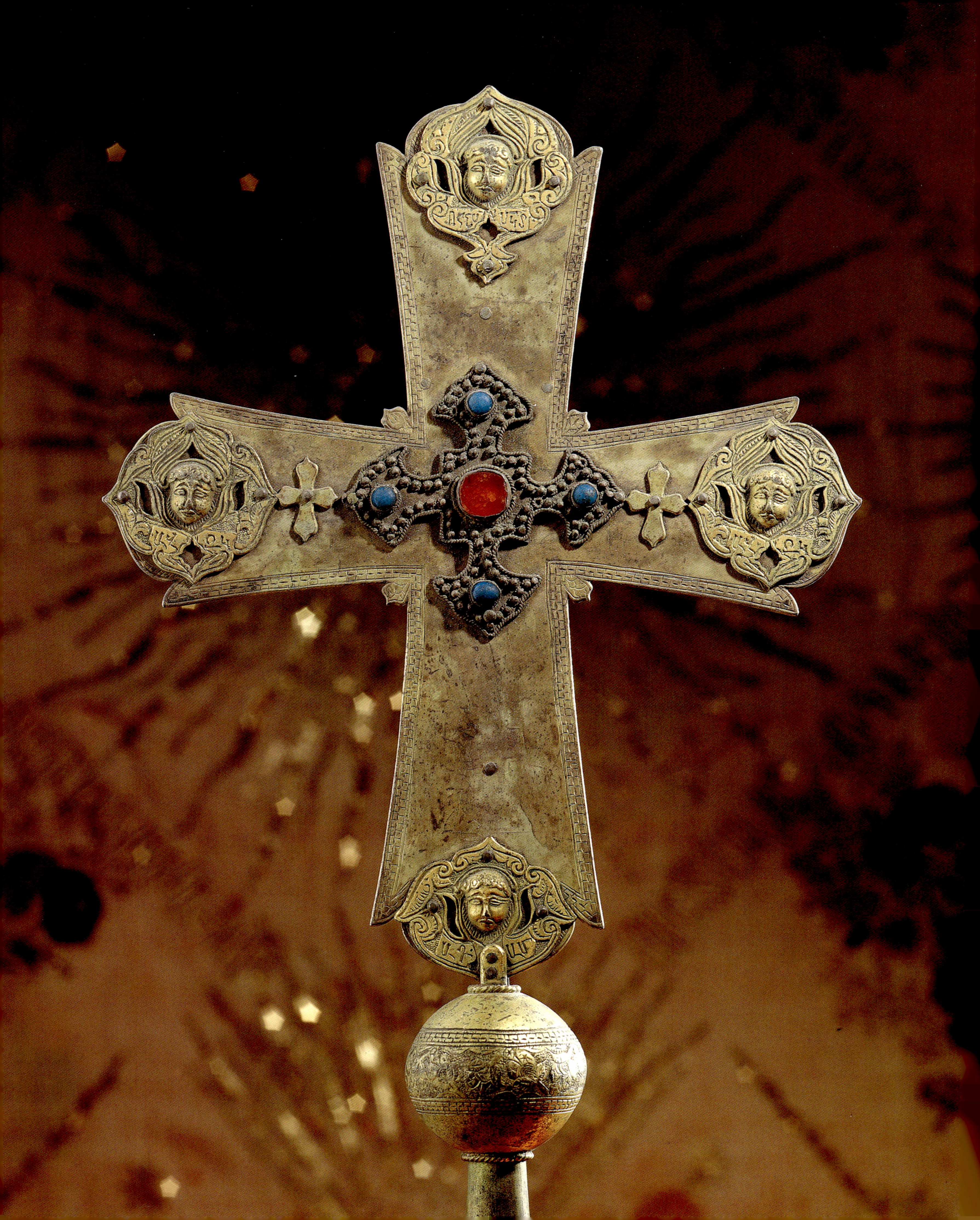

Das eigentliche Symbol armenischen Christentums, das *Chatschkar* (Kreuzstein), ist die Darstellung des Kreuzes als Lebensbaum, die sowohl einfach und archaisch, den syrischen Kreuzsteinen verwandt, wie auch in hochkomplexen Mustern, gleichsam als Teppich in Stein, begegnet. Diese Chatschkare tragen das Kreuz in ornamental-floralen Formen, mit Wurzeln und Blättern an den vier Kreuzesenden. Darstellungen des Kreuzes als Lebensbaum sind auch aus der westchristlichen Kunst geläufig, allerdings in anderer Formensprache. Die in den Chatschkaren vermittelte Kreuzestheologie wurzelt in den gemeinsamen Traditionen der Kirche des Osten und des Westens: Das Kreuz ist das *Zeichen des Leidens* des wahren Menschen und wahren Gottes Jesus Christus. Da sich aber der Tod des Eingeborenen Gottes von jedem anderen Tod unterscheidet, ist dieses Kreuz gleichzeitig das *Zeichen der Rettung*. Der höchste Schrecken: Gott am Kreuz – und die höchste Freude: Der Tod ist besiegt. Das Kreuz wird zum Ort der Offenbarung Gottes.

Auch auf dem Einband des kilikisch-armenischen Bardzrberd-Evangeliars wird dies erkennbar: Auf der Vorderseite sind neben den ausgebreiteten Armen des Gekreuzigten in zwei Medaillons die Gottesmutter und Johannes dargestellt, die an die Geschichte des Leidens und Sterbens des wahren

Seite 124: Prozessionskreuz · *Tapori Metz Chatsch*, 1659, Sis, Werk des Goldschmieds Owsep Pale, später umgearbeitet, Messing, vernickelt, graviert, Besätze aufgenietet, Türkise, Achat, verso Gedächtnisinschrift, 45 x 20 cm

Seite 125 links: Kleiner Kreuzstein · *Chatschkar*, 1723, Kilikien, Stein mit Inschrift, 16,3 x 14 x 3,5 cm

Rechts: Kleiner Kreuzstein · *Chatschkar*, 1641, Kilikien, 1641, Marmor, Gedächtnisinschrift, 24,5 x 20 x 4,5 cm

Menschen und wahren Gottes Jesus Christus am Kreuz auf Golgatha erinnern (Joh 19). Aber zu Häupten und zu Füßen des Kreuzes auf Golgatha sind in Medaillons zwei Erzengel eingeschrieben. Diese sind die Diener Gottes. Sie dienen dem wahren Gott und wahren Menschen Jesus Christus, der am Kreuz auf Golgatha hängt. Es ist der Herr Zebaoth, der Herr der Himmlischen Heerscharen, der hier für sein Geschöpf ans Kreuz gestiegen ist und das Holz des Todes zum Holz des Lebens macht. Er ist der *Amenaprkitsch*, der All-Erretter am Kreuz.

Auf dem Rücken des Einbandes des Bardzrberd-Evangeliars erscheint wieder Jesus Christus, diesmal thronend in einem kreuzförmigen Vierpaß als der *Amenakal*, der All-Herrscher. Der Vierpaß erinnert sowohl an das Kreuz wie auch mit seinem floralen Schmuck an den Paradiesgarten und an das Kreuz als Holz des Lebens.

So kam durch das Kreuz nicht der Tod in die Welt, sondern, wie es in vielen Hymnen heißt, die Freude. Das Kreuz wird zum Siegeszeichen des Lebens. Es macht lebendig, es wird zum Zeichen des Schirmes und Schutzes, es wird Segen.

Gebet des Kreuzes vor dem Segen mit dem Kreuz am Ende des *Surb Patarag*
Durch dieses heilige Kreuz laßt uns den Herrn bitten, daß er uns mit diesem rette von den Sünden und uns lebendigmache durch die Gnade seines Erbarmens. Allmächtiger Herr, unser Gott, mach uns lebendig und erbarme dich.
Bewahre uns, Christus, unser Gott, unter dem Schatten deines heiligen und ehrwürdigen Kreuzes in Frieden. Errette uns vor dem sichtbaren und unsichtbaren Feind. Würdige uns, mit Danksagung zu ehren dich mit dem Vater und mit deinem Heiligen Geiste, jetzt und immer und in Ewigkeit der Ewigkeiten. Amen.

Aus dem Kanon des 1. Festtages der Kreuzerhöhung
Und erhöht worden bist mit Willen an dein Kreuz, Christus,
Ausgebreitet hast deine Arme, zu versammeln das sich entfernt hat,
Das Geschlecht der Menschen zu dir Herr, Gott unsrer Väter.

Aus dem Kanon des 5. Festtages der Kreuzerhöhung
Unbesiegbares Zeichen, unüberwindlicher Kraft Aufnahmestätte,
oh heiliger Vierflügel, zur Abschreckung der Dämonen erschienen bist,
die vor dir mit Furcht erbebend zittern und in Abgrund sinkend
untergehen, wir vor dir uns niederwerfen, zu Hilf uns zeitig komm
zu Ausgang und zu Eingang.

Katholikos-Stab · *Gavasan kathoghikosakan*, 19. Jh., Sis, Silber, vergoldet, gegossen, ziseliert, Verbindungsteile aus Messing, montiert, Trinitäts-Medaillons unter Glas, 157 cm – genannt *Jerrordutean gavasan* (Dreifaltigkeits-Stab)

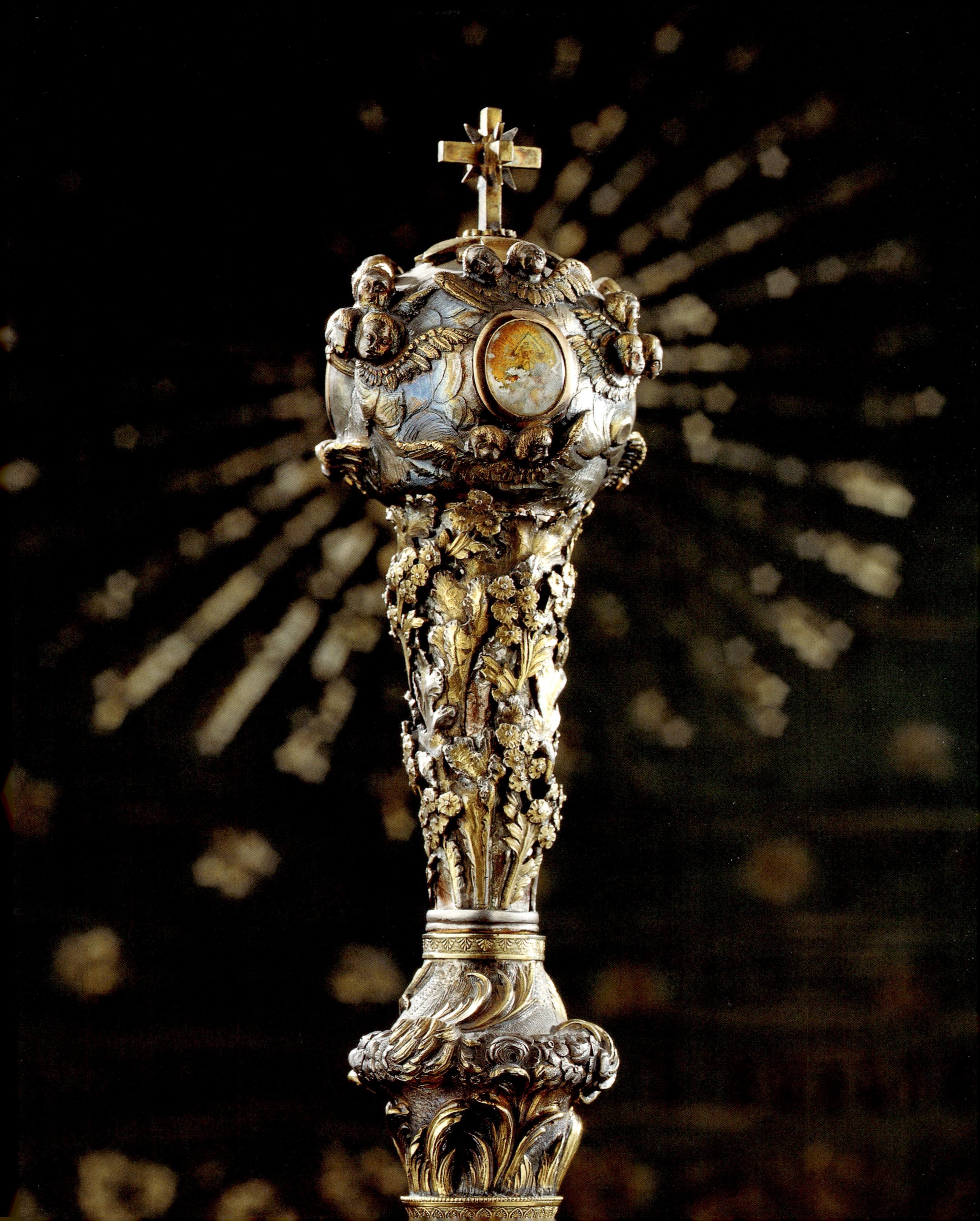

... der Weg nach Golgatha, der zur Auferstehung führt
...ԴԵՊԻ ՅԱՐՈՒԹԻՒՆ ՏԱՆՈՂ ԳՈՂԳՈԹԱՅԻ ՃԱՆԱՊԱՐՀԸ

Sieben Dokumente · ԵՕԹ ՎԱՒԵՐԱԳՐԵՐ

138
Kilikien 1915 · ԿԻԼԻԿԻԱ 1915 Թ.

142
Weg des Grauens · ԶԱՐՀՈՒՐԱՆՔԻ ՃԱՆԱՊԱՐՀԸ

149
Der-Sor – Berlin · ՏԷՐ-ԶՕՐ — ԲԵՌԼԻՆ

153
Marasch 1920 · ՄԱՐԱՇ 1920 Թ.

163
Vertreibung des Restes 1929 · ՄՆԱՑՈՐԴԻ ԱՐՏԱՔՍՈՒՄԸ

167
Aleppo 1932 · ՀԱԼԷՊ 1932 Թ.

176
Gelübde am 24. April · ՈՒԽՏ ԱՊՐԻԼԵԱՆ
Aram I. Katholikos von Kilikien
ԱՐԱՄ Ա. ԿԱԹՈՂԻԿՈՍ

Der gerettete Schatz der Armenier aus Kilikien wurde auf denselben Straßen des Osmanischen Reichs transportiert, auf denen die endlosen Züge der armenischen Deportierten unter unsäglichen Leiden in das Nichts der mesopotamischen Steppe getrieben wurden.

Das Bild, das Bischof Chad in seinem Bericht von der Rettung des Schatzes aus Sis im Herbst 1915 gegeben hat, wäre nicht nur unvollständig, es wäre falsch, wenn nicht auch des Schicksals der deportierten armenischen Menschen gedacht würde. Die *Vankin karawane* der Mönchsbruderschaft von Sis traf auf dem ganzen Weg zwischen Sis und Aleppo auf diese Züge und Lager, die nach Tausenden zählten. Allein in dem Deportiertenlager bei Osmanije, so schätzte Chad, befanden sich ca. 10.000 dieser Unglücklichen.

Ohne den dunklen Hintergrund der Deportationen und des Völkermordes an den Armeniern wäre auch die Rettung des Schatzes nicht zu verstehen. Denn es waren junge Armenier aus kilikischen Deportationszügen, die am Flusse Ceyhan der Mönchsbruderschaft zur Seite sprangen, um den im tiefen Wasser versunkenen Schatz zu retten. Wenn heute in Antelias das Myron-Öl mit der Rechten des Erleuchters geweiht wird, wenn dort mit den drei Arm-Reliquiaren des Hl. Gregor, des Hl. Nikolaus und des Hl. Sylvester die große armenische Gemeinde gesegnet wird, so ist dies auch ein Gedächtnis der Deportierten, die 1915 auf dem Weg in die Todeslager in der mesopotamischen Steppe, noch ihr Leben aufs Spiel setzten und die heiligsten und wertvollsten Teile des kilikischen Schatzes vom Boden des Ceyhan holten.

Es wäre aber unmöglich, hier das ganze Ausmaß dieses ersten großen Völkermordes des 20. Jahrhunderts auszubreiten. Daher soll dies in symbolischen sieben Dokumenten geschehen, die in ihrer Zahl den Betrachtungen über den Schatz entsprechen.

Die wenigen verbürgten Photodokumente aus den armenischen Deportationen und dem Völkermord an den Armeniern sind bekannt und häufig publiziert, wie etwa die des deutschen expressionistischen Dichters Armin T. Wegner, der im 1. Weltkrieg als Militärsanitäter unter Goltz Pascha in der Türkei diente. Größer ist die Menge der schwer identifizierbaren oder bereits falsch interpretierten Photodokumente. Auf diesem Gebiet ist es bereits vorgekommen, daß durch deutsche Fachleute z. B. ein Photo, das nach dem Adana-Massaker 1909 von bestraften und gehängten türkischen Mördern gemacht wurde, als Photo gehängter armenischer Opfer während des Völkermords im 1915 publizistisch mißinterpretiert wurde.

Bei der Doppel- oder Vieldeutigkeit von Photodokumenten wird hier auf eine Begleitung der Dokumententexte durch wirkliche oder angebliche zeitgenössische photographische Zeugnisse verzichtet. Die Texte sind in sich viel besser verbürgt und zuverlässig, daher wertvoller als viele unsichere Photos. Andererseits sind die Bilddokumente des armenischen kirchlichen und weltlichen Lebens der kilikischen Armenier aus dem Archiv des Katholikosats des Großen Hauses von Kilikien (Antelias, Libanon) bisher selten publiziert worden. Daher werden die folgenden Textdokumente von solchen begleitet, um die Antlitze derjenigen zu zeigen, die im Völkermord umkamen oder überlebten.

Die Geschichte der Armenier im 20. Jahrhundert ist nicht nur eine Geschichte von Massakern, Deportationen, Völkermord, Flucht der Übriggebliebenen und Heimatlosigkeit in der Zerstreuung, obwohl alles Leben der Armenier heute davon berührt und bewußt-unbewußt traumatisiert ist. Die Geschichte der Armenier ist sowohl Völkermord als auch Rettung des Restes des Volkes, sie ist auch mühsames Überleben und auch Wiedergeburt des Volkes. Das, was von dem Schatz von Sis gerettet werden konnte, ist ein Symbol der Rettung des Restes des armenischen Volkes. Daher handeln nicht alle der folgenden sieben Dokumente von Deportation und Genozid, sondern auch vom mühsamen Überleben und von der Wiedergeburt. Das letzte, siebente Dokument stammt von Seiner Heiligkeit Aram I., Katholikos des Großen Hauses von Kilikien, der die geschichtliche Erfahrung des armenischen Christentums unter dem Wort zusammenfaßt: »... der Weg nach Golgatha, der zur Auferstehung führt«.

Seite 131: Seine Heiligkeit Sahak II., Katholikos des Großen Hauses von Kilikien, geboren 1849, zum Katholikos gesalbt 1903, gestorben 1939, ca. 1925, Aleppo

Seiten 132/133: Armenische kirchliche und zivile Notabeln von Adana, Kilikien, nach Ordensverleihung seitens der Regierung des Sultans im Jahr 1906, Katholikos Sahak II. vorn Mitte mit Bischofsstab und Orden

Seiten 134/135: Armenisches Schultheater am 18. Mai 1901 in Adana

Seiten 136/137: Amerikanisches Mädchen-Seminar Adana, armenische und griechische Studentinnen mit amerikanischen Lehrerinnen, um 1914, Adana

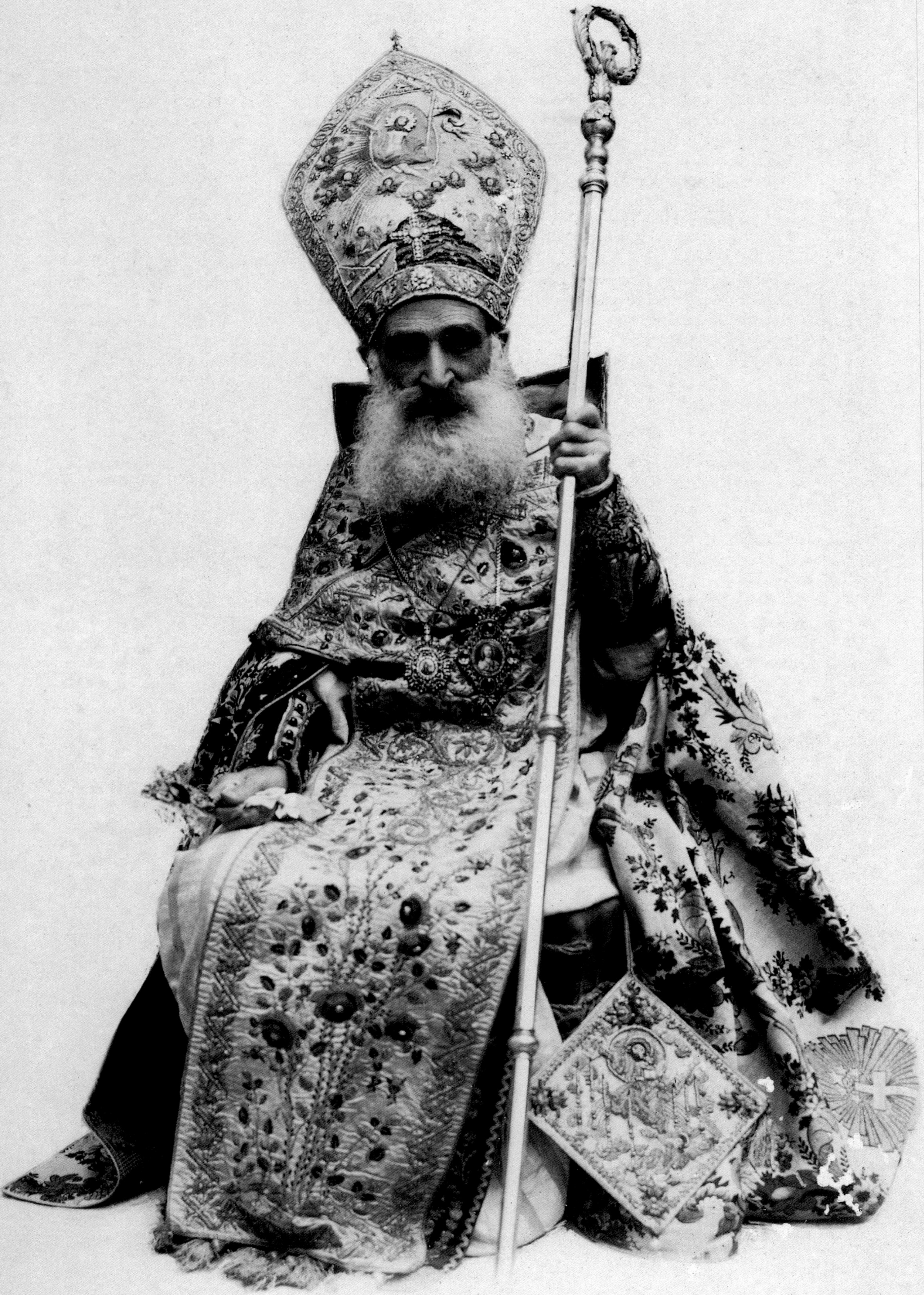

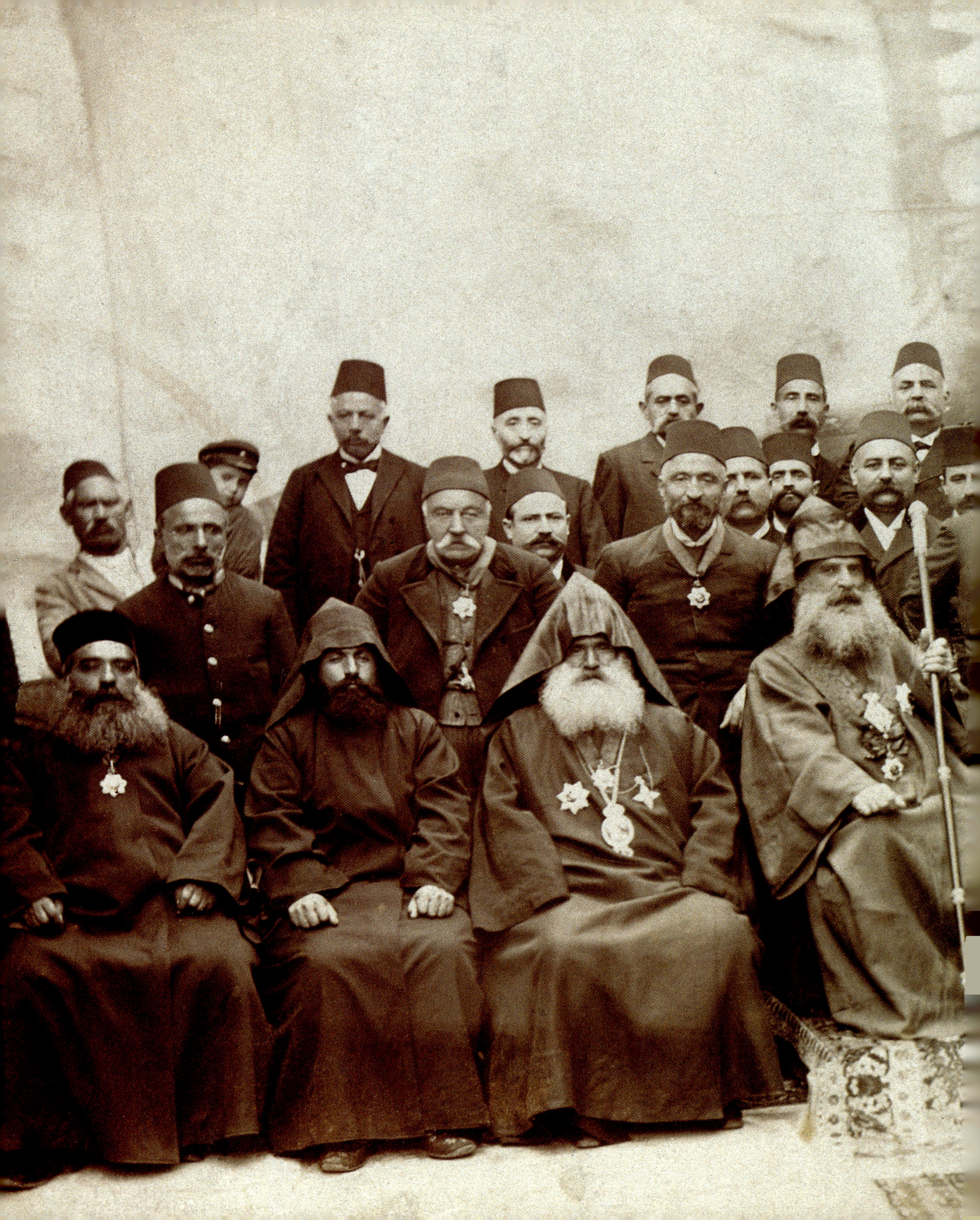

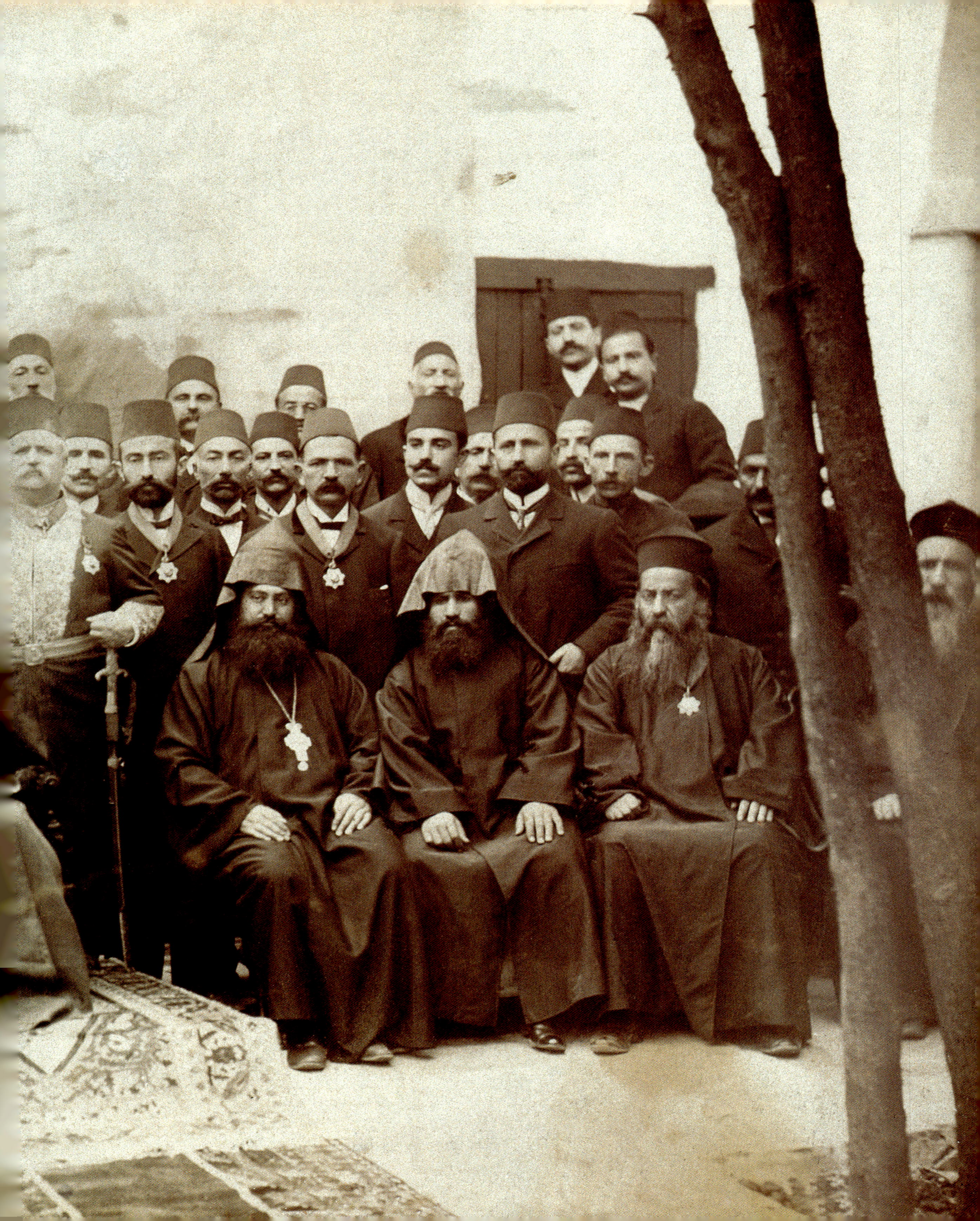

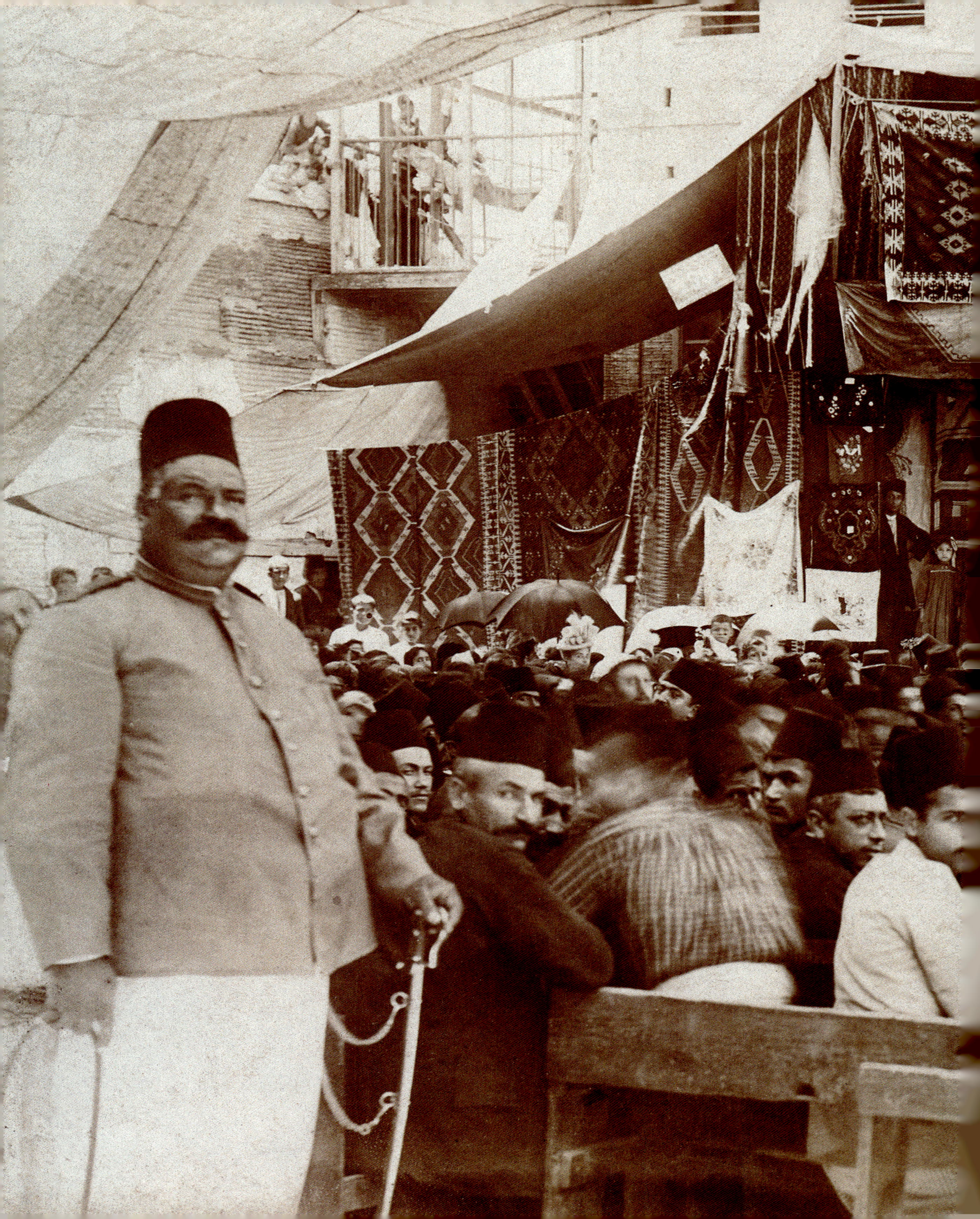

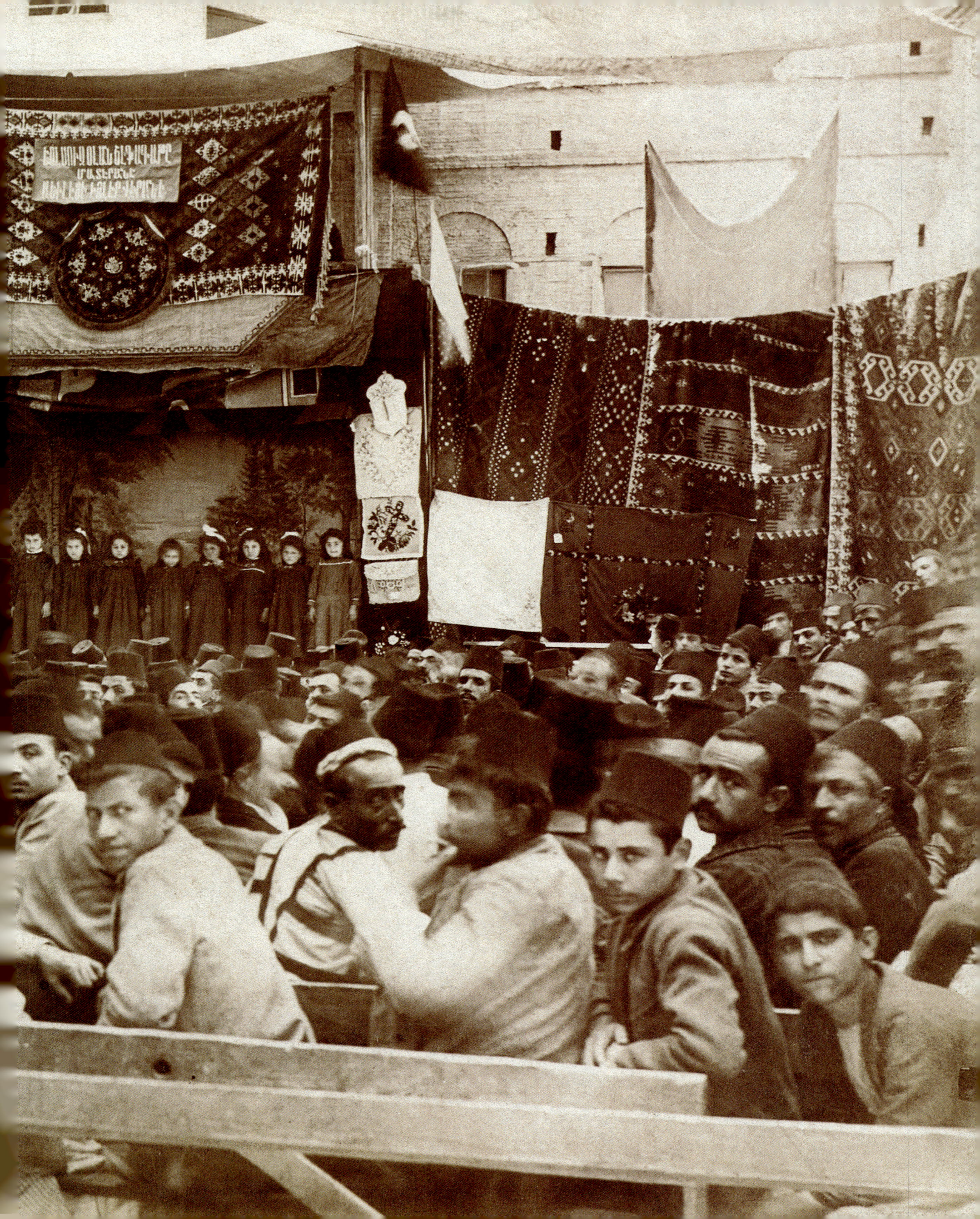

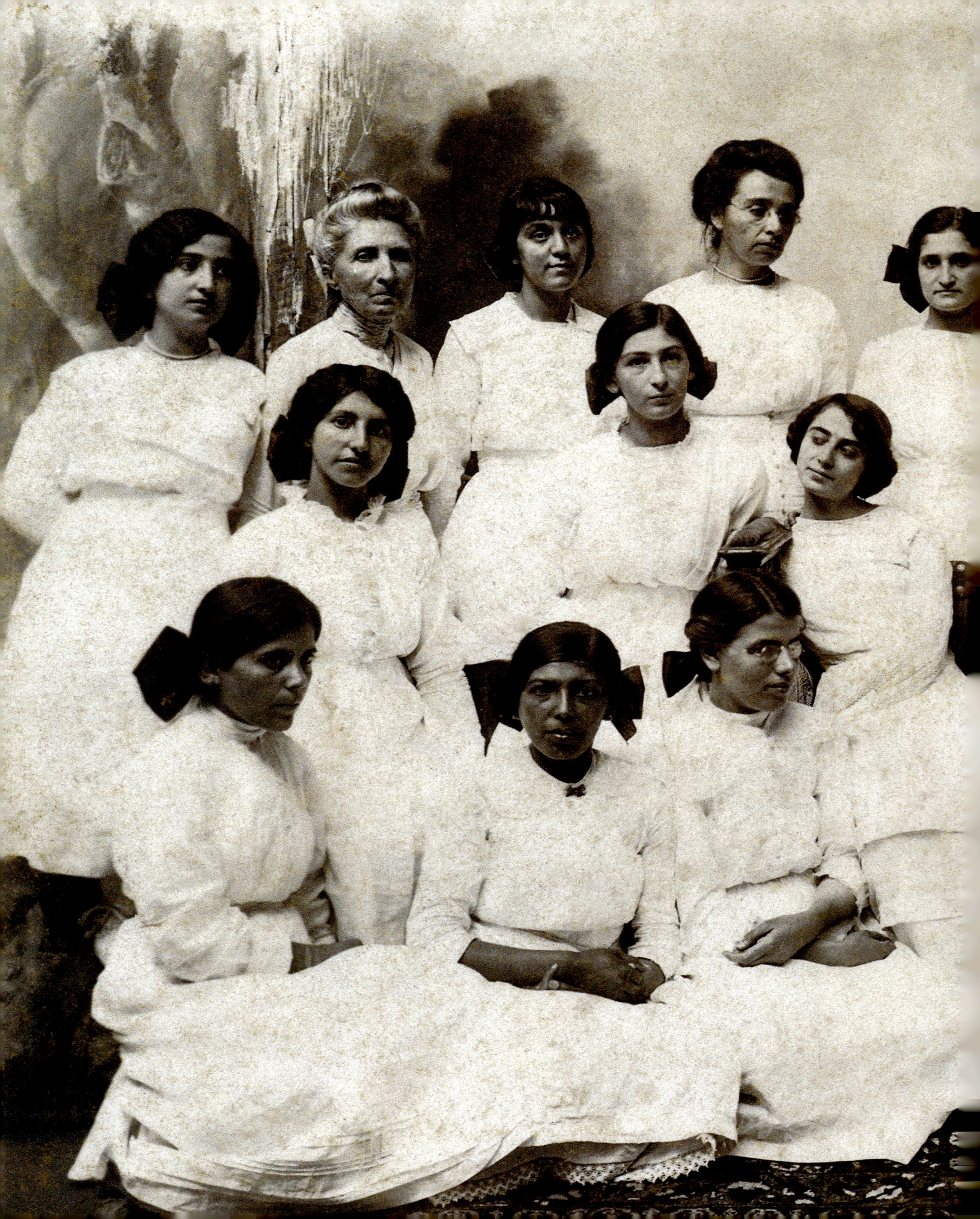

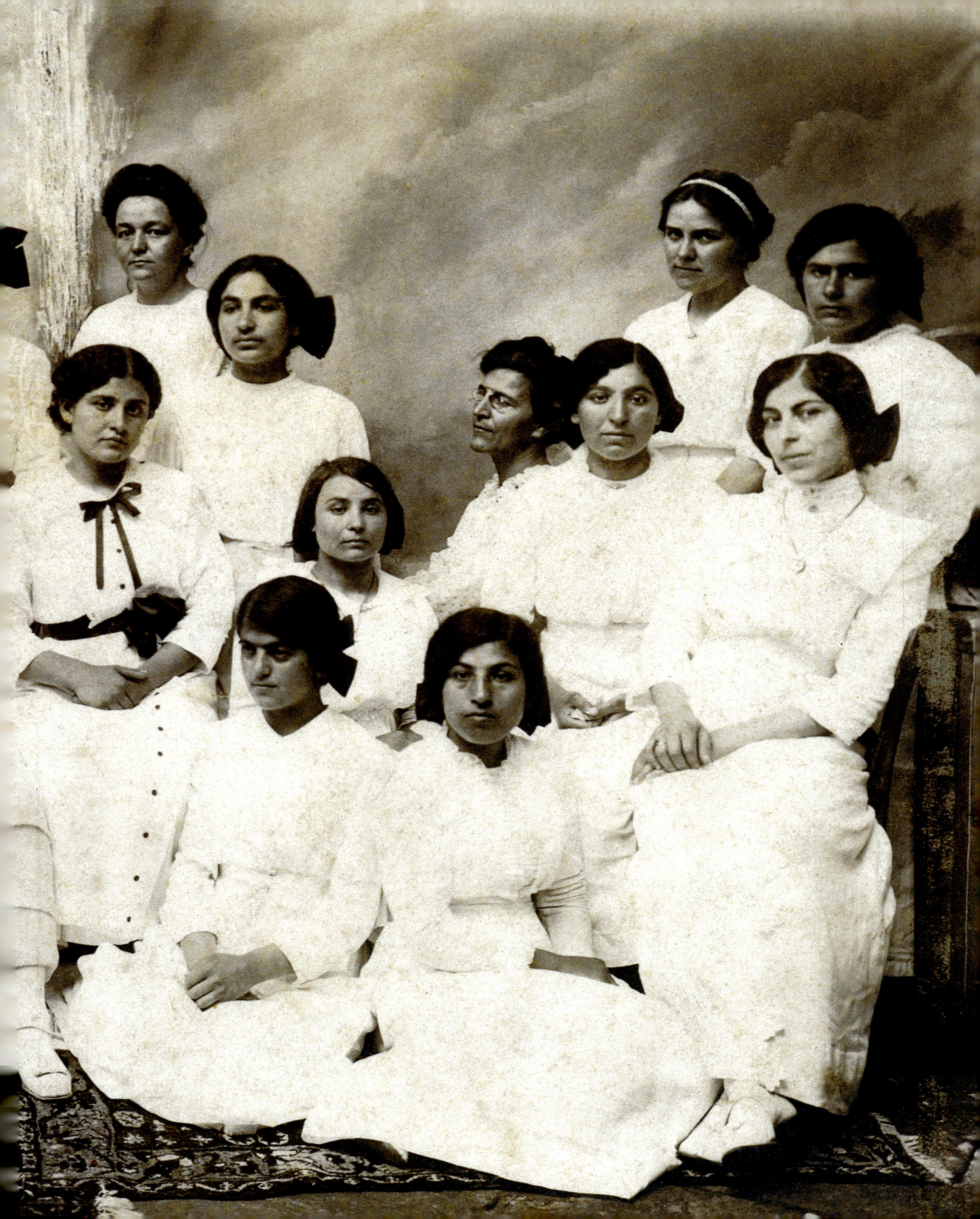

In dem von der deutschen Militärzensur verbotenen Bericht über die Lage des Armenischen Volkes in der Türkei hat Dr. Johannes Lepsius auch die von ihm 1915 in Istanbul zusammengetragenen Informationen über die Deportationen der Armenier Kilikiens zusammengefaßt. Kurz vor dem Verbot durch die deutsche Zensur konnte er noch den Bericht in 20.000 Exemplaren in ganz Deutschland verteilen. Wie erst nach dem 1. Weltkrieg bekannt wurde, waren gerade die Exemplare, die für die Mitglieder des deutschen Reichstages gedacht waren, von der Zensur beschlagnahmt worden. Bis heute ist dieser Lepsius-Bericht von 1915/16 eine unersetzte Quelle. Eine bessere deutsche Quelle für die Kenntnis der Deportationen der armenischen Bevölkerung des Osmanischen Reichs, darunter auch der Deportationen aus Kilikien, gibt es bisher nicht. Daher folgt hier dieser Teil zu Kilikien (gekürzt) als notwendiger lokaler Hintergrund für die Geschichte von der Rettung des Schatzes der Armenier aus Kilikien.

DIE DEPORTATION DER KILIKISCHEN ARMENIER 1915
Aus dem von der deutschen Militärzensur verbotenen Bericht von Dr. Johannes Lepsius

Die Deportation der armenischen Bevölkerung vollzog sich auf drei verschiedenen Gebieten und in drei aufeinanderfolgenden Zeitabschnitten.[32] Die drei Gebiete, in denen die Armenier dichter angesiedelt waren und einen bedeutenden Bruchteil der Bevölkerung (10 bis 40 v. H.) bildeten, sind:
I. Cilicien und Nordsyrien. II. Ost-Anatolien. III. West-Anatolien

Das Siedlungsgebiet in *Cilicien* umfaßt das Wilajet *Adana* und die höheren, im Taurus und Amanus gelegenen Bezirke des Wilajets Aleppo (Sandschak *Marasch*). In *Nordsyrien* und *Mesopotamien* sind es die Gebiete von *Aleppo, Antiochia, Sueidije, Kessab, Alexandrette, Killis, Aintab* und *Urfa*.
Die sieben *ostanatolischen* Wilajets sind: *1. Trapezunt, 2. Erzerum, 3. Siwas, 4. Kharput* (Mamuret-ül-Asis), *5. Diarbekir, 6. Wan, 7. Bitlis*.
Vom *westanatolischen* Gebiet kommen in Betracht das Mutessariflik *Ismid* und die Wilajets *Brussa* (Khodawendikjar*), Kastamuni, Angora* und *Konia*.

Die Deportation der armenischen Bevölkerung von *Cilicien* beginnt Ende März und wird während der Monate April und Mai systematisch durchgeführt.
Die Deportation aus den *östlichen* Wilajets (mit Ausnahme des Wilajets Wan) setzt Ende Mai ein und wird systematisch vom Ende Juni ab durchgeführt.
Die Deportation aus den *westanatolischen* Bezirken beginnt Anfang August und zieht sich in den September hinein.
In *Nordsyrien* und *Mesopotamien* beschränken sich die Maßregeln anfänglich auf Verhaftung einzelner Notabeln. Die Deportationen beginnen Ende Mai und setzen sich bis in den Oktober fort.

I. Cilicien.
Die Deportation der armenischen Bevölkerung von Cilicien (Wilajet Adana und Sandschak Marasch) begann mit Vorfällen, die sich in der Stadt *Zeitun* im Taurus abspielten.

1. Zeitun,
50 km nördlich von Marasch, liegt in einem Hochtal des Taurus. Die starke armenische Bevölkerung der Stadt hatte bis in die siebziger Jahre eine gewisse Unabhängigkeit und Selbstverwaltung, ähnlich wie noch heut die kurdischen Aschirets (Stämme) in Kurdistan …
Die Deportation dauerte Wochen. In der zweiten Hälfte des Mai war Zeitun vollständig ausgeleert. Von den Einwohnern von Zeitun wurden 6 bis 8 Tausend in die Sumpfdistrikte von Karabunar und Suleimanie zwischen Konia und Eregli, im Wilajet Konia, 15 bis 18 Tausend nach Deir-es-Sor am Euphrat in die mesepotamische Steppe verschickt. Endlose Karawanen zogen durch Marasch, Adana und Aleppo. Die Ernährung war eine ungenügende. Für ihre Ansiedlung oder auch nur Unterbringung am Ziel ihrer Verschickung geschah nichts.
Ein Augenzeuge, der in Marasch die Deportation durchkommen sah, beschreibt in einem Brief vom 10. Mai einen solchen Zug: »Ich sah sie auf dem Wege. Ein endloser Zug, begleitet von Gendarmen, die sie mit Stöcken vorwärts trieben. Halb bekleidet, entkräftet, schleppten sie sich mehr als daß sie gingen. Alte Frauen brachen zusammen und rafften sich wieder auf, wenn der Saptieh mit erhobenen Stock sich nahte. Andere wurden vorwärts gestoßen wie die Esel. Ich sah, wie eine junge Frau hinsank; der Saptieh gab ihr zwei, drei Schläge, und sie stand mühsam wieder auf. Vor ihr

ging ihr Mann mit einem zwei- oder dreijährigen Kind auf dem Arm. Ein wenig weiter stolperte eine Alte und fiel in den Schmutz. Der Gendarm stieß auf sie zwei- oder dreimal mit seinem Knüttel. Sie rührte sich nicht. Dann gab er ihr zwei oder drei Fußtritte, aber sie blieb unbeweglich liegen. Zuletzt gab ihr der Türke noch einen kräftigen Fußtritt, so daß sie in den Straßengraben rollte. Ich hoffe, sie war tot. Die Leute, die hier in der Stadt ankamen, haben seit zwei Tagen nichts gegessen. Die Türken erlaubten ihnen nicht, irgend etwas außer etwa einer Decke, einem Maultier, einer Ziege mitzunehmen. Alles, was sie noch hatten, verkauften sie für so gut wie nichts, eine Ziege für 6 Piaster (90 Pfg.), ein Maultier für ein halbes Pfund, um sich Brot dafür zu kaufen. Die noch Geld hatten und Brot kaufen konnten, teilten es mit den Armen, bis ihr Geld zu Ende war. Das meiste war ihnen schon unterwegs gestohlen worden. Einer jungen Frau, die erst vor acht Tagen Mutter geworden war, hat man schon in der ersten Nacht der Reise ihren Esel genommen. Man zwang die Deportierten, alle ihre Habe in Zeitun zu lassen, damit die Muhadjirs (Einwanderer), muhammedanische Bosniaken, die man an ihrer Stelle ansiedeln will, sich gleich damit verstehen können. Es müssten jetzt etwa 20.000 bis 25.000 Türken in Zeitun sein. Der Name der Stadt wurde in Sultanieh verändert. Die Stadt und die Dörfer um Zeitun sind vollständig ausgeleert. Von den ungefähr 25.000 Verschickten wurden 15 bis 16.000 nach Aleppo dirigiert, aber sie sollen von dort weiter gehen in die Arabische Wüste. Will man sie dort Hungers sterben lassen? Die hier Durchgekommenen gehen ins Wilajet Konia. Auch da gibt es Wüsten. Zwei, drei Wochen blieben sie am Endpunkt der anatolischen Bahn bei Bosanti liegen, weil die Bahn durch Truppentransporte in Anspruch genommen war. Als die Verschickten in Konia ankamen, hatten sie seit drei Tagen nichts gegessen. Die Griechen und Armenier der Stadt taten sich zusammen, um sie mit Geld und Lebensmitteln zu unterstützen, aber der Wali von Konia weigerte sich, den Verschickten etwas zukommen zu lassen. »Sie hätten alles, was sie brauchten«. So blieben sie noch weitere drei Tage ohne Nahrung. Dann erst hob der Wali sein Verbot auf, und unter der Überwachung von Saptiehs durften Nahrungsmittel an sie verteilt werden. Mein Berichterstatter erzählte mir, daß auf dem Wege von Konia nach Karabunar eine junge Armenierin ihr neugeborenes Kind, das sie nicht mehr nähren konnte, in einen Brunnen warf. Eine andere hätte ihr Kind durch das Fenster aus dem Zuge geworfen.«

Am 21. Mai schreibt derselbe Augenzeuge: »Der dritte und letzte Zug von Leuten aus Zeitun ist durch unsere Stadt gekommen, am 13. Mai gegen 7 Uhr, und ich konnte einige von ihnen in dem Chan, wo sie untergebracht waren, sprechen. Sie waren alle zu Fuß und hatten zwei Tage lang, an denen es heftig regnete, nichts gegessen. Ich sah eine arme Kleine, die länger als eine Woche barfuß marschiert und nur mit einer zerfetzten Schürze bekleidet war. Sie zitterte vor Kälte und Hunger, und die Knochen standen ihr buchstäblich aus dem Leibe. Ein Dutzend Kinder mußten auf dem Wege liegen bleiben, da sie nicht weitermarschieren konnten. Ob sie vor Hunger gestorben sind? Wahrscheinlich. Aber man wird niemals etwas davon erfahren. Ich sah auch zwei arme Greisinnen aus Zeitun. Sie gehörten zu einer reichen Familie, aber sie durften außer den Kleidern, die sie am Leibe trugen, nichts mit sich nehmen. Es gelang ihnen noch 5 oder 6 Goldstücke in ihrer Perücke zu verbergen. Unglücklicherweise spiegelte sich auf dem Marsch die Sonne in dem Metall, und der Glanz zog die Blicke eines Saptiehs an. Er verlor keine Zeit damit, die Goldstücke herauszuholen, und machte kurzen Prozeß, indem er ihnen die Perücken abriß.

Noch einen anderen charakteristischen Fall sah ich mit meinen Augen. Ein ehemals reicher Bürger aus Zeitun führte als Trümmer seiner Habe zwei Ziegen mit sich. Kommt ein Gendarm und greift in die beiden Zügel. Der Armenier bittet ihn, er möge sie ihm lassen, und fügt hinzu, er habe so schon nichts mehr, wovon er leben könne. Statt jeder Antwort schlägt ihn der Türke krumm und lahm, bis er sich im Staube wälzt und der Staub sich in blutigen Schlamm verwandelt. Dann gab er dem Armenier noch einen Fußtritt und zog mit den beiden Ziegen ab. Zwei andere Türken betrachteten sich dies Schauspiel, ohne mit der Wimper zu zucken. Keiner von ihnen kam auf den Gedanken sich einzumischen.«

Über das Schicksal der Verbannten in Karabunar wird unter dem 14. Mai geschrieben:

»Ein Brief, den ich aus Karabunar erhielt, und dessen Wahrheit nicht anzuzweifeln ist, da der Verfasser mir bekannt ist, versichert, daß von den Armeniern, die in der Zahl von 6 bis 8 Tausend aus Zeitun nach Karabunar verschickt worden sind, einem der ungesundesten Orte des Wilajets, dort täglich 150 bis 200 Hungers sterben. Die Malaria richtet Verheerungen unter ihnen an, da es vollkommen an Nahrung und Unterkunft fehlt. Welche grausame Ironie, daß die Regierung vorgibt, sie zu verschicken, damit sie dort eine Kolonie gründen; sie besitzen weder Pflug noch Saat, weder Brot noch Unterkunft, denn sie sind mit völlig leeren Händen verschickt worden.«

1. Dört-Jol [33]

Als der Abtransport von Zeitun bereits im Gange war, begann man gegen Dört-Jol (Tschok Merzimen), in der Jussus–Ebene am Golf von Alexandrette, vorzugehen. Nachdem fünf Armenier von Dört-Jol öffentlich in Adana gehängt waren, wurde die männliche Bevölkerung des volkreichen Ortes abgeführt, um an den Straßen zu arbeiten. Man hörte bald, daß vielfach die wehrlosen Arbeiter von ihren bewaffneten muhammedanischen Kameraden erschlagen wurden. Als sich darauf die Männer von Dört-Jol weigerten, mit den Muhammedanern zusammenzuarbeiten, sandte die Regierung Militär und schickte sie alle in die Gegend von Hadjin, um dort auf den Straßen zu arbeiten. Nur ein Armenier leistete Widerstand und tötete einen Gendarmen; darauf töteten die Gendarmen 6 Armenier. Von den zum Straßenbau verschickten Männern von Dört-Jol hat man nichts mehr gehört. Man fürchtet, daß sie sämtlich erschlagen wurden. Nachdem die Männer fort waren, wurden die Frauen und Kinder nach Deir-es-Sor deportiert und das Dorf völlig ausgeleert. Dört-Jol war außer Zeitun die einzige Ortschaft, die zur Zeit der Abdul Hamidischen Massakers sich mit Erfolg verteidigt hat. Dem hat sie wohl ihr jetziges Schicksal zu danken.

1. Die Taurus- und Amanus-Dörfer

Nach der Ausleerung von Dört-Jol wurden im Laufe der Monate April, Mai, Juni und Juli nach und nach alle armenischen Distrikte des Wilajets Adana und des Sandschaks Marasch ausgeleert. Von Wilajet Adana sind besonders zu nennen: im *Sandschak Kozan* die Städte Sis, Hadjin, Karsbasar, die Ortschaften Schehr und Rumlu; im *Sandschak Djebel-Bereket* die Ortschaften Osmanijeh, Hassanbeyli, Dengala, Harni, Drtadli, Tarpus, Djakli, Enserli, Lapadschli. Im *Sandschak Marasch* außer Zeitun die Städte Albistan, Geben, Göksun, Furnus und die Ortschaften Taschuluk, Djiwikli, Tundatschak und sämtliche Albaschdörfer. *Bis Ende Juni betrug die Zahl der Deportierten aus diesem Gebiet schon 50.000.* Zum Zwecke der Einschüchterung wurden in Adana, Aleppo, Marasch gegen dreißig Armenier öffentlich gehängt. Unter den Gehängten befanden sich auch zwei Priester.

Die Dörfer erhielten in der Regel am Abend den Befehl, daß sie am nächsten Morgen abzumarschieren hätten. In *Geben* mußten die Einwohner am Waschtage aufbrechen, waren gezwungen, ihre nassen Kleider im Wasser zu lassen und barfuß und halbbekleidet, wie sie gingen und standen, sich auf den Weg zu machen. Die Männer standen meist im Felde. *Wer zum Islam übertrat, durfte bleiben.* Leute aus Alabasch erzählten, ihr Ort sei von Soldaten umzingelt und mit Platzpatronen beschossen worden. Die Leute von Schehr berichteten, daß, als sie kaum das Dorf verlassen hätten, der Mollah vom Dach der christlichen Kirche die »Gläubigen« zum Gebet rief. Die Kirche wurde in eine Moschee verwandelt. Die Regierung sagte den Leuten, wenn sie ihr Hab und Gut zurücklassen mußten, der Wert würde abgeschätzt und ihnen später ausgezahlt werden. Eine Inventarisierung ist aber bei der Plötzlichkeit des Aufbruchs selbstverständlich nicht vorgenommen worden, noch dachte die Regierung daran. Die Habe der Armenier ging an die ortsansässigen Muhammedaner, die Häuser und Aecker an neuangesiedelte »Muhadjirs« (Einwanderer) über.

»Die Türken sind in einem vollkommenen Delirium«, schreibt ein Berichterstatter. »Es ist unmöglich, die Schrecken zu beschreiben, die die Deportierten zu erdulden haben. Schändung, Raub von Frauen und Mädchen und gewaltsame Bekehrungen sind an der Tagesordnung. Eine große Anzahl von Familien sind zum Islam übergetreten, um dem sicheren Tode zu entgehen.«

Während von den cilicischen Städten und Dörfern keine verschont wurden, sind aus Adana nur 196 Familien deportiert worden, die merkwürdigerweise – man nimmt an aus Veranlassung des Oberkommandierenden in Syrien, Djemal Pascha, der früher Wali von Adana war – zum größten Teil wieder zurückgebracht wurden. Die Verschickung von Tarsus und Mersina verzögerte sich ebenfalls. Mersina wurde am 7. August deportiert. Nach neueren Nachrichten ist zuguterletzt auch die armenische Bevölkerung von Adana, ca. 18.000 Seelen, deportiert worden.

Die Transporte gingen nach Deir-Es-Sor und Konia, nach Rakka am Euphrat, sodann der Bagdadbahn entlang über Ursa und Meranscheher in die mesopotamische Wüste bis in die Nachbarschaft von Bagadad.

Ein anderer Bericht gibt aus dem Text des Regierungsbefehls den folgenden Passus wieder:

»Art. 2. *Die Kommandeure der Armee von unabhängigen Armeekorps und von Divisionen dürfen im Fall militärischer Notwendigkeit und für den Fall, daß sie Spionage und Verrat vermuten (!), einzeln oder in Massen die Einwohner von Dörfern oder Städten fortschicken und sie an anderen Orten ansiedeln.*«

Der Bericht fährt fort: Die Befehle der Kommandeure der Armee mögen noch leidlich human gewesen sein. Die Ausführung ist zum Teil sinnlos hart gewesen und in vielen Fällen von grauenhafter Brutalität gegen Frauen und Kinder, Kranke und Alte. Ganzen Dörfern wird die Deportation nur eine Stunde vorher angesagt. Keine Möglichkeit, die Reise vorzubereiten. In einigen Fällen nicht einmal Zeit, die zerstreuten Familienmitglieder zu sammeln, so daß kleine Kinder zurückblieben. In einigen Fällen konnten sie einen Teil ihrer dürftigen Haushaltseinrichtung oder landwirtschaftliche Geräte mitnehmen, aber meistenteils durften sie weder etwas mitnehmen noch etwas verkaufen, selbst wenn dazu Zeit war. In *Hadjin* mußten wohlhabende Leute, die Nahrung und Bettzeug für den Weg zurechtgemacht hatten, es auf der Straße liegen lassen und nachher bitter unter dem Hunger leiden.

In vielen Fällen wurden die Männer – die in militärpflichtigem Alter waren fast alle in die Armee – mit Seilen und Ketten fest aneinander gebunden. Frauen mit kleinen Kindern auf dem Arm oder in den letzten Tagen der Schwangerschaft wurden wie Vieh mit der Peitsche vorwärts getrieben. Drei verschiedene Fälle sind mir bekannt geworden, wo die Frau

niederkam und an Verblutung starb, weil ihr brutaler Führer sie weiterhetzte. Ich weiß auch von einem Fall, wo der wachhabende Gendarm human war, der armen Frau ein paar Stunden Ruhe gönnte, und dann einen Wagen für sie besorgte, daß sie fahren konnte. Einige Frauen wurden so vollständig erschöpft und hoffnungslos, daß sie ihre kleinen Kinder an der Straße liegen ließen. Viele Frauen und Mädchen sind vergewaltigt worden. *In einem Ort hat der Gendarmerieoffizier den Männern, denen er eine ganze Schar von Frauen zuwies, gesagt, es stände ihnen frei, mit den Frauen und Mädchen zu machen, was sie wollten.*
Was den Lebensunterhalt betrifft, so war der Unterschied in den verschiedenen Orten groß. In einigen hat die Regierung sie verköstigt, in anderen den Einwohnern erlaubt, es zu tun. In manchen hat sie ihnen weder selbst etwas zu essen gegeben noch anderen erlaubt, es zu tun. Viel Hunger, Durst und Krankheit gab es und auch wirklichen Hungertod.
Die Leute werden hier in kleine Gruppen verteilt, 3 oder 4 Familien an einem Orte unter einer Bevölkerung anderer Rasse und Religion, die eine andere Sprache spricht. Ich spreche von ihnen als Familien, aber vier Fünftel sind Frauen und Kinder, und was an Männern da ist, ist zum größten Teil alt und krank.
Wenn keine Mittel gefunden werden, ihnen durch die nächsten paar Monate durchzuhelfen, bis sie in ihrer neuen Umgebung eingerichtet sind, werden zwei Drittel oder drei Viertel von ihnen an Hunger und Krankheit sterben.«
Die Zahl der aus Cilicien deportierten Armenier beträgt mehr als 100.000 ...

In Cilicien vollzog sich die Deportation verhältnismäßig noch unter den günstigsten Bedingungen. Zwar steht fest, daß alle Verbannten von Briganten geplündert worden sind, aber der Raub und die Mordtaten nahmen nicht einen so großen Maßstab an wie in den hocharmenischen Provinzen.
Der größte Teil der aus Cilicien Verschickten befindet sich in Deir-es-Sor, wo bereits 15.000 Armenier angekommen sind. Die ausgedehnten und von der Trockenheit verbrannten Wüsten von Deir-es-Sor bis Djerabulus und Ras-ul-Ajin und bis nach Mosul sind mit deportierten Armeniern angefüllt. Einige Überbleibsel sind in türkische und arabische Dörfer zerstreut worden.« Die Deportierten von *Aintab* und *Killis* wurden über Damaskus nach den *Hauran* transportiert ...
Aus dem Dr. Johannes-Lepsius-Archiv Halle: Johannes Lepsius, *Der Todesgang des Armenischen Volkes*, Potsdam 1930, S.1–17, gekürzt (Titel der Erstausgabe *Bericht über die Lage des Armenischen Volkes in der Türkei*, Potsdam 1916)

Telegramm
Kaiserlich Deutsche Botschaft Konstantinopel, Pera, den 25 September 1915.
Weitere Meldungen der Kaiserlichen Konsuln in Adana und Aleppo bestätigen, daß die bekannten telegraphischen Weisungen der Pforte, um das Los der ausgesiedelten Armenier zu verbessern, infolge der verschiedenen Ausnahmen, die die Pforte selber von vornherein und nachträglich von den gewährten Vergünstigungen gemacht hat, und durch die Willkür der Provinzialbehörden, ihren Zweck zum größten Teil verfehlt haben.
Wie Herr Dr. Büge unter dem 13. d. M. berichtet, sollten in Adana Witwen, Waisen, Soldatenfamilien, selbst Kranke und Blinde verschickt werden. Gleichzeitig meldet Herr Rößler aus Aleppo, daß trotz des Befehls der Pforte, die Deportierten mit Nahrungsmitteln zu versehen, die Mehrzahl derselben an Hunger zugrunde gehen müßten, da die Behörden nicht imstande seien, eine solche Massenernährung zu organisieren.
Letzthin ging von Herrn Rößler noch das folgende Telegramm vom 18. d. M. ein:
»Lange Züge fast verhungerter armenischer Frauen und Kinder sind dieser Tage vom Osten zu Fuß hier eingetroffen und weiter transportiert, soweit sie nicht alsbald hier starben. Der Befehl der Pforte, die noch an ihrem Wohnsitz befindlichen zu belassen, wird illusorisch, da jeder beliebige als verdächtig bezeichnet werden kann. Davon wird vielfach Gebrauch gemacht.
Entgegen dem Befehl werden Soldatenfamilien nicht ausgenommen. Auch schwer Kranke werden unbarmherzig abtransportiert. Transporte erfolgen neuerdings auch wieder nach Mossul und Der es Zor.
Trotz gegenteiliger Versicherung der Pforte läuft alles auf Vernichtung des armenischen Volkes hinaus.
Armenier haben mich gebeten, Ew. Durchlaucht dies noch einmal vorzustellen.«
Talaat Bey, den ich auf diese Zustände habe aufmerksam machen lassen, hat zwar bereitwilligst Abhilfe zugesagt; ich glaube indes kaum, daß die Befehle der Zentrale eine wesentliche Besserung in der Lage der ausgesiedelten Armenier herbeiführen werden.
Hohenlohe.
Seiner Exzellenz dem Reichskanzler Herrn von Bethmann Hollweg.

Aus dem Dr. Johannes-Lepsius-Archiv Halle, J. Lepsius, *Deutschland und Armenien 1914–1918*, Nr. 175 (gekürzt)

Das, was durch Dr. Johannes Lepsius in seinem verbotenen »Bericht« über das Schicksal der Armenier im großen Überblick mitgeteilt wird, findet in zahlreichen Dokumenten von Augenzeugen erschreckende und detaillierte Illustration. Von den zahlreichen, durch die deutsche Regierung geheimgehaltenen diplomatischen Dokumenten ist das minutiöse Protokoll des deutschen Konsuls Dr. Wilhelm Litten wohl eines der erschütterndsten. Während er in bitterkalten Wintertagen des Januar 1916 auf Dienstreise von Bagdad nach Aleppo ist, muß er auf den Straßen der Armenier-Deportationen die grauenvolle Wirklichkeit erleben. Und Dr. Litten wendet sich nicht ab: Mit von Kälte starren Fingern notiert er von Minute zu Minute, von Stunde zu Stunde und von Tag zu Tag das Bild des Schreckens, das sich ihm bietet.

Als dieses grauenhafte Dokument des Konsuls Litten 1999 in der armenischen Diaspora in den USA bekannt wurde, ist Kritik an Johannes Lepsius lautgeworden, daß er es nicht in seinem Dokumentenband »Deutschland und Armenien 1914-1918« abgedruckt und so den Deutschen vorenthalten habe. Den Kritikern war aber noch nicht bekannt, daß Lepsius eben dieses Litten-Dokument in Deutschland bekannter gemacht hat, als es sein Dokumenten-Band je hätte werden können: Er hat es 1920 unter dem Titel »Der Weg des Grauens« als Flugblatt in Tausenden von Exemplaren im gesamten deutschsprachigen Bereich verbreitet.

»DER WEG DES GRAUENS« – REISE VON BAGDAD NACH ALEPPO 1916
Der deutsche Konsul Dr. Litten auf den Straßen der Armenier-Deportationen

Aleppo, den 6. Februar 1916.
Sehr geehrter Herr Konsul!

Ihrer Aufforderung entsprechend überreiche ich Ihnen im folgenden ergebenst eine schriftliche Aufzeichnung über die auf der Reise von Bagdad nach Aleppo erhaltenen Eindrücke. Es ist im Wesentlichen eine wörtliche Wiedergabe der Bemerkungen, die ich während der Wagenfahrt mit halberstarrten Fingern in Engschnellschrift in mein Notizbuch einkritzelte. Sie geben daher den an Ort und Stelle unmittelbar gewonnenen Eindruck wieder:

Auf dem Wege von Bagdad nach Aleppo berührt man folgende Stationen: Bagdad, Abu Messir, Feludscha, Romedi, Hit, Bagdadi, Hadisse, Fahime, Ane, Nihije, Abu Kemal, Selahije, Mejadin, Der Sor, Tibni, Sabha, Haman, Abu Hureire, Meskene, Der Hafir, Aleppo.

Sie liegen etwa 60 km von einander entfernt. Von einer bis zur andern fährt man im Wagen, Trab und Schritt abwechselnd, durchschnittlich 6 bis 8 Stunden, d. h. eine Tagesreise. Fußgänger dagegen dürften von einer Station bis zur nächsten wohl drei Tagesmärsche brauchen.

Zwischen den einzelnen Stationen ist vollkommen unbewohntes Wüstenland, nur stellenweise mit niedrigem Gestrüpp bewachsen. Auf mehreren Stationen findet selbst der einzelne Reisende keine Lebensmittel und kein Brot. Der Weg führt zwar am Euphrat entlang, folgt aber nicht allen Windungen, sondern schneidet ab. Manche Stationen liegen meilenweit entfernt vom Flusse. Auf den Stationen meist Brunnen. Der Fußgänger aber, der von einer Station zur andern drei Tage unterwegs ist, muß Wasser mitnehmen, wenn er nicht verdursten will.

Am 17. Januar d. J. bin ich von Bagdad abgefahren. Am 23. Januar kam ich in Hadisse an. Dort sah ich den ersten Armeniertransport, etwa 50 Personen, fast nur Männer, sie trugen türkische Bauernkleidung und schwarz-weiß gestreifte Jacken.

Am 24. Januar kam ich nach Ane. Unterwegs begegnete ich etwa 30 Armeniern, nur Männern, die unter Gendarmeriebedeckung in der Richtung auf Der Sor gingen. Unser Kutscher sagte, es sei gut, daß es so kaltes Wetter sei, denn sonst würde man es auf dem Wege nicht aushalten können vor dem Gestank der dort verwesenden Armenierleichen. Fast jeder dieser Armenier hatte ein oder zwei Lasttiere bei sich, die ausschließlich mit Lebensmitteln beladen sind. Der Kutscher sagt, solange der auf diesen Lasttieren untergebrachte Vorrat an Datteln reiche, gehe es den Armeniern gut. Sobald er aber zu Ende sei, müßten sie wohl verhungern, denn selbst wenn sich jemand bereit fände, einem Armenier irgend etwas zu fast unerschwinglichem Preise zu verkaufen, so reichten die auf dem Wege tatsächlich vorhandenen Lebensmittelvorräte auch nicht für den zehnten Teil der Verschleppten aus.

Infolge der bitteren Kälte erkrankt der Kutscher während der Fahrt an Lungenentzündung, ich kutschiere selbst. Auf der nächsten Station engagiere ich als Aushülfe einen Araberjungen.

Am 26. überhole ich einen Armeniertransport von etwa 50 Männern. In Abu Kemal, einer »größeren« Station (die meisten anderen bestehen nur aus zwei oder drei Häusern) bedient uns im Chan (Karawanserei) ein 16-jähriger Armenierjunge Artin aus Zeitun. Im Chan und allen Stallungen sowie in der ganzen Ortschaft viele Armenier untergebracht. Auch einige Frauen und Kinder.

Am 28. traf ich in Selahije vier deutsche nach Bagdad reisende Offiziere, die mir versicherten, daß sie im Kriege im Osten und Westen manches gesehen hätten, daß aber das, was sich auf dem Wege Aleppo-Der Sor dem Auge darbiete, das Grauenvollste sei, was sie je gesehen hätten.

Am 29. Mejadin. Im Chan, der eng mit Armeniern belegt ist, starker Fäulnisgestank. Der Kutscher des Gepäckwagens erkrankt an Fieber. Mein Diener kutschiert.

Am 30. Januar Der Sor. Die größte Ortschaft auf der Strecke. Hier zahlreiche Armenier, sicher über 2.000. Alle Häuser und Chans mit ihnen belegt. Im Chan, in dem ich absteige, wieder derselbe Fäulnisgestank wie in Mejadin. Überfüllt mit Armeniern. Zahlreiche Frauen, die sich lausen. Auch viel junge Mädchen und kleine Kinder. Auf den Straßen der sauberen kleinen Stadt viele Armenier jeden Alters und beiderlei Geschlechtes in türkischen Bauernkleidern, aber auch viele, offenbar besseren Ständen angehörende in europäischer Zivilkleidung. Junge Mädchen in gut sitzenden europäischen Kleidern.

Ich treffe hier fünf deutsche Offiziere und einen deutschen Arzt, die nach Bagdad reisen. Sie erzählen, daß auf der Strecke Aleppo-Der Sor viele an Flecktyphus zu Grunde gegangen sind. Die Herren haben in 3 Stunden 64 Leichen, die am Wege lagen, gezählt. Auch eine Mutter mit einem dreijährigen Kinde liege am Wege, beide tot. Viele der Armenier kämen aus Konstantinopel.

Der Sor ist ein freundliches Städtchen mit geraden Straßen und Bürgersteigen. Die Armenier genießen vollkommene Freiheit, können tun und lassen, was sie wollen … auch in Bezug auf ihre Nahrung, die sie sich selbst kaufen müssen. Wer kein Geld hat, bekommt nichts. Andon aus Angora verkauft mir seine goldene Uhr für 1 türkisches Pfund, Stepan aus Brussa ein Medaillon mit dem Muttergottesbilde für 3 Meschidije. Als ich bei der Abfahrt ihnen diese Familienandenken wieder zustecken will, sind die beiden Armenier verschwunden und trotz Suchens nicht zu finden. Sie fürchten offenbar, daß ich den Kauf rückgängig machen will. Das Geld verlängert ihr Leben um einige Tage. Ich habe beide Gegenstände dem Konsulate in Aleppo übergeben für Rechnung der Eigentümer unter Verzicht auf jeden Anspruch. In der Gemeindelesehalle in Der Sor versammeln sich die vornehmeren Armenier, ein Arzt, zwei Geistliche und mehrere Kaufleute. Ein armenischer Gastwirt ist dort Ökonom. Professor Külz, auf der Durchreise nach Bagdad, behandelt meinen an Lungenentzündung erkrankten Kutscher. Krisis bereits überwunden. Ich ziehe dem Kutscher drei wollene Hemden an, er muß wieder selbst kutschieren: der als Aushilfskutscher engagierte Araberjunge ist weggelaufen und spurlos verschwunden und niemand in Der Sor ist bereit, mit uns zu fahren, … denn hinter Der Sor beginnt der Weg des Grauens.

Er zerfiel für mich in zwei Teile: den *ersten Teil* von Der Sor bis Sabha, auf dem ich aus der Lage der Leichen, dem Zustande ihrer Zersetzung und Bekleidung, sowie aus den herumliegenden Wäschefetzen, Kleidungsstücken und Hausgeräteteilen, mit denen die Straße besät ist, mir ein Bild machen konnte von dem, was sich hier abgespielt hat: wie die allein in der Wüste herumirrenden Nachzügler schließlich zusammengebrochen und mit vor Schmerz entstelltem und verzerrtem Gesicht in Verzweiflung verendet sind, und wie andere wieder, dank des heftigen Nachtfrostes schneller erlöst werden und friedlich entschlummert sind, wie einige durch arabische Räuber nackt ausgezogen worden sind, während andern die Kleider durch Hunde und Raubzeug in Fetzen vom Leibe gerissen wurden, wie andere nur die Schuhe und Oberbekleidung verloren haben, und andere schließlich vollkommen angezogen neben Sack und Pack liegend erst kürzlich zusammengebrochen und gestorben sind … wohl beim letzten Transport, während die blutigen und halbgebleichten Skelette an die vorhergehenden Transporte erinnern; und in den *zweiten Teil* von Sabha bis Meskene, wo ich das Elend nicht mehr zu erraten brauchte, sondern den Jammer mit eigenen Augen schauen mußte; ein großer Armeniertransport war hinter Sabha an mir vorbeigekommen, von der Gendarmeriebedeckung zu immer größerer Eile angetrieben, und nun entrollte sich mir in leibhaftiger Gestalt das Trauerspiel der Nachzügler. Ich sah am Wege Hungernde, Dürstende, Kranke, Sterbende, soeben Verstorbene, Trauernde neben den frischen Leichen; und wer sich nicht schnell von der Leiche des Angehörigen trennen konnte, setzte sein Leben aufs Spiel, denn die nächste Station oder Oase liegt für den Fußgänger drei Tagesmärsche entfernt. Von Hunger, Krankheit, Schmerz entkräftet taumeln sie weiter, stürzen, bleiben liegen. – Mein Vorrat an Brot, Wasser, Trinkbarem und Eßbarem ist bald erschöpft. Ich will einem Dürstenden Geld geben. Er holt selbst Geld heraus und bietet mir einen Medschidije, etwa 4 Mark, für ein Glas Wasser. Ich habe keinen Tropfen mehr.

Erst zwischen Meskene und Aleppo sieht man keine Armenier und keine Leichen mehr, denn die Transporte haben zum großen Teil Aleppo nicht berührt, sondern sind über Bab gegangen.

Am 31. Januar um 11 Uhr vormittags war ich von Der Sor abgefahren. Drei Stunden lang sehe ich keine einzige Leiche und hoffe schon, die Erzählungen möchten übertrieben sein.

Dann aber beginnt die grauenvolle Leichenparade:

1 Uhr nachmittags: Links am Wege liegt eine junge Frau. Nackt, nur braune Strümpfe an den Füßen. Rücken nach oben. Kopf in den verschränkten Armen vergraben.
1,30 Uhr nachmittags: Rechts am Wege in einem Graben ein Greis mit weißem Bart. Nackt. Auf dem Rücken liegend. 2 Schritt weiter ein Jüngling. Nackt. Rücken nach oben. Linkes Gesäß herausgerissen.
2 Uhr nachmittags: 5 frische Gräber. Rechts: ein bekleideter Mann. Geschlechtsteil entblößt.
2,5 Uhr nachmittags: Rechts ein Mann, Unterleib und blutendes Geschlechtsteil entblößt.
2,7 Uhr nachmittags: Rechts ein Mann in Verwesung.
2,8 Uhr nachmittags : Ein Mann, vollkommen bekleidet, auf dem Rücken, Mund weit aufgerissen, Kopf nach hinten gestemmt, schmerzentstelltes Gesicht.
2,10 Uhr nachmittags: Ein Mann, Unterkörper bekleidet, Oberkörper angefressen.
2,15 Uhr nachmittags: Spur einer Abkochstelle. Überall auf dem Wege Wäschefetzen.
2,25 Uhr nachmittags: Links am Wege eine Frau, auf dem Rücken liegend, Oberkörper in einen um die Schultern genommenen Schal eingehüllt, Unterkörper angefressen, nur die blutigen Schenkelknochen ragen noch aus dem Tuch.
2,27 Uhr nachmittags: Viel Wäschefetzen.
2,45 Uhr nachmittags: Viel Wäschefetzen.
3,10 Uhr nachmittags: Spuren einer Abkochstelle und eines Lagerplatzes. Viel Wäschefetzen. Feuerstellen, 1 Kohlenbecken. 6 Männerleichen, nur noch mit Hosen bekleidet, Oberkörper nackt, liegen um eine Feuerstelle.
3,22 Uhr nachmittags: 22 frische Gräber.
3,25 Uhr nachmittags: Rechts ein bekleideter Mann.
3,28 Uhr nachmittags: Links ein nackter Mann, angefressen.
3,45 Uhr nachmittags: Blutiges Skelett eines etwa zehnjährigen Mädchens, langes blondes Haar noch dran, liegt mit weit geöffneten Armen und Beinen mitten auf dem Weg.
3,50 Uhr nachmittags: Viel Wäschefetzen.
3,55 Uhr nachmittags: Links vollkommen bekleideter Mann mit schwarzem Bart mitten auf dem Wege auf dem Rücken liegend, als sei er eben vom Felsblock, der links am Wege, abgestürzt.
4,3 Uhr nachmittags: Eine Frau, in ein Tuch eingehüllt, an sie gekauert ein etwa dreijähriges Kind in blauem Kattunkleidchen. Kind wohl neben der zusammengebrochenen Mutter verhungert.
4,10 Uhr nachmittags: 17 frische Gräber.
5,2 Uhr nachmittags: Ein Hund frißt an einem Menschenskelett.
5,3 Uhr nachmittags: Ankunft in Tibni. Nur ein Chan, sonst keine Häuser. <u>Keine Armenier</u>.

1. Februar 1916:
8 Uhr 22 vormittags: Abfahrt von Tibni, ein neuer Junge als Aushilfskutscher angestellt.
8,33 Uhr vormittags: Links ein nackter Junge. Dicht daneben Spuren eines Lagerplatzes, Kinderschuhe, Frauenschuhe, Galoschen, Hosen, Wäschefetzen, die im folgenden nicht mehr einzeln erwähnt werden, da der ganze folgende Weg damit besät.
9,4 Uhr vormittags: Links eine Leiche in Verwesung.
11 Uhr vormittags: Links ein blutiges Skelett.
11,3 Uhr vormittags : Links ein blutiges Skelett.
11,33 Uhr vormittags: Links ein blutiges Skelett.
12,5 Uhr nachmittags: Spuren eines Lagerplatzes, viel Kleidungsstücke, Blechbehälter, alte Steppdecken, 1 Kinderhaube.
2,7 Uhr nachmittags: Ein Skelett. Wegen des eisigen Windes von rechts hatte ich auf einer Seite des Wagens die Vorhänge zugezogen, so daß ich die rechts am Wege liegenden Leichen an diesem Tage nicht gesehen habe.
4,30 Uhr nachmittags: Ankunft in Sabha. Dorf voll von armenischen Familien, die offenbar schon vor längerer Zeit hierher gekommen sind und sich hier kleine Steinhäuser gebaut haben. Alle Chane verstopft mit Armeniern. Ich fahre durch das Dorf durch, um außerhalb im Wagen zu schlafen, werde schließlich vom Mudir in der Schule untergebracht, wo ich ein gutes Zimmer bekomme. Im Dorfe auch einige junge Frauen und Mädchen, die anscheinend besseren Ständen angehören, die Kinder dieser Familien sind mit guten europäischen Wollsachen bekleidet. Die Steinhäuser des Dorfes sind von den besseren Familien bewohnt. Rings um das Dorf herum lagern die Ärmeren in Hütten und Zelten. 1 Zeltlager dicht neben dem Dorfe, etwa 150 Zelte. Die Hütten aus Kistenbrettern zusammengehämmert. Der Türhüter der Schule klagt über die große Teuerung, die durch die Armenierverschleppung über das Dorf gekommen sei. Früher habe man 6 Eier für einen Metallik bekommen, jetzt koste ein einziges Ei drei bis vier Metallik. Die reicheren Armenier

kauften die Nahrungsmittel zu jedem Preis auf, um das Dasein ihrer Familien sicher zu stellen, die ärmeren hungerten. Für die Häuser müßten sie an den Grundeigentümer Miete zahlen.

2. Februar 1916:
9 Uhr vormittags: Abfahrt von Sabha.
9,45 Uhr vormittags: Links ein Menschenschädel. Dem als Aushilfskutscher angestellten Jungen gehen die Pferde mit dem Gepäckwagen durch, werden aber nach einigen Minuten abseits vom Wege wieder eingefangen.
1,55 Uhr nachmittags: Ein Armeniertransport. Über 20 Ochsenwagen, mit Säcken und Hausgerät beladen. Darauf Frauen und Kinder. Außerdem viele Fußgänger mit Säcken auf dem Rücken. Der Transport hat gerade Halt gemacht. Auf einem Sack an der Erde liegt eine stöhnende Frau. Einige behaupten in ihrer Verzweiflung, sie seien persische Untertanen, weil sie mich wegen meiner Pelzmütze für einen persischen Beamten halten. Die mit Peitschen bewaffneten Gendarmen treiben zum Aufbruch an.
2,5 Uhr nachmittags: Ein Junge ist mit seinem Packen am Wege zusammengebrochen, bewegt noch die Beine.
2.,7 Uhr nachmittags: Eine alte Frau führt ein etwa 12jähriges Mädchen an der Hand, beide stark erschöpft.
2,8 Uhr nachmittags: Ein Junge kommt vorbei mit Zeltstange und schwerem Gepäck auf dem Rücken. Hinter ihm ein alter Mann, eingehüllt in ein Kaffeetischtuch.
2,30 Uhr nachmittags: Ein kranker Armenier mit gerolltem Tuch um den Oberkörper bietet mir vergeblich Geld für einen Trunk Wasser. Ich habe keinen Tropfen mehr.
2,31 Uhr nachmittags: Ein führerloser Karren mit zwei Pferden. Mit Säcken beladen. Auf den Säcken eine stöhnende junge Frau mit geschlossenen Augen.
2,32 Uhr nachmittags: Eine weinende Greisin am Wege.
2,33 Uhr nachmittags: Zwei teilnahmslos vor sich hintierende Männer sitzen am Wege.
2,34 Uhr nachmittags: Eine schluchzende Frau, etwa 25 Jahre alt, kauert neben einem etwa 30 Jahre alten Manne. Dieser nur mit Hemd und Hose bekleidet, soeben gestorben, lang ausgestreckt.
2,57 Uhr nachmittags: Ein Greis, nackt, dem das linke Bein abgefressen ist.
3,30 Uhr nachmittags: Rechts ein kleiner Junge, nur mit Hemd bekleidet, neben ihm ein Hund; Rock liegt etwas weiter weg.
3,33 Uhr nachmittags: Links ein offenes Grab.
3,35 Uhr nachmittags: Rechts ein etwa 4jähriges Kind in blauem Hemde.
3,36 Uhr nachmittags: Links fünf frische Gräber. Ein Mann tot.
3,38 Uhr nachmittags: Ankunft in Hamam. Besteht nur aus 2 Häusern: der Gendarmeriestation und dem Chan. Die Armenier, etwa 5.000, sind in dem oben erwähnten Zeltlager untergebracht. Mitten in der »Ortschaft« eine angefangene Hütte. Daneben ein toter Mann. Das Kommando der Gendarmeriewache in Hamam haben zwei Kriegsfreiwillige übernommen, die seit 15 Tagen hier sind. Sie klagen über die Mißstände, denen sie ohnmächtig gegenüberstehen. Jeden Tag kämen neue Armenier an, die sie laut Befehl weiterschieben müßten. Es sei aber nichts zu essen da. Daher bleibe nichts anderes übrig, als die Hungernden sobald wie möglich weiter zu schicken, damit die Leichen wenigstens nicht in der Ortschaft lägen. Auf die Frage, warum die Armenier nicht wenigstens die dicht neben dem Zeltlager liegenden Toten beerdigten, wurde mir geantwortet, sie hätten keine Kraft mehr dazu, zumal der Boden jetzt hart gefroren sei. Die meisten von ihnen hätten den Flecktyphus. Das türkische Beerdigungskommando arbeite von früh bis in die Nacht, ohne die Arbeit bewältigen zu können. Ein alter Gendarm erzählt, er sei seit 25 Tagen hier. Er gönne den Armeniern ihre Strafe, weil einige von ihnen gegen den Padischah gearbeitet hätten. Aber dann solle man sie verurteilen und erschießen und nicht langsam zu Tode martern. Er könne es nicht mehr aushalten und werde sicher den Verstand verlieren, wenn er diesen grenzenlosen Jammer noch länger mit ansehen müsse. Auf meine Frage an die beiden Kommandanten, warum sie nicht Bericht erstatteten, erfolgte die bezeichnende Antwort: »Effendim, hükünetin emri! Basch üstime!« (Mein Herr, Befehl der Regierung! Zu Befehl!)

3. Februar 1916:
8,20 Uhr vormittags: Abfahrt von Hamam. Eisige Kälte. Alle Pfützen gefroren. Drei Männer, die tags zuvor am Tor in der Sonne saßen, sind erfroren. Ich kaufe den gesamten noch vorhandenen Brotvorrat auf, d. h. 6 Laib Brot.
8,50 Uhr vormittags: Links eine Leiche in Verwesung.
9,1 Uhr vormittags: Ein Skelett mit Strümpfen.
9,40 Uhr vormittags: Eine bekleidete frische Leiche.
10,10 Uhr vormittags: Eine bekleidete frische Leiche, Gesicht schwarz.
10,20 Uhr vormittags: Bekleidete frische Leiche, Beine angefressen, Gesicht schwarz.

10,26 Uhr vormittags: Bekleidete frische Leiche, Kopf verhüllt.
10,30 Uhr vormittags: Rechts bekleidete frische Leiche, Gesicht schwarz.
10,31 Uhr vormittags: Links ein Pferd mit Sattel ohne Reiter am Wege stehend.
10,57 Uhr vormittags: Links eine Leiche mit Tuch zugedeckt.
11,48 Uhr vormittags: Eine junge Frau, ganz frisch. Blaue Pumphosen, schwarze Jacke. Friedlicher Gesichtsausdruck. Gesicht braun.
Der Kutscherjunge hat sich Steine gesammelt und bombardiert damit die Leichen der »Ungläubigen«. Er bekommt von meinem persischen Diener eine Tracht Prügel.
12,5 Uhr nachmittags: Links eine zerrissene Leiche. Ein vollkommen bekleidetes Bein. Das andere, bis auf die Knochen abgenagt, etwas weiter weg. Ein offenes Grab daneben.
12,25 Uhr nachmittags: 10 frische Gräber.
12,35 Uhr nachmittags: Rechts ein nackter Junge. Kopf ohne Schädel.
Der Gepäckwagen stürzt um. Ein Pferd durch Beinbruch unbrauchbar geworden. Der kutschierende Araberjunge bekommt von mir selber eine Tracht Prügel und redet mich seitdem nicht mehr mit Effendi, sondern mit Bey an.
12,45 Uhr vormittags: 6 Ochsenwagen mit armenischen Familien und Gepäck und viele Fußgänger kommen vorbei. Rechts am Wege zwei große Zeltlager, zusammen etwa 600 Zelte, 6.000 Personen. Beide Lager beim Aufpacken. Kinder, Frauen, Tote, Kranke, alles durcheinander. Dazwischen viel Unrat. Keine Latrinen. Einige Männer machen einen Rundgang, stoßen jeden am Boden liegenden mit dem Fuße an, um zu sehen, ob er tot . Die Aufbrechenden schleppen noch viel Hausgeräte, Zelte, Decken usw. mit, während auf den entfernteren Strecken die Leute ihre Tiere und sich vorwiegend nur mit Lebensmitteln bepacken.

1 Uhr nachmittags: Ankunft in Abu Hureire. Am Euphrat. Armenier aus den Zeltlagern kommen mit Eimern und schöpfen Wasser am Euphrat. Ich gehe an den Fluß herunter und fische 2 Eisplatten aus dem Euphrat. Dies mag beweisen, welche Kälte hier in der Nacht geherrscht hat. Zwei junge Mädchen kommen mit zwei Eimern. Sie sind gut gekleidet, tragen europäische dunkelblaue sogenannte Kostüme. Ihre Hände sind geschwollen und dunkelrot von der ungewohnten Arbeit im kalten Wasser. Drei Jungen von etwa 6,5,4 Jahren begleiten sie. Die Mädchen sprechen außer türkisch etwas französisch, sind mißtrauisch, geben nicht an, woher sie kommen. Sie scheinen schon einige Tage mit ihrer Familie hier kampiert zu haben und die Leiden des Weges vergessen zu haben. Ihre Lebensmittel hätten bis heute gereicht, aber sie seien wohlhabende Leute und Papa wolle auf der nächsten Station wieder für einige Tage einkaufen. Bis Hamam, das von 6.000 Personen bereits leer gegessen ist und wo es nichts mehr gibt, sind es für Fußgänger und die im Schritt gehenden Ochsengespanne aber zwei Tagesmärsche, und bis Sabha drei weitere Tage! Die nächste Station, in der man einkaufen kann, ist also für die Unglücklichen fünf Tagemärsche entfernt, und vier Tage werden sie vielleicht hungern müssen! Ich habe noch 1 1/2 Laib Brot. Erst als ich ihnen erkläre, daß es auf der nächsten Station nichts gibt, nehmen sie die Gabe an unter dem Vorbehalt, sie an andere verteilen zu wollen, wenn es doch für Geld etwas zu kaufen gebe, und entfernen sich schnell mit kurzem Dank.

1,52 Uhr nachmittags: Abfahrt von Abu Hureire.
2,27 Uhr nachmittags: Links eine Leiche in weißes Tuch eingewickelt.
2,30 Uhr nachmittags: Links drei Leichen, eine schon angefressen, eine frisch, Oberkörper nackt, eine schon verwesend.
2,35 Uhr nachmittags: Ein Mann mit Hemd und blauer Hose bekleidet, soeben gestorben. Zwei Mädchen sitzen weinend daneben.
2,36 Uhr nachmittags: Ein Mädchen mit rotblondem Haar, schwarzer Bluse und grauer Hose, auf dem Bauch liegend.
2,40 Uhr nachmittags: Eine verwesende Leiche, ein Geier darauf sitzend.
2,47 Uhr nachmittags: Leiche eines kleinen Mädchens, von Raubzeug zerfetzt, Schwarzes Haar. Knochen der Beine liegen überall herum. Fleischstücke herausgerissen. Ein Geier kreist darüber.
2,52 Uhr nachmittags: Eine Leiche im Tuch eingewickelt. Beine abgefressen.
2,53 Uhr nachmittags: Ein Junge liegt sterbend auf seinem Packen. Die Beine bewegen sich noch im Krampfe. Neben ihm weidet ein Hund eine Leiche aus.
2,55 Uhr nachmittags: Leiche eines noch vollständig bekleideten Knaben.
2,58 Uhr nachmittags: Zwei Menschenschädel und auseinandergerissene Skelettknochen.
2,59 Uhr nachmittags: Leiche eines Mannes, mit weißem Hemde und schwarzer Hose bekleidet. Rock daneben.
3 Uhr nachmittags: Ein dickgefressener, herumstreifender Hund. Fetzen von Steppdecken und Kleidungsstücken.
3,1 Uhr nachmittags: Rechts ein Greis. Wirbelsäule bloßgelegt, Beine abgefressen.
3,2 Uhr nachmittags: Mitten auf der Straße eine Wirbelsäule und ein Menschenschädel.

3,3 Uhr nachmittags: Eine Frau mit braunen Hosen, frisch. Zerrissene Steppdecke.
3,9 Uhr nachmittags: Eine Leiche. Kopf noch erhalten. Gesicht schwarz Beine abgefressen. Bauch- und Brusthöhle geöffnet und ausgeweidet. Weißes Tuch um die Kinnbacken.
3,13 Uhr nachmittags: Großer weißer Hund, einer Leiche den Rock zerreißend und dann das Gesicht zerfleischend.
3,15 Uhr nachmittags: Skelett mit noch erhaltenem Brustfell. Beine vom Knie ab weg. Becken bloßgelegt. Von Oberschenkeln nur noch die Knochen vorhanden.
3,24 Uhr nachmittags: Ein bekleideter Mann. Eine Frau bekleidet, weißes Haar. Mitten auf dem Weg etwa 15jähriges Mädchen, nackt, liegt wie schlafend da, beim Weiterfahren sieht man aber, daß der rechte Arm fehlt, der aus dem blutigen Kugelgelenk herausgerissen ist.
3,25 Uhr nachmittags: Zwei Männer bekleidet, Gesicht schwarz.
3,30 Uhr nachmittags: Eine Frau in blauem Kleide, nackte Beine, schwarze Strümpfe, ganz frisch. Rechts ein großer weißer Hund.
3,34 Uhr nachmittags: Gebleichter Schädel und Knochen inmitten von Wäsche- und Kleiderfetzen.
3,37 Uhr nachmittags: Ein Mann bekleidet, ganz schwarz.
3,43 Uhr nachmittags: Ein Kind mit rot- und weißgestreiften Hosen, zugedeckt mit einem braunen Männerrock. Halblinks ein dicker Hund.
3,45 Uhr nachmittags: 6 große armenische Zeltlager, etwa 600 Zelte, 6.000 Personen. Armenier tragen Gestrüppholz zusammen.
3,53 Uhr nachmittags: Eine Leiche mit schwarzer Hose und gelbem Kittel, Gesicht schwarz.
3,59 Uhr nachmittags: Eine Leiche, Gesicht schwarz, weißes Hemd, weiße Unterhose.
4,3 Uhr nachmittags: Ein Mann, barfuß, schwarzer Anzug, Rock in die Höhe gerissen.
4,4 Uhr nachmittags: Ein Gerippe auf dem Wege dicht neben den Rädern des Wagens. Zähne und Fleischteile der unteren Gesichtshälfte noch erhalten. Gesichtsausdruck daher ein breites Grinsen über gefletschten Zähnen. Beängstigender Anblick. Links auf einer kleinen Erhöhung, daher etwa in der Höhe der Augen des Reisenden, ein Kind von etwa 2 Jahren, nur mit rotem Hemdchen bekleidet, das heraufgezogen ist.
4,8 Uhr nachmittags: Links eine Frau, gelbe Hose, schwarze Strümpfe.
4,12 Uhr nachmittags: Ein kleiner Junge, weiße Hose. Schwarzes Gesicht, sonst ganz frisch.
4,13 Uhr nachmittags: Ein kleiner Junge mit verschränkten Armen, schwarzer Anzug, weiße Strümpfe.
4,23 Uhr nachmittags: Ein kleines Mädchen, karrierte Hose, grauer Rock, braunes Haar.
4,24 Uhr nachmittags: Ein junger Mann, ganz frisch, vollkommen angezogen. Aus Sackleinewand gefertigte Schuhe, Bänder um die Waden.
4,37 Uhr nachmittags: Eine Leiche, in weißes Laken und schwarze Decke gehüllt. Kopf schwarz.
4,50 Uhr nachmittags: Eine Frau, schwarze Hose, braune Jacke.
4,55 Uhr nachmittags: Eine Frau mitten auf dem Wege, schwarze Jacke, schwarzes Haar, Hand über die Augen gelegt.
6,10 Uhr nachmittags: Ankunft in Meskene.

Vor Meskene großes Zeltlager von über 2.000 Zelten. Über 10.000 Personen. Eine vollkommene Zeltstadt. Anscheinend gar keine Latrinen. Um den Ort und das Zeltlager ein breiter Gürtel von Menschenkot und Unrat, durch den auch mein Wagen eine Zeit lang fahren muß. Ich übernachte im Wagen, denn im Ort, der vollkommen verstopft ist, ist nirgends Unterkunft zu finden. Das einzige Zimmer auf der Gendarmeriewache ist mit 6 türkischen Ärzten belegt, die aus Konstantinopel kommen und nach Bagdad reisen. Sie erzählen, zwischen Aleppo und Meskene lägen keine Toten. – Ob sie über die Eindrücke, die sie von Meskene ab erhalten werden, nach Konstantinopel Bericht erstatten werden?

4. Februar 1916.
3 (8?)Uhr vormittags: Abfahrt von Meskene.
11 Uhr vormittags: Zwei Leichen männlichen Geschlechts, eine rechts, eine links vom Wege.
5,5 Uhr nachmittags: Ankunft in Aleppo.

5. Februar 1916: Regenwetter.

6. Februar 1916: Starker Schneefall.

Zusammenfassung: Ich habe mit eigenen Augen an die 100 Leichen und etwa ebensoviel frische Gräber gesehen auf der Strecke Der Sor-Meskene. Nicht mitgezählt sind die in den Ortschaften zu Friedhöfen vereinigten Gräber. Ich habe unterwegs etwa 20.000 Armenier gesehen. Bei allen meinen Zahlenangaben habe ich mich aber auf die Schätzung der wirklich von mir selbst Gesehenen beschränkt. Ich bin nie von der Straße abgewichen, habe auch z. B. in Der Sor nicht die entfernteren Viertel der Stadt aufgesucht. Die Zahl der auf diesem Wege wirklich Verschleppten muß daher bedeutend höher sein. Ferner habe ich nicht diejenigen gesehen, die sich noch auf dem linken Ufer des Euphrat befinden. Die Strecke, die ich befahren habe, soll nur eine Teilstrecke sein. Nördlich von Meskene in der Richtung auf Bab, und nördlich von Der Sor, in der Richtung auf Raßul-Ain, sollen bedeutende Armenierlager ihrer Weiterverschiebung harren. Es ist deshalb nicht ausgeschlossen, daß Reisende, die einige Wochen nach mir dieselbe Strecke befahren, dann zehnmal so viel Leichen zählen wie ich. Überall, wo in der Türkei Wüstensand an bewohnte Gegenden grenzt, sollen sich in diesen Tagen ähnliche Trauerspiele abspielen mit hunderttausenden von Mitwirkenden.

Die Armenier werden von den Türken nicht als Gefangene, sondern als »Auswanderer« (Muhadschir) bezeichnet und so nennen sie sich auch selbst. – »Aussiedelung« nennt der amtliche Bericht diese grausamste aller Todesarten! Offiziell ist alles in schönster Ordnung. Nicht ein Pfennig wird ihnen entwendet oder gewaltsam weggenommen; nicht den Lebenden. Sie können sich kaufen, was sie wollen ... wenn sie was finden! – Und niemand kann die eigentlichen Mörder so leicht feststellen.
»Was soll aus ihnen werden?« habe ich unterwegs manchen Türken gefragt. »Sie werden sterben« lautete die Antwort. Sie werden sterben. Der blinde Gehorsam der regierungstreuen Gendarmen, denen noch nie der Gedanke aufgedämmert zu sein scheint, daß der Diensteid oft zu vorläufigem Ungehorsam und zur Bitte um Umänderung eines Befehls verpflichten kann, der eisige Frost des Winters, die unerträgliche Hitze des Sommers, der Flecktyphus, der Lebensmittelmangel bürgen dafür.

Die so am Wege starben und verkamen, waren ottomanische Staatsangehörige und Christen. Die Kapitulationen sind aufgehoben; wir Deutschen sind in der Türkei den ottomanischen Staatsangehörigen christlichen Glaubens gleichgestellt, wir haben nicht mehr als gleiche Behandlung zu beanspruchen!
Aber nicht alle werden umkommen. Übrig bleiben werden einige, die eine eiserne Gesundheit, eine abgefeimte Schlauheit und reiche Mittel besitzen. Sie werden dem Tode ins Auge gesehen, ihre Nerven gestählt, und, wenn nicht irgend etwas geschieht, einen unversönlichen Haß gegen die Türken und das Deutsche Reich in sich aufgespeichert haben.

Auf dem Wege Aleppo-Bagdad sieht man überall die Anfänge einer im Bau schon ziemlich vorgeschrittenen Kunststraße. Die Armenier würden mit Freuden diese Straße fertig bauen. Sie würden nicht einmal Tagelohn beanspruchen. Aber *Brot,* die Rettung vom Hungertode. Der fast durchweg bereits aufgeworfene Straßendamm, oft meilenweit bereits beschottert, die schon durchstochenen Hügelketten, die teils fertiggestellten, teils angefangenen Steinbrücken schreien geradezu nach Fertigstellung der Straße! Und an dieser gegebenen Aufgabe, an dieser ganzen Strecke entlang schon verteilt, sitzen über 20.000 bereite Arbeitskräfte und verhungern!
Man brauchte gar nicht den Weg nach dem ursprünglichen Plane als Kunststraße vollkommen auszubauen. Es würden schon jetzt einige Ausbesserungen an wenigen Stellen genügen, um binnen kurzer Zeit die Straße in solchen Zustand zu bringen, daß die Entfernung Aleppo-Bagdad mit Lastkraftwagen in fünf Tagen bequem zurückgelegt werden könnte, auf die man jetzt 20 Tage verwenden muß.
In den Kreisen der Bagdadbahn hörte ich über Arbeitermangel klagen. 12.000 Arbeiter, die in nächster Zeit benötigt werden, sind schwer zu bekommen. Und in dem Dreieck Aleppo-Mossul-Bagdad liegen hunderttausende armenischer Arbeitskräfte brach!

Mit der Versicherung, daß meine Angaben nach bestem Wissen gemacht sind, bin ich Ihr ergebenster
[Konsul] W[ilhelm] L[itten]

Als *Flugblatt Nr. 7* von Dr. Johannes Lepsius im Jahre 1920 in ganz Deutschland verbreitet. Aus dem Dr. Johannes-Lepsius-Archiv Halle, *Der Orient* 1920, S. 61–67 (gekürzt)

Der kaiserlich-deutsche Konsul Wilhelm Rößler in Aleppo ist deshalb einer der wichtigsten deutschen Diplomaten, da er angesichts des Völkermords an den Armeniern die andere deutsche Position vertritt und – wo immer er konnte – den Deportierten half und die für die Politik des Deutschen Reichs Verantwortlichen auf die großen Verbrechen des türkischen Bundesgenossen aufmerksam machte.

Er stand in enger Verbindung mit den Mitarbeitern von Johannes Lepsius in Urfa, dem Schweizer Jakob Künzler und der Dänin Karen Jeppe, die sich in der Zeit des Völkermordes bis zum Zusammenbrechen mühten, die ihnen anvertrauten Armenier vor der Vernichtung zu retten. Ebenso arbeitete er mit der Basler Schwester Beatrice Rohner vom Hilfsbund Ernst Lohmanns zusammen, die neben Karen Jeppe, Anna Harnack und Anna Friedemann eine der großen Frauengestalten in der armenischen Hilfsarbeit im Orient ist.

Von Aleppo aus versucht Konsul Rößler zusammen mit dem amerikanischen Konsul Jesse Jackson, Hilfe bis zu den verhungernden Deportierten in Der Sor und Umgebung zu bringen. So kommen durch die konspirativ von Aleppo nach Der Sor gehenden Personen auch Briefe von Armeniern und Armenierinnen aus dem dortigen furchtbaren Sterbelager des armenischen Volkes nach Aleppo. Wenn man meint, daß die verantwortlichen Politiker in Deutschland über die scheußlichsten Details der Vernichtung des armenischen Volkes durch den türkischen Bundesgenossen nichts gewußt hätten, der irrt. Konsul Rößler hatte die armenischen Briefe von dem fürchterlichen Konzentrationspunkt der armenischen Deportierten, Der Sor, in deutscher Übersetzung an den Reichskanzler von Bethmann Hollweg von Aleppo nach Berlin weitergeleitet. Diese Briefe wurden sorgfältig im Auswärtigen Amt archiviert …

DER-SOR – BERLIN 1916 – 1917
Armenische Nachrichten aus dem Reich des Todes
für den Kanzler des Deutschen Reichs

Der deutsche Konsul in Aleppo an den Reichskanzler.
Aleppo, den 29. Juli 1916.

Die von allen Seiten einlaufenden Nachrichten tun dar, daß die Armenierverfolgung unvermindert und unerbittlich anhält. Von den Deutschen, die den Euphratweg von Bagdad her zurückkehren, ist keiner, der nicht von dieser Katastrophe den tiefsten Eindruck empfinge.

1) Ein Beamter des höheren deutschen Reichsdienstes hat mir am 18. Juli erzählt, die Strecke von Sabkha über Hammam nach Meskene sei mit Resten von Kleidungsstücken übersät; sie sähe aus, als ob dort eine Armee zurückgegangen wäre. Der türkische Militärapotheker in Meskene, der dort seit 6 Monaten stationiert ist, hat ihm erzählt, daß allein in Meskene 55.000 Armenier begraben seien. Dieselbe Zahl ist ihm unabhängig davon von einem türkischen Offizierstellvertreter dortselbst gleichfalls genannt worden.

2) Aus Der-es-Zor kam unter dem 16. Juli Nachricht, daß die Armenier den Befehl zum Weiterwandern erhalten hatten. Am 17. wurden alle Geistlichen und führenden Männer verhaftet. Bis zum 22. Juli, so war der Befehl, sollten alle Armenier wieder zum Wanderstab gegriffen haben. Nachdem schon früher von der Zentralregierung angeordnet worden war, daß nur soviel Armenier in Der-es-Zor bleiben sollten, als 10 Prozent der ansässigen Bevölkerung entsprach, soll nun auch der letzte Rest vertilgt werden, eine Änderung, die möglicherweise damit zusammenhängt, daß der menschliche Mutessarrif Suad Bey nach Bagdad versetzt ist und einen unbarmherzigen Nachfolger erhalten hat.
Mit Peitsche und Knüppel werden wehrlose erschöpfte Frauen und Kinder von Gendarmen geprügelt, eine Beobachtung, die schon oft gemacht und mir auch jetzt wieder von einem des Wegs gekommenen deutschen Offizier aus eigener Anschauung bestätigt worden ist …

Gleichen Bericht lasse ich der Kaiserlichen Botschaft zugehen.
gez. Rößler.

Seiner Exzellenz dem Reichskanzler
Herrn Dr. von Bethmann Hollweg.

Anlagen in der Sendung für den Reichskanzler:

Der Zor, den 3/16. Juli 1916

Meine liebe Schwester im Herrn
Fräulein Beatrice Rohner
Hoffentlich haben Sie unsern Brief von der letzten Woche erhalten. Die Arbeit hier war im Begriff, sich schön zu entwickeln, leider aber hat die wieder aufgenommene Verschickung alle tieftraurig gemacht. Ein Teil der Bevölkerung ist bereits verschickt – und für uns und den Rest ist der Befehl bereits durch den Ausrufer gegeben worden. Wir alle wissen nicht, wann und wohin wir gehen werden. Die Not und der Jammer der Bevölkerung ist unbeschreiblich. –
Ach liebe Schwester wir sind in den Nächten des Lebens, aber Gott sei Dank, daß Seine Verheißungen für uns da sind. In dieser Woche ist Der Zor zur Wüste geworden für die Deportierten; jedermann sucht, sich für den Weg zu rüsten. Man sagt, wir würden an das Ufer des Flusses Chebor[24] verschickt …

den 4/17. Juli 1916

Ach liebe Schwester, meine Feder ist unfähig, die Not, das Elend, die Bedrückung der Verschickten zu beschreiben. Heute haben sie alle Geistlichen und führenden Männer verhaftet. Ein Teil der Leute ist fort, ein andrer wird bald gehen und es wurde ausgerufen, daß bis Ende dieser Woche alle weggehen müßten. Auch spricht man davon, daß Männer und Frauen getrennt verschickt werden sollen. Peitsche und Stockhiebe sind in der ganzen Stadt an der Tagesordnung. Die Verfolgung und Unterdrückung der Heimatlosen ist in den letzten Tagen zu einem Grade gestiegen, daß nur ein Gedanke mein Herz erfüllte: Wer ist es, der diesen jammervollen Zuständen Linderung schaffen und denen, die solche Gewalt dulden und ihr Raum geben, ein Bild unserer Lage geben könnte? Wir bringen die Sache zuerst vor Gott und dann sagen wir sie Ihnen. Können Sie nichts tun, um diese Lasten etwas zu erleichtern? …
Denken Sie nicht, daß ich diese Zeilen in der Aufregung geschrieben habe; ich denke nur, es möchte sich Ihnen die Gelegenheit bieten, an geeigneter Stelle die Sache zur Sprache zu bringen. Auch weiß ich, daß Sie an allem teilnehmen und unsere Lage zum Gegenstand Ihrer Fürbitte machen werden.
Mit vielen Grüßen sage ich Ihnen Lebewohl. Gott ist getreu. Er kann den Felsen zum Wasserquell machen und ihm ist es ein Kleines auch die letzte große Verschickung noch zu vereiteln. Jedenfalls sagen wir von Herzen: dein Wille geschehe!

Ihre Schwester
gez. Araxia Dschebedjian.

Brief an Schw[ester] B. Rohner
Der Zor 22. Juni 1916

Die Größe der Arbeit hier kann weder mit Worten noch mit der Feder genügend beschrieben werden. Man muß alles selbst gesehen haben. – Ach liebe Schw[ester,] Der Zor braucht Hülfe, ganz besondere Hülfe, bitte sagen Sie es weiter. Sagen Sie es unsern Missionaren, daß ihre College-Kinder, junge Männer und junge Mädchen hier Hungers sterben. Ihr Anblick ist herzbrechend. Wir brauchen Hände, die sich zur Hülfe ausstrecken, opferwillige, ihrer Pflicht getreue Menschen. – Vielleicht wundern Sie sich über diesen Notschrei. Aber ich denke dabei nicht an mich selbst sondern an die Scharen der Kinder draußen, die um Brot schreien, an die vielen reinen jungen Mädchen, die von Hunger und der Verlassenheit getrieben, im Hause, am Herde arabischer Männer Zuflucht suchen, die um Brot an solche verkauft werden, die Frauen, die Mütter, die verzweifelnd umherirren um Brot für die hungernden Kleinen, die jungen Leute, die vom Hunger geschwächt, gealtert wie Greise am Stecken wanken! Die Verantwortung, dies gesehen zu haben, drängt mich zu schreiben. – Die Arbeit, die für diese Ärmsten hier geschieht, ist sehr groß, aber trotzdem bleibt sie weit hinter dem Bedürfnis zurück. Wir müssen täglich wenigstens 3-4 junge Mädchen zurückkaufen, oder sie werden als Miete für die Wohnungen veräußert. Die Zahl der um Hülfe flehenden ist unendlich. – Ein kleiner Junge sagte zur Mutter: Mutter, kommt wieder eine Zeit wo ich mich satt essen darf? Die Leute schlachten und essen die Straßenhunde. Kürzlich haben sie eine sterbenden Mann geschlachtet und gegessen, dies erzählte mir ein Augenzeuge. – Eine Frau hat ihr Haar abgeschnitten und es um Brot verkauft. Eine Frau sah ich, wie sie das auf der Straße geronnene Blut eines Tieres aß. Bis jetzt nährten sich alle von Gras, aber auch dies ist jetzt vertrocknet. Letzte Woche kamen wir in ein Haus, dessen Einwohner seit 3 Tagen nichts gegessen hatten. Die Frau hielt ein kleines Kind auf dem Arm und versuchte ihm eine Brotkrume zu essen zu geben, das Kind konnte nicht mehr, es röchelte und starb in ihren Armen. – In diesem Augenblick kam ich mit G.[35] zu ihr – er gab ihr ein [türkisches; H. G.] Pfund. Die Frau nahm es, dann rief sie unter Tränen aus: Ach wenn Ihr dies einen Tag früher gebracht hättet, wäre mein Kind noch am Leben. – Eine Familie ging hungrig zu Bett – das Kind konnte nicht einschlafen und schrie um Brot. Endlich erbarmte sich der arabische Hausherr, stand auf und gab dem Kleinen ein Stück Brot. Das Kind nahm es[,] wollte erst anbeißen, dann überlegte es, drückte das Brot fest an sich und sagte: wenn ich es jetzt esse, bin ich morgen früh wieder hungrig und mit dem Gefühl das Brot in der Nähe zu haben, schlief es ein. – Eine Mutter warf sich in den Euphrat, nachdem sie ihr Kind Hungers sterben gesehen hatte, ebenso ein Vater. – Durch die allgemeine Teuerung wächst die Not sehr. Wenn man einige Medjidies gibt, bezahlen die Leute erst ihre Brotschulden, haben dann ein paar Tage Brot und wieder ist der Hunger da. Wenn es irgendwie Hülfe gibt, und Gott will Sie und uns brauchen, sind wir von Herzen zu jeder Mühe bereit. – Liebe Schwester, könnten Sie viele unserer Frauen und Mädchen, die Sie früher kannten[,] jetzt sehen! Die Arbeit, die Sie mit Gottes Hülfe hier begonnen haben, wird ihre Frucht später zeigen. Die Frucht wird größer sein, wie Ihre Erwartungen … In den letzten Wochen habe ich mit G. so viele Wohnungen besucht, daß wir ganz Der Zor und all seine Armen nahe kennen lernten. Es ist gar nicht möglich, ganz verborgen zu bleiben. – G. ist morgens, mittags und abends an der Arbeit[,] er trägt die Armen und Unglücklichen wirklich auf dem Herzen und setzt immer wieder sein Leben in Gefahr, um einige zu retten. –

gez. Araxia Djebedjian

Brief aus Der Zor vom 12. Juli 1916
an Schw[ester] Rohner.

Die Not ist groß. Die Leute leben von dem, was wir ihnen geben können. Die Leute, denen wir auf den Straßen begegnen, sehen kaum mehr Menschen ähnlich, so hat sie der Hunger zu Scherben ausgetrocknet. – Wenn man Geld hat, braucht man die Armen nicht zu suchen, sie finden einen in Scharen. Reich und arm gibt es nicht mehr. Wenn man von Tür zu Tür gehend Gaben verteilte, so könnte man gewiß sein, nicht unnötig gegeben zu haben. – Auf diese dunkle Nacht wird ein Morgen folgen, gewiß, aber der Herr siegt nur dann, wenn treue Wächter in der Nacht mit treuester Pflichterfüllung auf dem Posten stehen. Möge Gott Sie als solche brauchen.

Gez. Araxia Djebedjian

Abschrift aus einem Brief vom 28. Juni 1916 aus Hammam, an Schw[ester] Rohner.
Hier sind etwa 1.000 Zelte. Gesundheitlich geht es uns gut, aber vieles, was wir hier sehen und erleben, veranlaßt uns, Ihnen zu schreiben. Es gibt hier viele hunderte von elenden, verlassenen Kindern, Frauen und Männern, die von Hunger entkräftet und krank, wahre Jammergestalten, zwischen den Zelten umherirren. Bei jeder Mahlzeit kommen wenigstens 20-30, die um ein Stück Brot bitten. Viele Familien haben seit mehreren Tagen nichts gegessen und finden nicht den Mut zu betteln. Die Zahl gerade solcher Familien wächst von Tag zu Tag. Was wird das Ende sein? Wenn es noch lange so weiter geht, so geht der größere Teil des Volkes, vielleicht alle an Hunger und Entbehrung zu Grunde. Die Leute streiten sich um das auf die Erde geflossene Blut geschlachteter Tiere, sie nagen die Knochen ab, die sie auf Misthaufen finden, sie suchen im Pferdemist nach Gerstekörnern, um sie heißhungrig zu verzehren. Sie essen das Fleisch von gefallenen Tieren und Menschen. Viele, die es nicht mehr aushalten, werfen sich mit ihren Kindern in den Euphrat. – Vor solchem entsetzlichen Anblick stehen wir täglich und können nichts anderes tun, als Gott um Gnade und Hülfe anflehen. Wir sehen es als unsere Pflicht an, Ihnen von all dieser furchtbaren Not Bericht zu erstatten. So sind wir wenigstens unserer Verantwortung ledig. Liebe Schwester, wir bitten um Christi willen, daß Sie diesem armen elenden Volke auf irgendeine Weise zu Hülfe kommen, um es von dem schrecklichen Hungertode zu retten. Wenn möglich, schicken Sie jemanden, der alles selbst in Augenschein nehmen kann. Wenn irgendmöglich, schicken Sie umgehend ausreichend Hülfe und dauernde Hülfe … Alles ist sehr teuer, eine Familie braucht für das Brot allein 15–20 Piaster täglich.

gez. Prediger Vartan Geranian

Abschrift
Brief aus Sabkha vom Juni 1916 an Schw[ester] Rohner

Mit diesem Brief komme ich als Vertreter vieler flehender Bitten und Notschreie. Ich bitte für eine Schar von über 2500 zum Skelett vertrockneter, elender hungriger Menschen. Viele waren bereits hier, Scharen von neuen sind dazu gekommen. Viele sterben täglich Hungers. Die Totengräber sind immer beschäftigt. Das Stöhnen und Jammern auf dem Markt, in den Straßen, draußen in der stillen Wüste läßt das Herz nicht mehr zur Ruhe kommen. Die Kinder auf den Misthaufen! Ach was soll ich beschreiben? Die Feder sträubt sich. – Ich bitte für sie um Hülfe, um Erbarmen.

gez. Prediger Der Boghossian

Historische Abschriften von 1918/1919 im Lepsius-Archiv Halle, NC 13701 aus den Akten des Auswärtigen Amtes: Türkei 183 Bd. 44/45, A.21969 pr. 18.August 1916 (gekürzt)

Kaiserlich Deutsches Konsulat
Aleppo, den 14. Mai 1917.

Euer Exzellenz überreiche ich gehorsamst in der Anlage eine Aufzeichnung des Diplomingenieurs Bünte über Beobachtungen gelegentlich einer vom 1. bis 6. April am Chabur ausgeführten Reise. Es ist kein Zweifel, daß die dort in großen Mengen liegenden menschlichen Schädel und Gebeine von den Armeniermetzeleien des vorigen Juli und August herrühren, über die ich zuletzt am 5. September v. J. berichtet habe. Die aus armenischer Quelle stammenden Erzählungen der Anlagen jenes Berichtes, welche als eine Stelle, bei der hauptsächlich die Metzeleien erfolgt seien, Schedadie (Kalat Scheddad) genannt hatten, finden dadurch ihre Bestätigung.

Gleichen Bericht lasse ich der Kaiserlichen Botschaft zugehen.
Rößler.

Seiner Exzellenz dem Reichskanzler
Herrn Dr. von Bethmann Hollweg.

Anlage.
Aleppo, den 11. Mai 1917.

Ich bin in der Zeit vom 1. bis 6. April zusammen mit Herrn Hauptmann Loeschebrand und Herrn Unteroffizier Langenegger von Buseir am Euphrat den Chabur hinaufgegangen und fand am linken Ufer große Mengen von ausgebleichten Menschenschädeln und Gerippen, zum Teil waren die Schädel mit Schußlöchern. An einigen Stellen fanden wir Scheiterhaufen, ebenfalls mit menschlichen Knochen und Schädeln. – Gegenüber der Kischla Scheddade waren die größten Anhäufungen. Die Bevölkerung sprach von 12.000 Armeniern, die hier allein niedergemetzelt, erschossen oder ertränkt seien.
An dieser Stelle verließen wir den Fluß und fanden auf dem Wege zum Sindjar keine Spuren mehr.
Bünte,
Diplomingenieur, K[aiserlich] O[ttomanischer] Oberleutnant.

Aus dem Dr. Johannes-Lepsius-Archiv Halle, J. Lepsius, *Deutschland und Armenien 1914–1918*, Nr. 345

Die armenischen Familien, die im Unterschied zur Mehrheit ihres Volkes unter unsäglichen Umständen in den Todeszonen überlebt hatten, gingen trotz aller Probleme nach Kriegsende wieder in ihre Heimat nach Türkisch-Armenien zurück, woher sie vertrieben worden. Die erste Phase schien verheißungsvoll. Unter dem Schutz der alliierten Siegermächte, der Entente, entwickelte sich in Kilikien und anderswo in der Türkei für wenige Jahre wieder armenisches Leben. Aber es dauerte nicht lange und die Entente-Mächte Frankreich und England begannen wieder miteinander zu konkurrieren, und dies auf dem Rücken des armenischen Volkes. Im Buhlen um die neue nationale Türkei haben die ehemaligen Feinde des Deutschen Reiches im 1. Weltkrieg das armenische Volk in ähnlicher Weise seinem tödlichen Schicksal überlassen, wie dies zuvor die deutsche Militärpolitik getan hatte. In manchen Situationen scheint die damalige Politik der Entente gegenüber den Armeniern ebenso heuchlerisch zu sein wie die deutsche im 1. Weltkrieg. Das Kriterium für den Schutz eines ganzen Volkes oder für dessen Untergang war in beiden Fällen nicht der Schutz von Menschenleben, sondern das eigene strategisch-politische Interesse.

Als sich die Franzosen im Februar 1920 aus der kilikischen Stadt Marasch zurückzogen, sandten sie an die türkischen nationalistischen Truppen die Botschaft: »Heute werden wir uns zurückziehen und euch die Stadt überlassen, und ihr werdet das Leben der Armenier schützen.« Das bedeutet nichts weniger, als daß die sich zurückziehende französosche Schutzmacht der Hyäne des Nationalismus die Tore öffnete und den blutrünstigen Tiger beauftragte, der gute Hirte für das armenische Volk zu sein.

DEPORTATION NACH DER DEPORTATION
Die Schreckenstage in der kilikischen Stadt Marasch 1920
Berichte, durch Schwester Hedwig Büll überliefert

Bericht von einer armenischen Gedächtnisfeier in Aleppo am 11. Februar 1938, welche zur Erinnerung an die Ereignisse, die im Februar 1920 in der Stadt Marasch in Kilikien stattgefunden hatten, abgehalten wurde

Das damals Erlebte gehört mit zu dem Schwersten, was das armenische Volk in seiner Geschichte erlebte. Nicht nur, weil es von Blut und Schwert handelt, sondern weil in jenen Tagen und Wochen eine Hoffnung zu Ende ging, die dem armenischen Volke die letzte Spannkraft verliehen hatte auszuharren und sich bis zum letzten Blutstropfen einzusetzen für seine Freiheit und sein Lebensrecht. Erschütternd stehen diese Tage im Gedächtnis derjenigen, die sie erlebten. Manche haben freilich auch da Gott erlebt und sein Eingreifen erfahren.

Noch erinnere ich mich so gut daran, wie hoch die Wellen der Begeisterung gingen, als die kleine Schar der übrig gebliebenen Armenier aus der Verbannung zurückkehrte und sich ein Heim schaffen durfte. Sie, die dem Tode schon Geweihten, durften wieder leben, durften wieder anderen Menschen gleich geachtet sein! Unter dem Schutze der Alliierten wagten sie sich wieder in ihre Heimat zurück; diese war ihnen ja von den Völkern Europas als Vaterland, als Eigenbesitz versprochen worden. Nie werde ich diese Wochen vergessen. Es war, als läge das furchtbare Sterben der Deportationszeit 1915–18 weit hinter ihnen. Nur ein Gedanke beseelte sie alle: sie durften leben und heimatberechtigt sein! Wohl lag ein schwarzer Schleier über der Freude, denn vielleicht 10, 15 oder 20 Glieder, ja noch mehr, fehlten fast in jeder Familiengruppe und waren eines grausamen Todes gestorben. Aber gerade dieses Bewußtsein, gerettet zu sein, diese neue, freie Zukunft vor sich zu sehen, das überwog alles und stillte das furchtbare Weh im Herzen. Das alles erlebte ich mit, dann ging ich in meine estländische Heimat. Ich hatte so furchtbar mitgelitten; nun hoffte auch ich, das Leiden des armenischen Volkes sei vorbei. Was aber dann geschah? Der heutige Gedenktag sollte davon zeugen.

Etwa 15 Minuten von unserer Missionsstation [in Aleppo] steht eine neue armenisch-gregorianische Kirche, noch unvollendet. Die Fenster fehlen, der Verputz der Wände ebenfalls, und das alte Blechdach der einstigen Barackenkirche wurde auf den Bau gesetzt, da das Geld für ein richtiges Dach nicht reichte. Daneben ist schon das Schulgebäude angefangen, das unerläßlich ist, wenn die neue Generation wieder Erziehung, Bildung und Disziplin kennen lernen soll. Ich wundere mich über diese Energie und Opferfreudigkeit eines Volkes, Schulen zu bauen, eines Volkes, das aus den Flammen gerettet wurde. Und das in einer Zeit, wo in Europa die Säbel rasseln und in den Eisenwerken die Kanonen gegossen werden!

Ich trete in die Kirche und werde nach vorne geführt, wo einige Stühle für die Ehrengäste bereit stehen. Die Kirche ist dicht gefüllt, wohl 900 Personen sind da. Vorne in der Mitte steht eine Art Sarkophag, hohe Leuchter mit brennenden Kerzen zu beiden Seiten, blumenbekränzt, die Säulen der Kirchen sind mit schwarzen Bändern umschlungen. Ein *protestantischer* Pfarrer hat die Leitung der Feier; er ist bekannt als hingebender Patriot und genießt Liebe und Vertrauen beim ganzen Volke.

»Wir müßten weinen«, sagt er, »wenn wir heute daran denken, was vor 18 Jahren geschah. 15.000 Menschen wurden in wenigen Tagen getötet, verbrannt, erschossen oder sind erfroren. Warum? Was hatten sie getan? Wir können keine Antwort geben. Nur soviel können wir sagen: Obwohl sie gestorben sind, leben sie. Das Christentum siegt. Ich sehe hier schwarze Farben, möchte aber weiße daneben setzen. Die Armenier werden nicht sterben. Das Christentum wird nicht sterben. Die Armenier werden vom Christentum nicht lassen. Als ich nach dem Kriege mit einem hohen türkischen Offizier sprach, sagte er mir: »Wenn die Armenier ihre hohe Moral nicht lassen, können sie nicht umkommen. Es ist unmöglich, daß ein anderer sie ausrottet. Nur wenn sie innerlich zerfallen, innerlich sinken, gibt es keine Hoffnung mehr für sie.« – »Was wir brauchen, ist, innerlich zu erstarken.«

Ein anderer Redner folgte; in armer Kleidung, aber welche Begabung der Rede! – »Es ist ein Kampf um unsere Existenz, dessen wir heute gedenken«, sagte er. »Dieser Tag, der 11. Februar, ist ein historischer Tag, weil an diesem Tage das Fundament der neuen türkischen Regierung gelegt wurde, aber auch unserem Volke die Hoffnung genommen wurde, ein eigenes Vaterland zu besitzen. Kemal Pascha hatte als Führer der nationalistischen Erhebung seine Truppen gegen Marasch geführt und einen Aufstand gegen die damaligen Feinde im Lande, die Franzosen, vorbereitet. Noch hatte er keinen Rückhalt von Angora, dem Zentrum der Regierung. 39 seiner Gefährten um sich scharend, zog er nach Zilizien, um es von den Feinden zu befreien und seine Regierung aufzurichten. Auf die bestehende türkische Regierung setzten sie keine Hoffnung mehr.
Weihnachten war vorbei. Hohe französische Offiziere hatten am Feiertage ihren Besuch in der gregorianischen Kirche gemacht und den Häuptern der armenischen Kirche zur neuen Morgenröte ihrer Freiheit gratuliert. Wenige Tage darauf wurden plötzlich 600 armenische Freiwillige aus Marasch entfernt, aus welchem Grunde, weiß man nicht. Bis zu der Zeit waren die Türken die Pessimisten, die Armenier die Optimisten. Nun wurde es anders. Am Mittwoch wurde die Stadt von allen Seiten umzingelt und angegriffen. Zehntausende von »Tschetes« (irreguläre Banden) fielen in die Stadt ein; es begann ein furchtbares Morden und Plündern. Mit heldenhaftem Mut verteidigten die französischen Soldaten und armenischen Freiwilligen die Stadt. Frauen, Mädchen und Kinder beteiligten sich an der Verteidigung, Feuer löschend, Mauern aufrichtend. – Es ist ein Kampf auf Leben und Tod. Jeder tut seine heilige Pflicht, aber die Lage ist verzweifelt. Am achtzehnten Tage wird ein Flurzeug sichtbar. Die Armenier jubeln, die Türken zittern. Am Horizont sieht man das Regiment des Generals Norman, schon stehen die Soldaten vor der Stadt, die Kanonen donnern, die Armenier verdoppeln ihre Kräfte, und die Tschetes fliehen in die Berge. Ali Kylydsch, der Heerführer der türkischen Streitkräfte, flieht ebenfalls. Ein Schrecken war auf alle gefallen. Die Armenier vereinigen sich mit den Franzosen; Pläne werden in Eile ausgearbeitet, um die ganze Gegend bis Seitun einzunehmen. Soweit sah alles wieder hoffnungsvoll aus.
Aber wie plötzlich wendete sich das Blatt, und alle Hoffnung wurde zuschanden! Ist in der Geschichte je ein solches Ereignis vorgekommen wie hier in Marasch? Der siegreiche französische General schickte dem besiegten türkischen Heer die Nachricht: »Heute werden wir uns zurückziehen und euch die Stadt überlassen, und ihr werdet das Leben der Armenier schützen.« Welch ein Entschluß! Wer kann ihn verstehen? Wer wird den Schrei der Armenier verstehen, wer kann ermessen, was der Untergang Maraschs für das ganze armenische Volk bedeutete: Es hieß einen gestorbenen Feind wieder beleben und das auferstandene armenische Volk wieder töten! – Welch ein Umschwung! Am nächsten Morgen ist die französische Armee verschwunden, in der Nacht hat sie sich auf den Weg gemacht. Die neue Verstärkung war nur gekommen, um die in der Stadt befindlichen Kameraden zu befreien. Die Armenier waren ihrem Schicksal überlassen! Was kümmerte ihre Gegner der Wunsch des Generals, die Armenier zu verschonen! Einige Tausende versuchten mit den Franzosen abzuziehen, aber gerieten in einen furchtbaren Schneesturm, in dem ein großer Teil von ihnen umkam. Ein furchtbarer Sturmangriff der Türken! Von den Bergen, aus den Tälern, von überall her kamen Scharen und wälzten sich in die Stadt. Aber auch die Armenier machten sich bereit, ihr Leben bis zum letzten Blutstropfen zu verteidigen. Zwei Tage, Tag und Nacht dauerte der Kampf. Die Türken sahen, daß ihnen dieser Kampf teuer zu stehen kam und schlugen den Frieden vor. An jenem Tage wurde die Regierung Kemal Paschas aufgerichtet und der Friedensschluß unterzeichnet.«

Ein anderer Redner führte aus: »Wir sind heute hier versammelt, des Tages zu gedenken, an dem Tausende unserer Volksgenossen ihr Leben ließen, und wir wie ein Wunder aus dem Feuer gerettet wurden. Noch ist die Wunde in unseren Herzen nicht geheilt, noch fließen die Tränen, wenn wir an unsere Lieben denken, die wir nicht einmal begraben konnten. Sie waren das Opfer furchtbarer Ungerechtigkeit.
Vor 18 Jahren hat die strahlende Sonne ihr Gesicht vor uns verhüllt und tiefe Dunkelheit uns umgeben. Wie kann ich die furchtbare Flucht in der Nacht vergessen, im tiefen Schnee, als Tausende, vor Kälte erstarrt, am Wege liegen blieben, Frauen, Kinder und starke Männer? Wie kann ich vergessen die brennenden Stadtviertel, durch die wir zogen? Die

herzzerreißenden Schreie, die an unser Ohr klangen? Die 3.000 Märtyrer, die in ihrer Kirche Schutz suchten und dort niedergemacht wurden? Können wir vergessen Der Mesrop Dalghljian, der gleich Kework Jerez [armenischer Priester zur Zeit des Perserkrieges im 5. Jh.], das Kreuz hochhaltend, dem Volke Mut machte, das Abendmahl verteilte und es vorbereitete für die Ewigkeit?

Die Karawane der Flüchtlinge – so schilderte der Redner – bewegte sich vorwärts, Islahié entgegen. Ein eisiger Sturm und Schneefall schien die noch am Leben Gebliebenen auch vernichten zu wollen. Seit Tagen hungrig, mit zitternden Knien, die Herzen verwundet, die Augen voll Tränen, so gingen sie vorwärts, immer vorwärts, hoffend, in der Stadt Adana Schutz und Rettung zu finden. Mein sechsjähriges Söhnchen saß auf meiner Schulter – erfroren – ich wußte es nicht. Es ist unmöglich, nicht zu gedenken der Mütter, der Schwester und Brüder und der zarten Kinder, die solche Strapazen nicht gewöhnt waren. Ihre Stimmen tönen jetzt noch wie ein Echo in unseren Herzen und Ohren. Sie sind uns kostbar, damit wir sie ewig nicht vergessen. Unsere Brüder und Schwestern, die dort auf dem Wege blieben, sind nicht gestorben, gestorben sind nur die, die ihr Volk, ihre Geschichte und ihre Sprache vergessen. Lehren wir unser neues Geschlecht die Geschichte unseres Volkes, hängen wir in den Kalendern die Bilder derer auf, die als Helden starben, und leben wir ihnen vor ein echtes, wirkliches Armeniertum.

Im Geiste besuchen wir heute den weiten Kirchhof unseres Volkes, und dieser Kirchhof will uns etwas sagen. Er will uns lehren, uns gegenseitig zu lieben, im Einverständnis miteinander zu leben und den Geist unserer Verstorbenen zu haben. Lieben, was sie liebten, fühlen, wie sie fühlten, anbeten, was sie anbeteten. Halten wir zusammen, bewahren wir die Einigkeit, laßt uns würdig sein, die Nachfolger dieser Märtyrer genannt zu werden.«

Ein letzter Augenzeuge schilderte: »Im Jahre 1920, am 20. Januar um 2 Uhr nachmittags, wurde der erste Schuß von der türkischen Festung gefeuert, und der Krieg begann. Da die armenischen Häuser in Marasch nicht wie in anderen Städten von den Stadtvierteln der Türken getrennt waren, begann der Kampf von allen Seiten. Als die Türken in den ersten Tagen nicht den erwünschten Erfolg sahen, begannen sie die Stadt in Flammen zu legen. Das Zischen der Geschosse, das Knistern der brennenden Häuser, das Schreien der Frauen und Kinder, der Ruf »Allah, Allah« der Türken in den Straßen, brachte die ganze Bevölkerung in furchtbaren Schrecken.

Nach fünf Tagen konnten die Armenier sich an sieben Stellen zentralisieren, unter anderem in dem großen deutschen Waisenhaus Bethschalum. Da ich in dessen Nähe wohnte, flüchtete ich dorthin. Drei armenische Häuser neben uns wurden abgerissen, damit die Flammen abgeschnitten würden. Die Besitzer waren einverstanden, denn 3.000 Armenier, die in das Waisenhaus geflüchtet waren, mußten um ihr Leben kämpfen und sich verteidigen. Die Türken taten ihr möglichstes, um Feuer anzulegen. Sie hatten die Wasserleitung abgeschnitten, und plötzlich schien alles verloren und dem Tode preisgegeben, als die Flammen an einem der Häuser emporschlugen. Eine furchtbare Stunde, die niemand vergessen kann. Aber Gott half, wo niemand eine Hilfe wußte. Unter den Flüchtlingen waren solche, die einen unterirdischen Wasserlauf kannten, und mit Hilfe einer Feuerspritze konnte das Feuer gelöscht werden.

Der schrecklichste und unvergeßlichste Tag war der, als in der Nacht vorher die Franzosen sich aus der Stadt entfernt hatten. Diese Nachricht wirkte vernichtend. Um sich aus den Händen der Türken zu retten, wollte alles fliehen. Aber sie wären unterwegs in den Straßen niedergemacht worden. Diejenigen, die diese Gefahr sahen, drohten mit dem Tod, falls einer das Waisenhaus verlassen würde. Mit neuem Mut und mit Einsetzung der letzten Kraft verteidigten wir uns. Gott war auf unserer Seite. Ein Wunder war unsere Errettung: am dritten Tage traten der amerikanische Missionar und unser Bischof mit der weißen Fahne in den Hof und riefen den Frieden aus. Gott hatte für uns gekämpft, denn in den Händen aller Armenier waren während dem Kampfe nur 50 Mausergewehre, die Türken aber hatten eine erschreckliche Übermacht."

Dies waren in Kürze die Ansprachen. – Lieder voll Weh und Schmerz wurden vorgetragen, Soli und Chöre. Es war eine ergreifende Feier. Die Schar, die sich hier vereinigt hatte, war wirklich aus Flammen und vor dem Schwerte gerettet worden ...

Schwester H. Büll, Aleppo

Aus dem Dr. Johannes-Lepsius-Archiv Halle, *Orient im Bild* 1938, S.29–30

Seite 156 oben: Armenische Widerstandskämpfer aus den Amanus-Bergen, Kilikien, 12. Dezember 1918, Aleppo
Seite 156 unten: Mitglieder der Armenisch-Patriotischen Union Aintab in Verteidigungsstellung, nach der Rückkehr in die Heimat 1921
Seite 157 oben: Die *Schant*-Gruppe für allgemeine körperliche Ertüchtigung, 15. Oktober 1921, Adana

Seite 157 unten: Armenische Polizei von Adana unter französischem Mandat in Kilikien, ca. 1919
Seiten 158/159: Links Katholikos Sahak II. mit Klerus und Volk auf dem Hof der Kirche der *Vierzig Märtyrer* in Aleppo, ca. 1925
Seiten 160/161: Armenische Diakone, ca. 1925, Aleppo?

157

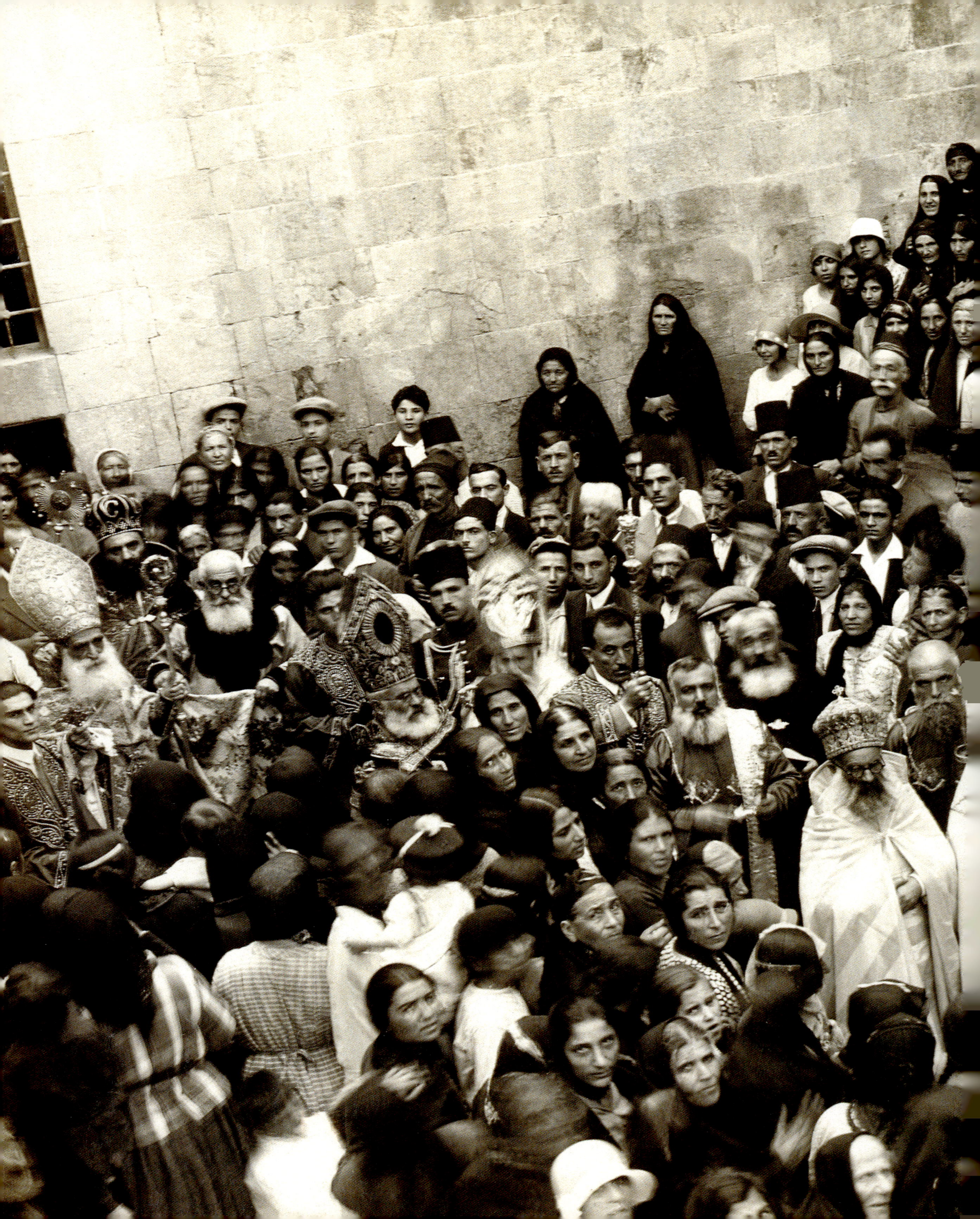

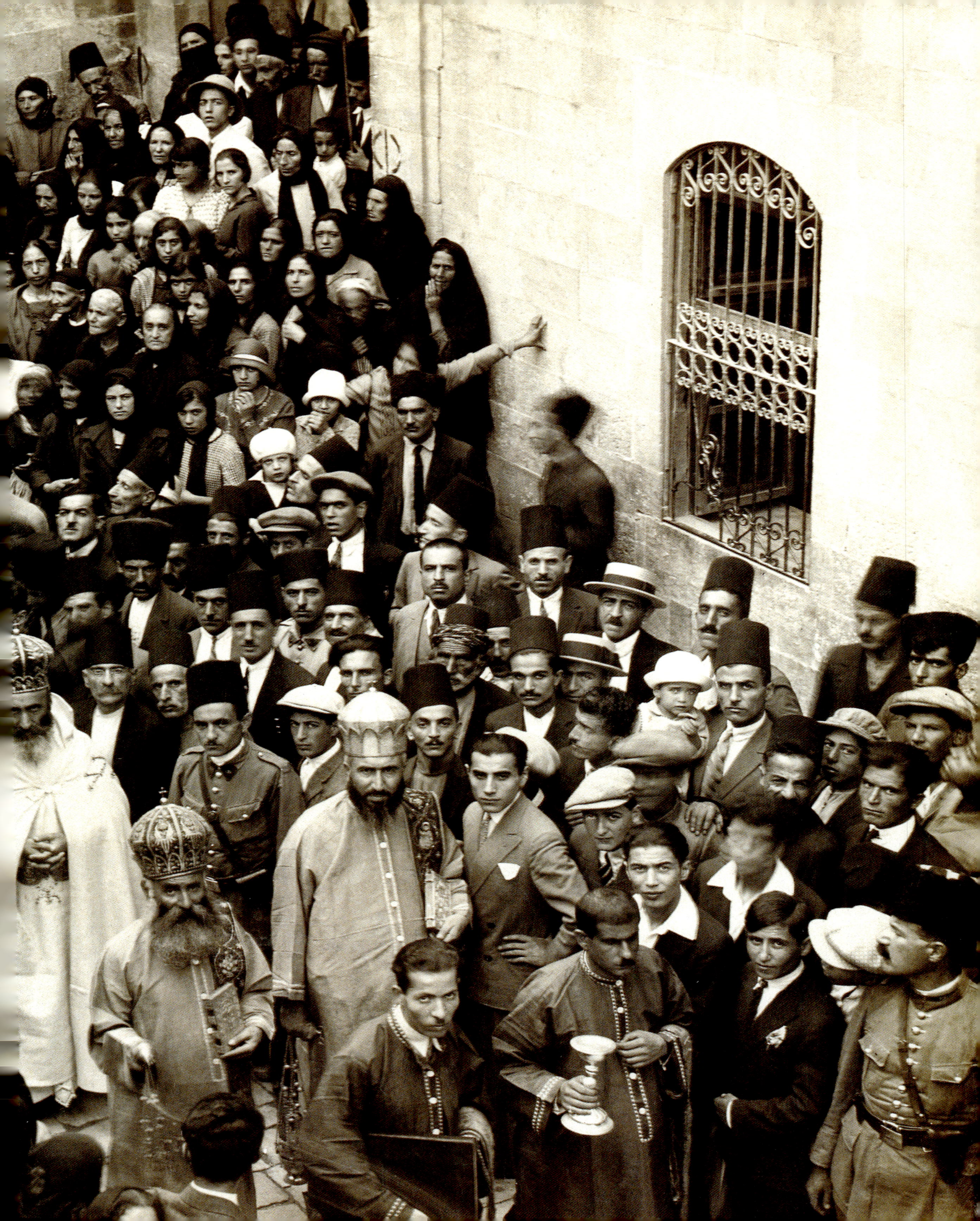

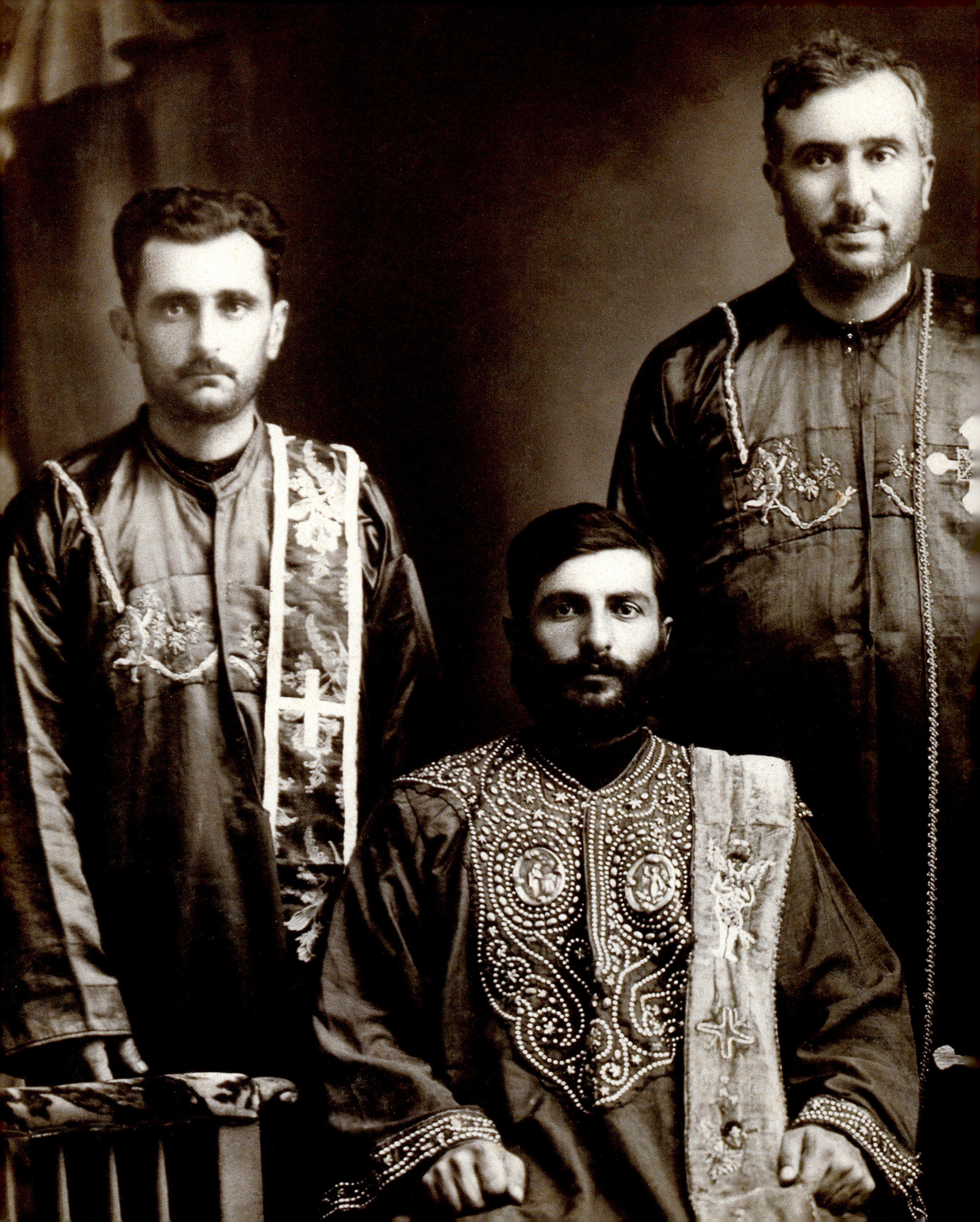

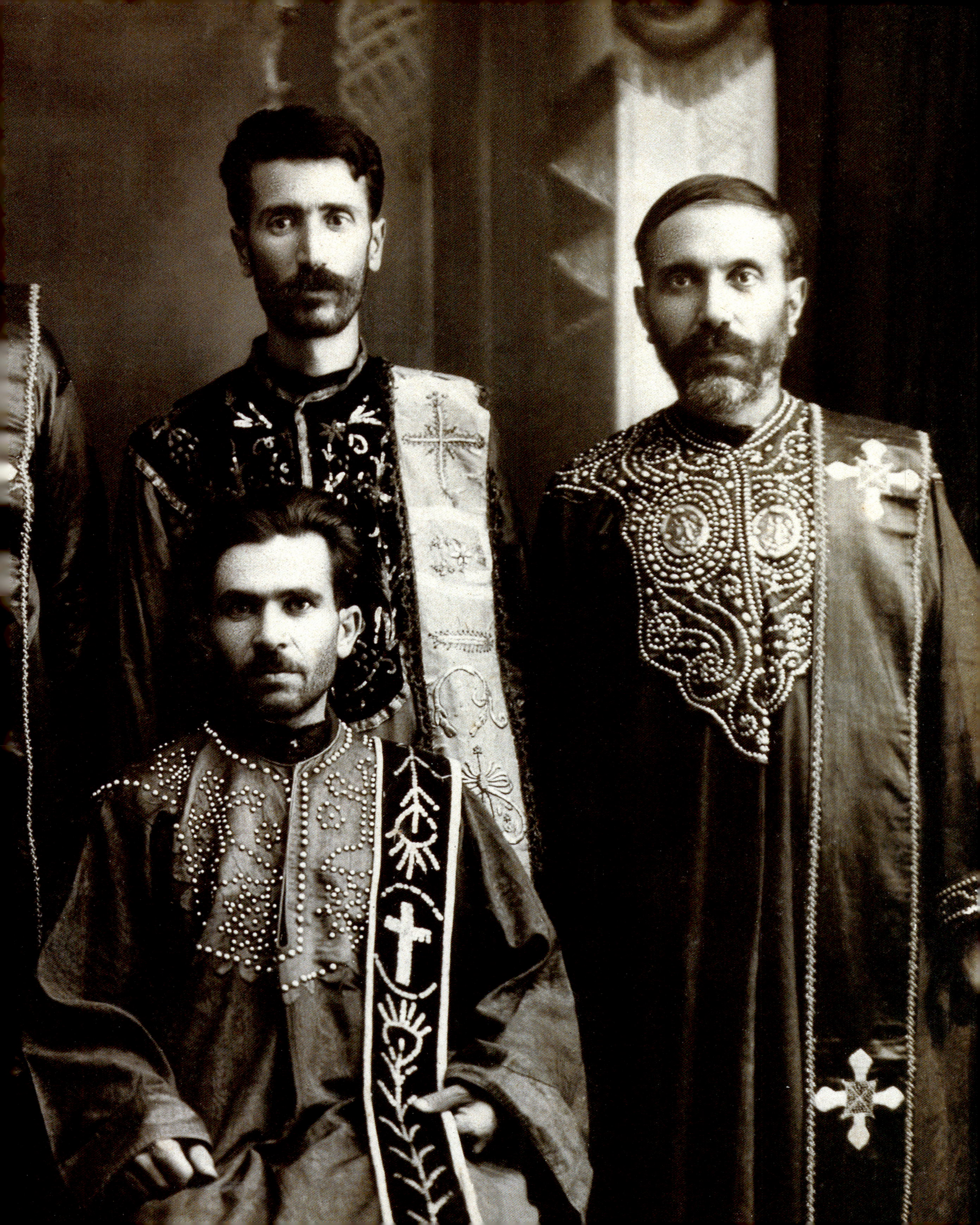

Das christliche armenische Volk im Osmanisch-Türkischen Reich, die armenische Millet, wurde von der Regierung des Sultans bis in das 20. Jahrhundert hinein als das treueste der Völker in dem Vielvölkerstaat betrachtet, das in der osmanischen Wirtschaft, Kultur und Politik eine große Rolle spielte. Das international verbreitete Bild von dem armenischen Volk als einer ethisch minderwertigen levantinischen »Händler-Nation« und eines Volkes von gefährlichen Terroristen, das sich an kleinen, untypischen Gruppen und partiellen Erfahrungen orientiert, hat in Vergangenheit und Gegenwart nie gestimmt.

So kann man zu Recht sagen, daß es bis in das 20. Jahrhundert hinein eine sehr starke türkisch-armenische Kohabitation zum allgemeinen Nutzen der Völker im Osmanischen Reich gegeben hat. Mit dem Aufkommen der Ideologie des Panturanismus und der Idee des national-türkischen Staates geriet das osmanisch-armenische Volk, und nicht nur dieses, in tödliche Gefahr, da im Falle eines Konfliktes die relativ kleine armenische Volksgruppe (ca. 2 Millionen) aufgrund der unterschiedlichen Größenordnungen in jedem Falle das Opfer sein würde. Diese Gefahr wurde im 1. Weltkrieg akut, als nach den Bemühungen der europäischen Großmächte um eine Autonomie der Armenier im staatlichen Rahmen des Osmanischen Reichs die herrschenden nationalistischen Kräfte unter den sogenannten Jungtürken sich des armenischen »Störfaktors« ein- für allemal entledigen wollten.[36]

Die Deportationen und der Völkermord an den Armeniern im Osmanischen Reich haben nachhaltig die Jahrhunderte währende, enge türkisch-armenische Kohabitation zerstört. Der Schaden, der dadurch wirtschaftlich und kulturell für die Türkei selber entstanden ist, läßt sich bis heute in seinem großen Umfang kaum abschätzen. Der Rest des armenischen Volkes, der sich nach dem 1. Weltkrieg unter dem Schutz der Entente-Mächte mutig wieder in der alten Heimat angesiedelt hatte, wurde in Schüben wieder vertrieben.

Die erste große Flucht- und Exodus-Welle der repatriierten Armenier nach dem Krieg wurde bereits 1920 ausgelöst durch den Rückzug der westlichen Schutzmächte aus der Türkei, so der Franzosen aus Kilikien. Zementiert wurde das Schicksal der nicht-türkischen Völker in der Türkei durch die Siegermächte mit der neuen nationalen Türkei im Vertrag von Lausanne 1923, der den »Porzellanvertrag« von Sèvres (1920), der weitaus günstigere Konditionen für die nicht-türkischen Völker im Rahmen der Pariser Friedensverhandlungen vorgesehen hatte, ablöste.

Durch die Exodus-Wellen der zurückgekehrten Armenier aus der »neuen« Türkei in die weiterhin unter französischem Schutz stehenden Gebiete Syriens und des Libanons entwickelte sich in den 20er und 30er Jahren des 20. Jahrhunderts ein neuer kräftiger Typus der ethnischen Kohabitation, der bis heute die Existenz der Armenier im Nahen Osten prägt, die arabisch-armenische. Mitarbeiter des Lepsius-Armenierhilfswerkes aus der Türkei, die Dänin Karen Jeppe und der Schweizer Jakob Künzler, waren mit ihrer internationalen Helfergruppe, die auch von Fritjof Nansen, dem Flüchtlings-Hochkommissar des Genfer Völkerbunds unterstützt wurde, »Geburtshelfer« dieser neuen arabisch-armenischen Konstellation. Den Weg, welchen der gerettete Schatz der Armenier aus Kilikien bereits 1915 genommen hatte, über das syrische Aleppo ins libanesische Beirut, Antelias und andere Orte der Region, gingen dann viele armenische Witwen, Waisen und Familien.

Mit den Exoduswellen zu Anfang und zu Ende der 20er Jahre, von denen eine aus dem Jahre 1929 hier dokumentiert wird, war das Exulanten-Schicksal der Armenier noch nicht zur Ruhe gekommen. Noch 10 Jahre später, 1938–1939, kommt es zu einer Exodus-Welle der Armenier aus dem Sandschak von Alexandrette (Iskenderun), das damals von der französischen Mandatsmacht an die Türkei übergeben wurde.

Hier setzte sich – für die Weltöffentlichkeit weithin unbekannt – das Flüchtlingsschicksal der Armenier vom Musa Dagh fort, die nach ihrer Selbstverteidigung im Sommer 1915 von der französischen und englischen Marine gerettet und nach Port Said in ein Internierungslager gebracht worden waren. Nach dem Kriege kehrte diese armenische Bevölkerung der Orte am Musa Dagh (mehr als 4.000 Personen) unter dem Schutz der Franzosen wieder in die Heimat zurück. Nachdem sie ihr Leben wieder aufgebaut hatte und gerade ein Jahrzehnt nach dem Völkermord vergangen war, mußten diese Musa-Dagh-Armenier ihre wiederaufgebauten Orte wieder verlassen, da diese in dem Sandschak Alexandrette lagen, das von Frankreich an die Türkei übergeben wurde, ein Akt, der bis heute von Syrien nicht anerkannt wird. Mit französischer und armenischer Hilfe siedelten sich viele der Musa-Dagh-Armenier in Anjar im Libanon an, wo bis heute ein Großteil der Nachfahren derer lebt, die sich auf dem Musa Dagh gegen die Deportation in den Tod zur Wehr gesetzt hatten.

DIE VERTREIBUNG DES RESTES DER ARMENIER AUS DER TÜRKEI 1929 UND DIE MÜHSAL DES ÜBERLEBENS

Ein Armenier berichtet:

Im Sommer 1929, als die bäuerliche Bevölkerung der armenischen Dörfer in der inneren Türkei in der Umgebung von Diarbekir und Charput sich anschickte, die Früchte ihrer Jahresarbeit zu ernten, erschienen plötzlich Gendarmen und verfügten, daß sofort Haus und Hof zu verlassen seien und in die Zentralstädte Charput, Palu und Diarbekir zu wandern sei.

Es ist keinem möglich gewesen, seine Angelegenheiten in Ordnung zu bringen. So wurden die Unglücklichen wiederum einmal gezwungen, Haus und Hof, Hab und Gut, Tiere und die Äcker mitsamt der Ernte zu verlassen. Unter strenger Bewachung der Gendarmen, mit tränenden Augen zogen Alte und Junge, Männer und Frauen mit ihren Kindern hinaus, kaum in der Lage, ein notdürftiges Bett auf den Schultern mitzuschleppen. Dort in den Städten führten die Tausende das Leben von Gefangenen. Monatelang ohne irgendeine Beschäftigung hatten sie nicht einmal das Recht, in die umliegenden Dörfer zu gehen, um dort als Landarbeiter Verdienst zu suchen.

Es war, als seien sie zum Tode verurteilt. Die Straßen dienten ihnen als Wohn- und Schlafstätten, und, da sie gar keinen Verdienst hatten, zehrten sie langsam ihre letzten Ersparnisse auf in der Erwartung, daß bald die »weiße Metzelei« in ihren Reihen ihre Ernte abhalten würde. Die blutigen Erfahrungen des Jahres 1915 lasteten wie ein Alpdruck auf ihrer Seele, waren doch die meisten wie ein Wunder den damaligen Schicksalsschlägen entronnen. So überlegten sie Tag und Nacht, wie sie dieser Hölle entrinnen könnten, die sich, sie zu verschlingen, aufgetan hatte. Einigen Familien gelang es auch, die Erlaubnis zur Auswanderung zu bekommen. Diese Gruppe erreichte Ende des Sommers 1929 Aleppo. Es kümmerte sich zunächst niemand um sie. Jeder trachtete selbst danach, irgendwo ein Obdach zu finden und irgendwie sich niederzulassen.

Unter dieser Gruppe befanden sich aber schutzlose Frauen und Waisen, die sich durch die Hilfe ihrer nahen oder entfernteren Verwandten nach Aleppo durchgeschlagen hatten. Den Verwandten gebrach es nach und nach aber an allen Mitteln, waren sie doch selbst Flüchtlinge und Ernährer zahlreicher Kinder. Es war wiederum Karen Jeppe, die diesen schutzlosen Frauen und Kindern täglich Nahrung, den Bedürftigen Kleidung, verschiedenen sogar Wohnung darbot und so ihre Not linderte.

Um die äußere Welt zu täuschen, hatte die türkische Regierung diesmal keinen offiziellen Befehl zur Auswanderung der Armenier gegeben, sondern das geschah in aller Stille. Im übrigen war ihnen jede Arbeitsmöglichkeit im Lande unterbunden. Die übrigen Armenier sahen vor sich nur zwei Wege: entweder bleiben, um Hungers zu sterben oder die Türkei verlassen und ihr Glück unter dem syrischen Himmel zu suchen. Da der zweite Weg der vernünftigste war, wurde er auch vielfach gewählt. Es begann ein fieberhaftes Bemühen, Pässe zur Auswanderung zu bekommen, und die türkische Regierung benutzte die Gelegenheit der Auswanderungsbewegung, um die Bittsteller völlig auszurauben. Sie verlangte rückständige Steuern für die Jahre der Deportation (also für die Jahre 1915 und 1916), wo sich ihre Opfer in der Wüste, in den Krallen des ihnen zudiktierten Hungertodes wanden, während dieselbe Regierung ihr Hab und Gut requirierte und versteigerte. Z. B. mußte eine Familie 450 türkische Papierpfund nachzahlen, was 44 englischen Pfunden (880 RM.) entspricht. So begann Ende Dezember ein ganzer Karawanenzug solcher Auswanderer, ein Zug nach dem anderen die syrische Grenze zu erreichen. Aber nach alter Sitte und altem Brauch dauerten die Formalitäten an der Grenze so lange, bis der strenge Winter eintrat. Auf diese Weise kamen zu all den von Menschen verursachten Drangsalen noch die der Natur. Die Zahl der neuen Flüchtlinge betrug 3600. Diese wurden gemäß ihrer Herkunft in zwei Gruppen geteilt: die aus den Dörfern um Diarbekir stammten (Anzahl 2400), wurden in Gamyschlu konzentriert, dagegen die von den Dörfern um Charput und Palu wurden in Aleppo untergebracht, entsprechend ihrer sprachlichen Zugehörigkeit und ihrer Beschäftigung.

Diejenigen, die in Gamyschlu blieben, sprachen alle kurdisch, sie wurden aber nicht nur offiziell beraubt, sondern auch noch von den Kurden ausgeplündert, die dafür, daß sie sie durch ihre Besitzungen hindurch ließen, eine besondere Abgabe verlangten. Am meisten Interesse erweckten jedoch die Flüchtlinge, die nach Aleppo kamen. Das ganze Auslandsarmeniertum und seine Presse begann sich mit der Flüchtlingsfrage zu befassen und die Notwendigkeit einer besonderen Hilfe hervorzuheben.

Die herrschende Meinung war, diese Unglücklichen nach der unmittelbaren dringenden Hilfe auf Dörfer zu verteilen, da 99 v. H. Ackerbauer, dem städtischen Leben fremd und nicht in der Lage waren, in der Stadt ihren Unterhalt zu erwerben. Auf diese Weise und zu diesem Zweck entstand in Aleppo ein Flüchtlingskomitee, das sofort an die Arbeit ging. In verschiedenen Kolonien des Auslandes bildeten sich ebenfalls Hilfskomitees, die Sammlungen veranstalteten, um die Flüchtlinge mit Brot und Kleidern zu versorgen.

Wir sagten schon, daß die Flüchtlinge in zwei Gruppen eingeteilt wurden. Die Aleppiner bestanden aus 280 Familien, 30 ledigen Männern und 51 einzelnen Frauen. Im ganzen 1184 Personen. Von diesen waren 110 Knaben und 127 Mädchen, im ganzen 237 im Alter von 5 bis 15 Jahren. 111 Knaben und 90 Mädchen, im ganzen 201, waren über 15 Jahre alt. 306 Männer und 440 Frauen, zusammen 746.
Unter den Knaben befanden sich verschiedene Vollwaisen, die von Karen Jeppe übernommen wurden. Unter diesen waren 4 bis 5 Kinder, die unterwegs in der Karawane oder im Eisenbahnzug das Licht der Welt erblickt hatten. Das Fürsorgekomitee hatte für 300 Personen ein besonderes Gebäude gemietet, die übrigen getrennt oder gruppenweise untergebracht und machte sich an die Fürsorge für die Gesamtheit. Während der Registrierung trat zu Tage, daß 47 Paare noch nicht kirchlich getraut waren und 49 Kinder ungetauft. Dies nachzuholen, wurde Aufgabe der armenischen Kirche.

Vom 21. Dezember 1929 angefangen, haben durchschnittlich täglich 300 Personen warmes Essen und Brot bekommen. Man hatte vorausgesetzt, daß diese Hilfe bis Ende März notwendig sein würde. Mit dem wärmeren Wetter und dem Beginn der Sommerarbeiten würden viele, so hatte man gehofft, sich selbst versorgen können. Leider ging diese Hoffnung nur zu einem geringen Teil in Erfüllung. Die wirtschaftliche Lage in Syrien hatte zur Folge, daß es in diesem Frühjahr viel weniger Arbeitsmöglichkeiten gab als im vergangenen. Der Bau der Verkehrswege und die Ernte waren es, die den arbeitenden Schichten Beschäftigung gaben. Anfang April stand das Fürsorgekomitee vor besonderen Schwierigkeiten. Denn zu den regulären Fürsorgeempfängern kamen noch diejenigen hinzu, die bis dahin noch Ersparnisse gehabt, nunmehr aber alles aufgezehrt hatten. So war also das Komitee gezwungen, weiter Nahrung und Kleidung auszuteilen. Letztere wurde allerdings durch die von auswärtigen Kolonien eingetroffenen Sendungen wesentlich erleichtert. In Anbetracht, daß die meisten auf engem Raum ziemlich zusammengepfercht waren, mußte man sich beeilen, die Flüchtlinge zu impfen, zumal sich die Pocken verschiedentlich bemerkbar gemacht hatten. Dank der schnell getroffenen Maßnahmen wurden auch sonstige Epidemien verhütet, und so konnten sich die Flüchtlinge langsam an das Klima und die neuen Verhältnisse gewöhnen.

Die Türken verlangten jedoch von den rechtlosen Armeniern die Erfüllung ihrer Pflichten. So befanden sich im Lager 13 Frauen, deren Männer zur Erfüllung ihrer militärischen Pflichten zurückbehalten waren. Dadurch waren die einen ihrer Familie, die anderen ihres Vaters beraubt, so daß die Fürsorge sich auch auf diese Familien erstrecken mußte. So kann man denn sehen, wie manch eine von diesen Frauen mit ihren Kindern an der Hand oder oft in Erwartung eines Kindes zu Karen Jeppe kommt, um die für sie bestimmte Hilfe zu empfangen, bis der Familienvater einst erscheinen wird, wiewohl dafür keine Sicherheit gegeben ist.

Unter den Flüchtlingen gibt es auch Handwerker, wie Tischler, Schmiede, Steinmetze, die gern aufhören möchten, Unterstützungsempfänger zu sein. Doch fehlt es ihnen an den nötigsten Werkzeugen. Fräulein Jeppe hat ihrem Büro Anweisung gegeben, ihnen in dieser Richtung Kredite zu eröffnen, wodurch tatsächlich Dutzende von Flüchtlingen bereits Selbstversorger geworden und aus ihre erniedrigenden Lage befreit sind.

Die Frage der Kinderschulbildung mußte das Fürsorgekomitee ebenfalls beschäftigen, da 8- und 10jährige Kinder und noch ältere noch nicht Lesen und Schreiben gelernt hatten. Es wurde beschlossen, eine Sonderschule zu gründen, die die Aufgabe hatte, diese Kinder in wenigen Monaten für die ihrem Alter entsprechenden Klassen vorzubereiten. Die hierfür vorgesehene Summe für beide Lager stellte wiederum Fräulein Karen Jeppe zur Verfügung.

Trotz all dieser Hilfe ist die Zukunft der in Aleppo konzentrierten Flüchtlinge recht trüb, weil die Verhältnisse in Aleppo besonders ungünstig liegen. Nach der letzten Zählung harren 100 Familien, gleich 500 Personen, einer Regelung ihrer Existenz. Zwar ist augenblicklich das Wetter günstig, und sie strengen sich an, Arbeit zu finden. Die Männer werden auf den Straßen und zur Einbringung der Ernte verwendet. Die Frauen sind in den umliegenden Gärten, in Wollfabriken oder in ähnlichen Betrieben beschäftigt. Man kann im Lager oft eine Frau treffen, die 10 bis 15 Kinder betreut, damit deren Eltern zur Arbeit gehen können. Dies tun der Reihe nach die Frauen, die selbst keine Arbeit übernehmen können. An sich sind alle diese Erscheinungen auf den ersten Blick sehr erfreulich, aber im großen und ganzen ändert das nichts an der Gesamtnotlage, weil diese neuen Flüchtlinge die Arbeit den schon früher in Aleppo angesiedelten Armeniern wegnehmen, indem sie ihre Arbeitskraft sehr billig anbieten. Hinzu kommt noch, daß es sich bei all dem um Saisonarbeit handelt. Wenn der Herbst kommt, werden auch diese fleißigen Hände frei und auf die Hilfe der Fürsorgestellen angewiesen sein, solange sie nicht auf dem Lande angesiedelt werden können.

Die Frage der Landzuteilung ist für die Aleppiner besonders schwer. Während die Flüchtlinge in Gamyschlu von der Regierung Land zugeteilt bekommen, ist dies für Aleppiner völlig ausgeschlossen, da es hier keine Staatsländereien gibt. Für die Versorgung mit Land von 100 Familien würde das Hilfskomitee, das die Mittel nur von armenischer Seite bekommt, niemals die nötigen Zuschüsse aufbringen können. Der Armenier, wo er auch immer sein mag, nimmt immer an dem Schicksal seiner Volksgenossen Anteil. Nach den 4.000 Pfund (80 000 RM), die das selbst in schwierigen Nöten befindliche Auslandarmeniertum für diese Flüchtlinge erneut aufgebracht hat, sind seine Kräfte völlig erschöpft. So sehen die Flüchtlinge in Aleppo einer unbestimmten Zukunft entgegen.

Die in Gamyschlu untergebrachten Flüchtlinge zählen, wie schon erwähnt, 2400 Köpfe. Sie alle sind ohne Ausnahme Ackerbauern aus den Dörfern zwischen Diarbekir und Bitlis. Allem Anschein nach waren sie während des Krieges nicht deportiert, weil sie als Leibeigene unter dem Schutz ihrer kurdischen Häuptlinge gelebt haben. Als solche bekamen sie für ihre Arbeit nur das tägliche Brot und wurden von einem Häuptling an den anderen verkauft, ohne daß sie sich dagegen wehren konnten. Die letzte Deportation ist bei diesen in derselben Weise vor sich gegangen wie in Charput und Palu. Von den 2400 sind viele in gleicher Weise zur Auswanderung gezwungen worden, während ein anderer Teil, nachdem er die Vertreibung seiner Verwandten gesehen, freiwillig, ja heimlich ihnen nach Syrien gefolgt ist. Die so oder so Auswandernden wurden, wie oben erwähnt, bei dem Grenzübergang von den Kurdenstämmen völlig ausgeraubt. Und diese Ausraubung wurde »Abgabe für die Freilassung« genannt. Wie ein Teil der Aleppiner, so sind auch 1.000 Personen von diesen noch im vergangenen Sommer in Gamyschlu eingetroffen und blieben von allen unbemerkt. Alles, was für sie geschah, war der Besuch eines Priesters, worauf 3–4 Kisten mit Kleidungskisten eintrafen. Die übrigen 1400 sind Ende 1929 und Anfang 1930 angekommen. In dieser Zeit waren die nationalen Völkerschaften auf die Auswanderung aufmerksam geworden und trafen ihre Maßnahmen. Seitens des Fürsorgekomitees wurde eine Unterkommission geschaffen, bestehend aus einem Priester, aus einem Arzt und 6 Laien, welche sich sofort nach Gamyschlu begab, um die dortigen Verhältnisse zu studieren. Nach 10 Tagen zurückgekehrt, erstattet die Unterkommission einen Bericht, dem zufolge werden auf der Ebene Hassitsche, Ras-ul-Ain, Gamyschlu und Sindjar 4 Punkte aufgezeigt, als für die Aufnahme der Flüchtlinge geeignet. Man sammelt Auskünfte, und auch durch die Empfehlung der Regierung wird Tel Brak gewählt, das sich zwischen Hassitsche und Gamyschlu befindet. Diese Landschaft wird von der syrischen Regierung den Flüchtlingen zur Verfügung gestellt, und das Komitee siedelt hier nach und nach 200 Familien an, verhilft ihnen zu den ersten Landarbeiten und den Vorbereitungen zum Wohnungsbau. Zunächst kommen sie in Zelten unter, die ihnen aus Aleppo geschickt werden. Alle diese Vorbereitungsarbeiten nahmen jedoch so viel Zeit in Anspruch, daß die Frühjahrssaat versäumt wurde. Man muß annehmen, daß aus verschiedenen Erwägungen heraus das Fürsorgekomitee verschiedenen dringende Arbeiten hinausgeschoben hat, ohne daß die Abordnung ihrerseits den kürzesten Weg gefunden hätte, um das gutzumachen. Auf diese Weise lastet die Verantwortung auf dem Fürsorgekomitee, wenn infolge des Ausbleibens der Frühjahrssaat neue Schwierigkeiten entstehen. Diese Verantwortung bewegt sich vorläufig in moralischen Grenzen, und selten kommt jemand darauf zurück. Sie wird aber schwerer wiegen, wenn auf die Sommerzeit der Herbst und namentlich der arbeitslose Winter folgt und die Flüchtlinge nach Brot schreien. Es würden Riesensummen notwendig sein, um diese jeder Arbeit beraubten Massen zu ernähren, bis die Ernte 1931 eingebracht ist. Als die Abordnung von ihrer ersten Erkundungsreise zurückgekehrt war, hatte sie berichtet, es wären nur 50 Familien hilfsbedürftig, die übrigen hätten noch Mittel gerettet, die ihnen ermöglichen würden, den Winter zu überdauern. Bei der zweiten Reise sprach sie nun von 100 Familien, die dringend Hilfe brauchten. Die Regierung hatte für einen Monat ein wenig Weizen zur Verfügung gestellt, um den Flüchtlingen zu helfen. Glücklicherweise begann bald die Frühjahrsfeldarbeit, und die Flüchtlinge konnten dadurch ihre Existenz sichern. Aber wie gesagt, auch diese Gelegenheit ist eine vorübergehende. Mit dem Sommer wird auch sie schwinden und die Flüchtlinge hier vor die gleichen Schwierigkeiten stellen wie die in Aleppo. Es sind 200 Familien in Tel Brak, wie auch ein Teil der übrigen Familien, deren Zahl aber nach und nach wachsen wird und die bald nach Brot schreien werden. Die oben erwähnten 4.000 Pfund, von welchen 1800 bereits für landwirtschaftliche Betriebsmittel verausgabt sind, werden kaum ausreichen, um 200 Familien zu versorgen. Alle Hoffnungen sind auf die Herbstsaat gerichtet, die doch erst im Sommer 1931 geerntet werden kann. Die Zahl der Bedürftigen wächst inzwischen täglich.

Am Anfang war der Gesundheitszustand der Flüchtlinge sehr besorgniserregend. Malaria, Pocken, Scharlach wüteten im Lager. Bis der Arzt mit der Abordnung kam, waren schon 170 Personen diesen Krankheiten zum Opfer gefallen. Die vom Arzt ergriffenen Verhütungsmaßnahmen setzten wenigstens diesem Unglück ein Ende. Seither hat man nur den Tod der älteren Leute zu beklagen. Ehe man aber der Epidemien Herr wurde, wurden Dutzende von Kilos Chinin und große Mengen von Impfstoff verwendet.

Es ist nicht allein das Schicksal dieser 500 Familien, das Besorgnis erregt. Tausende warten noch in der Türkei auf die erste Möglichkeit, um das Land zu verlassen. Wenn die Frage der Ansiedlung einigermaßen glücklich gelöst ist, werden auch sie unbedingt herauskommen. Denn das Leben, das sie dort leben, kann nicht mehr menschlich genannt werden, so grenzenlos ist die Willkür, deren sie sowohl seitens der Regierung als auch seitens der Häuptlinge ausgesetzt sind. Trotz der unbestimmten Zukunft, welcher die Flüchtlinge gegenüberstehen, fühlen sie sich hier wie aus der Hölle ins Paradies versetzt. Deshalb würden sie noch größere materielle Entbehrungen auf sich nehmen.

Das Erstaunliche ist, daß dieses Volk, das seit Jahrhunderten unter kurdischer Tyrannei gelebt und die Muttersprache verloren hat, nie von seinem Glauben abgekommen ist. Man muß sehen, wie jeden Morgen früh Hunderte von Männern und Frauen auf dem offenen Felde, ihr Gesicht nach dem Osten gewendet, auf die Knie fallen, stille Gebete murmeln und nach der Tradition der gregorianischen Kirche in ehrwürdiger Frömmigkeit am Mittwoch und Freitag fasten.

Ganz gewiß wird die zuteil gewordene Hilfe nicht vergebens sein. Die Felder, die noch keinen Pflug und keine Egge gesehen haben, werden in kürzester Zeit in fruchtbarste Fluren verwandelt werden und auf diese Weise sowohl dem Aufbau von Syrien dienen als auch den nomadisierenden arabischen Zeltbewohnern ein Vorbild sein. Zu dieser Überzeugung bringt uns das Beispiel der Dörfer, die Karen Jeppe um Rakka gegründet hat. An 200 Familien haben es dort in kürzester Zeit von dem Zustand des drohenden Hungers zu einem völlig unabhängigen Dasein gebracht. Die unfruchtbare Wüste ist nun mit Bäumen bepflanzt und in einen Garten verwandelt und hat die Nomaden zu einer neuen Lebensweise verlockt. Das Ergebnis ist das, daß auf der Ebene zwischen Tel Abiat und Rakka, zwischen Armeniern und Arabern eine aufrichtige Brüderlichkeit trotz Verschiedenheit der Rassen und Religionen entstanden ist, die Vorurteile und Hindernisse beseitigend und beide mit besten freundnachbarlichen Beziehungen verbindend.

Dasselbe wird sicher auch in Gamyschlu der Fall sein, wenn man mit gleicher Tatkraft und Umsicht an das Werk geht.

Aleppo, 25. Juni 1930   Ein Armenier

Aus dem Dr. Johannes-Lepsius-Archiv Halle, *Orient im Bild* 1930, S. 65–67

Das Schicksal der Armenier im 19. und 20. Jahrhundert ist geprägt durch Massaker und Völkermord, durch Exodus und Flüchtlingsdasein, durch eine lange Phase des Kampfes um das Überleben außerhalb der alten Heimat und schließlich durch die erfolgreiche Integration in die neue Umwelt.

Gerade hierin wird wieder die besondere Fähigkeit des armenischen Volkes deutlich, mit anderen Völkern, Religionen und Kulturen nicht nur in einem friedlichen kulturellen Dialog zu stehen, sondern mit diesen zusammenzuleben und zusammenzuarbeiten. Es ist nicht das armenische Volk, das angeblich an dem Völkermord an den Armeniern selber schuld sei, wie bis heute propagandistisch von bestimmten Seiten immer wieder behauptet wird. Es ist vielmehr die Situation im Nahen Osten mit ihren explosiven Widersprüchen und Bewegungen, in deren Strudel das armenische Volk immer wieder hineingerissen wurde und wird. Und trotz dieser andauernden Gefahren für die Existenz des armenischen Volkes hat es im Nahen Osten in verschiedenen Zentren wieder seine Heimat gefunden. Trotz des langen Bürgerkrieges im Libanon, in welchem sich die Armenier neutral zu halten versuchten und daher von verschiedenen Seiten – christlichen, jüdischen und muslimischen - angefeindet wurden, haben sie mit ihrem von Sis über Aleppo nach Antelias gewanderten Katholikosat dort ihr NOR KILIKIA, das »Neue Kilikien« gefunden.

EIN FLUGBLATT AUS ALEPPO 1932 VON DER DÄNIN KAREN JEPPE

Im Kampf um das Überleben der armenischen Flüchtlinge

Wenn ich in dieser Zeit unsere Waisen ansehe und mich eingehend mit ihnen beschäftige, legt sich die Angst manchmal wie ein Alpdruck auf meine Seele, und ich denke darüber nach, wie es wohl in Zukunft mit ihnen werden soll.

Fast jede Post bringt mir die trübe Nachricht, daß der eine oder der andere Pfleger sich abgemeldet hat, er könne beim besten Willen nicht mehr zahlen. Das ist ja gewiß kein Wunder; so wie die Verhältnisse jetzt in Deutschland sind, ist es viel eher verwunderlich, daß die meisten es doch noch möglich machen, und daß neue Pfleger geworben werden können. *Es ist tatsächlich erstaunlich und redet laut von deutscher Treue und von der Fähigkeit und dem Willen, selber zu entbehren, um anderen, noch Bedürftigeren helfen zu können;* auch Verantwortungsgefühl gegen Gott und Menschen kommt durch diese Taten zum Ausdruck.

»Und doch«, sage ich mir, »wenn die Dinge sich so weiterentwickeln, dann muß nach menschlichem Ermessen der Moment kommen, da unsere Freunde daheim vor der Unmöglichkeit stehen, weiter zu helfen.« Dann bleibt ja immer noch die Hoffnung auf eine Wiederholung des Wunders mit den sieben Brötchen[37], fast will's mir scheinen, als ob es schon anfinge, sich auszuwirken; denn *bis jetzt hat noch keins unserer Waisenkinder Not gelitten.* Dafür können wir nicht genug danken. Sehr finster ist aber trotz alledem die Zukunft.

Manchmal, wenn mir geschrieben wird, daß von nun an Howhannes oder Mariam nur noch 10 RM. Pflegegeld haben, und gefragt wird, ob ich wohl damit auskomme, dann denke ich hin und her, spreche mit der Mutter, ob sie wohl für die Kleider des Kindes aufkommen kann, danach suche ich einen Platz auf der dänischen Schulliste, oder wir finden, das Kind könne nun aus der Schule genommen werden, oder ich kann ein bißchen Weizen vom Dorfe dazugeben. Ja, manchmal geht es dann des öfteren auch nicht, dann muß ich bitten, neue Pfleger zu werben. Bis jetzt ist es gelungen; aber wie lange? Diese ängstliche Frage drängt sich immer aufs neue auf. –

Dann sagt auch wohl der eine oder der andere daheim: »Aber das Kind hat ja seine Mutter, kann sie es nicht ernähren?« »Hier muß eine Witwe doch auch oft ihre Kinder ernähren, man muß ihr nicht gleich zu Hilfe kommen.«

Ja, das ist ja sehr wahr; aber leider leben wir in einem Lande, wo Frauenarbeit sehr schlecht bezahlt wird. Dies ist nicht nur hier der Fall, sondern überall, sobald man außerhalb einiger Kulturländer in Europa und Amerika kommt, daher die gehemmte Entwicklung der Frauenwelt und ihre Abhängigkeit von der Ehe und vom Manne. Sie *kann* sich in vielen Verhältnissen nicht einfach durchschlagen.

Das zwar kann die armenische Frau: falls sie gesund ist, kann sie sich selbst und auch noch ein Kind dazu durchbringen. Hat sie zwei, geht es durch Unterernährung und schwere Entbehrungen, und hat sie drei oder vier, ist die Familie verloren, nach und nach sterben sie alle an Mangel an Nahrung …

Die Berechnung ist da ganz einfach, eine Frau, die 75 Pfg. am Tage verdient, ist eine Seltenheit, mit 50 oder 60 Pfg. muß man rechnen für arbeitsfähige Frauen, und unter 6 bis 7 RM. Im Monat kann eine Person nicht satt werden. Es gehört aber doch auch anderes zum Leben als das Essen, sie müssen auch Kleider haben, und die Kinder sollen zur Schule gehen. Viele haben auch keine eigene Wohnung, müssen also Miete zahlen.

Und wehe, wenn Krankheit dazukäme! Dann wäre ja alles verloren. Essen muß man trotzdem, und hat eine Witwe einmal auch nur 20 RM. Schulden, dann ist es aus mit ihr. Arme Leute müssen hohe Zinsen zahlen, sie kommen nicht dazu, die Anleihe zurückzuerstatten. Und Schulden haben die Familien oft, wenn nicht anders, dann jedenfalls von der letzten Erkrankung und der Beerdigung des Familienvaters. Meistens machen wir da erst reinen Tisch, wenn die Familie in unsere Pflege kommt.

Bei alledem war es aber die Voraussetzung, daß die Frau gesund und arbeitsfähig sei. Doch wie oft ist das der Fall? Bei einigen steht es so, daß wir von Anfang an darüber klar sind, daß wir die Mutter mitunterhalten müssen, weil sie für jegliche Arbeit zu schwach ist. Meistens zwar arbeitet sie mit; aber es geht mit Ach und Krach, jedesmal wenn ich diese Frauen sehe, überlege ich noch, ob sie überhaupt aushalten werden, bis die Kinder heranwachsen; denn was die armenischen Frauen, die nun zwischen 30 und 40 Jahren sind, durchgemacht haben, grenzt einfach an das Unerhörte. Und das ist ja nicht spurlos an ihnen vorübergegangen.

Der Hunger, die Strapazen und die Überanstrengung der Deportationszeit waren schon so übermenschlich, *daß es als ein großes Wunder anzusehen ist, daß auch nur eine Frau mit dem Leben davonkam,* jedenfalls wurde ihrem ganzen Wesen gleichsam der Boden ausgehöhlt. Sie erholen sich nur langsam, um so langsamer, weil die Nachkriegsereignisse sie ja nicht zur Ruhe kommen ließen. Die Frauen sind im Grunde genommen genau so fadenscheinig wie die Männer. Sie sind meistens geschickt und äußerst arbeitswillig; aber die Kräfte fehlen ihnen. Nur die wenigsten können auf Arbeit gehen, sie müssen sich durch Handarbeiten oder Teppichknüpfen ernähren, und da werden sie ja nun zum Überfluß auch von einer anderen Seite von der Weltkrise überfallen. Diese Sachen werden fast sämtlich im Auslande verkauft, und da hört die Kaufkraft auf, dazu werden Zollmauern errichtet, und die schon sehr kärglichen Löhne werden noch herabgesetzt. So ist fast in jedem Hause etwas dazugekommen, was das Leben noch schwieriger macht, als es schon an und für sich war.

Und draußen wütet die Krise überall. *Deutschland gehört zweifellos zu den Ländern, die am schwersten betroffen sind; und andere Völker haben sich noch nicht an die Entbehrungen gewöhnt.* So werden die Kreise immer enger gezogen, von denen Hilfe und Unterstützung zu gewärtigen sind.

Und zu denen, die schon in unserer Pflege sind, die wir als die Unsrigen ansehen, kommen so viele, die noch draußen stehen. Die Sterblichkeit der Männer nimmt eher zu, eine Waisenfamilie nach der andern klopft an, und ihre Not brennt uns in der Seele. Es ist zum Verzweifeln. Wie sollen diese Überreste des armenischen Volkes noch durchkommen? Wie schwer ist es doch, ohne Vaterland zu sein, von Haus, Hof und Scholle getrieben, im fremden Lande nur eben geduldet. Das ganze Volk hat ja sein Nationalvermögen verloren, nicht nur das Geld, sondern die reellen Werte, und dazu noch einen ungeheuren Prozentsatz seiner Männer. Es ist großartig, zu sehen, wie sie bei alledem einander noch helfen; aber die vielen vaterlosen Kinder wachsen ihnen einfach über den Kopf. Können wir ihnen nicht helfen, noch diese aufwachsende Generation durchzubringen, ist es leicht einzusehen, daß sie zugrunde gehen muß, und diejenigen, deren Lebensfaden nicht direkt reißt, werden als schwache, unterernährte Geschöpfe, dazu noch ohne Ausbildung, das Elend eine Generation weiter verpflanzen.

Vor ein paar Jahren schien mir die Lage noch recht hoffnungsvoll. Unsere Krankenpflege hatte es sich als Ziel gesetzt, die Eltern durch tatkräftigen Beistand in Krankensälen so lange als nur irgend möglich zu erhalten, und sehr oft hatten wir damit Erfolg.

Erwiesen sich die Anstrengungen aber als vergebens, und der Vater wurde doch fortgerissen, *so setzte die deutsche Witwen- und Waisenpflege ein, das Heim wurde auch so erhalten.*

Wir brauchten auch nicht zu wählen, einige aufzunehmen und andere hungern zu lassen. *Alle* Waisen konnten aufgenommen werden, falls sie es nötig hatten, eben wie *alle* Familienversorger in Krankheitsfällen von uns gepflegt und unterstützt werden konnten. Daneben hatten wir noch andere Hilfsmittel an der Hand, die dänische Suppenküche für unterernährte Kinder, die dänischen Freistellen in den Schulen, die Schweizer Augenklinik, viele Kisten voll von guten Kleidungsstücken, die von überall zu uns kamen, und noch viel mehr, Arbeitsmöglichkeiten nicht zu vergessen.

Jetzt wird das alles in Frage gestellt, eingeschränkt, manchmal ganz aufgelöst. Wie soll es nun werden mit den Kindern im Barackenlager?

Eine Altersstufe ist schon dahin, wenig Lebensfähiges und einigermaßen für den Kampf ums Dasein Gerüstetes gibt es zwischen 15 und 30 Jahren.

Ausnahmen ja immer, die so oder so durchkamen, meistens durch die Tätigkeit philanthropischer Gesellschaften; aber eine sehr große Lücke gähnt da. Es gibt Leute über 30, sehr von den Leiden mitgenommen zwar, aber doch nicht ganz ihrer früheren menschlichen Ausrüstung beraubt, und es gibt Kinder unter 12, sehr viele sogar. Diesen Kindern galten alle unsere Bemühungen, sie zu ernähren, unterrichten, erziehen war das Ziel unserer Arbeit.
Ermutigende Resultate sahen wir auch schon.

Und jetzt? Um Gottes willen, laßt sie nicht verderben! Mehr können wir nicht sagen, die Angst um sie schnürt uns schon fast die Kehle zu.

Aleppo, 20. Februar 1932   Karen Jeppe

Flugblatt des Armenischen Hilfswerkes von Dr. Johannes Lepsius aus dem Jahr 1932
Aus dem Dr. Johannes-Lepsius-Archiv Halle, *Orient im Bild* 1932, S. 13–14

Armenische blinde Waisenkinder und Teppichweber in Blindenschule und Blindenwerkstätten Ghazir, Libanon, begründet von »Papa« Jakob Künzler, Schweizer Mitarbeiter von Dr. Johannes Lepsius, Postkarten, ca. 1927

Landvergabe und Ansiedlung der armenischen Musa-Dagh-Exulanten in Anjar (Ainjar), Libanon, nach der Übergabe des Sandjak Alexandrette (Iskenderun) 1939 durch die Franzosen an die Türkei und dem zweiten Exodus der Musa-Dagh-Armenier: Vertreter der französischen Mandatsmacht, der Regierung und der Musa-Dagh-Armenier

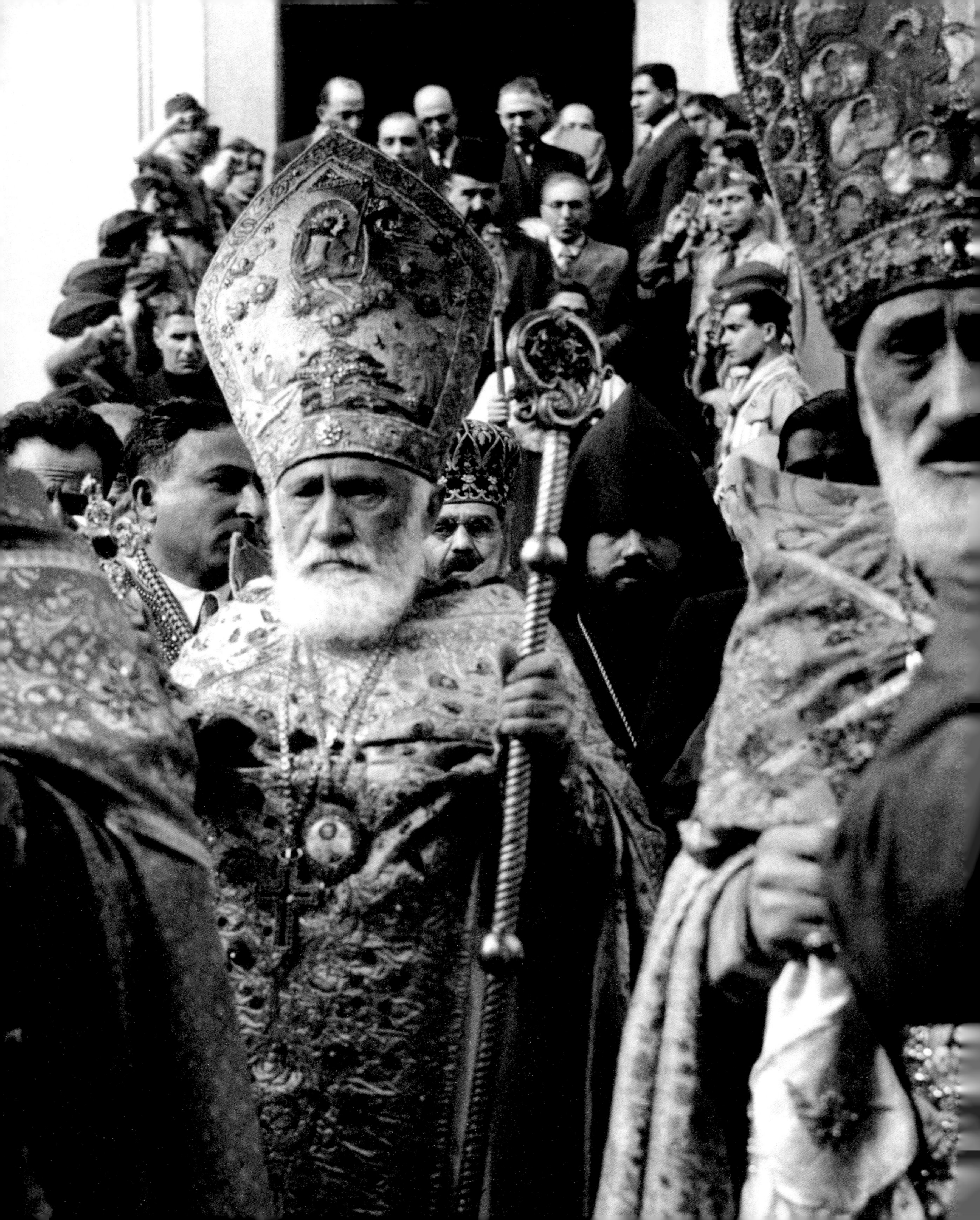

Seite 172: Seine Heiligkeit Karekin I. (Howsepianz), Katholikos des Großen Hauses von Kilikien, geboren 1867 Karabagh, Studium in Etschmiadzin, Leipzig, Halle, Berlin, Dr. phil. Leipzig 1897 (Garegin Owsepian, *Die Entstehungsgeschichte des Monotheletismus*), 1943 zum Katholikos von Kilikien gesalbt, gestorben 1952, Antelias (Libanon), ca. 1945

Seite 173: Salbung Seiner Heiligkeit Bedros IV., Katholikos des Großen Hauses von Kilikien, Antelias Mai 1940, hinter Katholikos Bedros stehend Erzbischof Chad Adschapahjan (weißbärtig), der Augenzeuge und Verfasser des Berichts über die Rettung des Schatzes der Armenier aus Kilikien

Seiten 174/175: Zentrum des Katholikosats des Großen Hauses von Kilikien in Antelias (Libanon), offizieller Empfang von Vertretern der libanesischen Regierung, links vor der Kirche des Heiligen Gregor des Erleuchters das Martyrion zum Gedächtnis der Opfer des Völkermords, rechts die ehemaligen Gebäude der Bruderschaft und der Residenz des Katholikos, ca. 1945

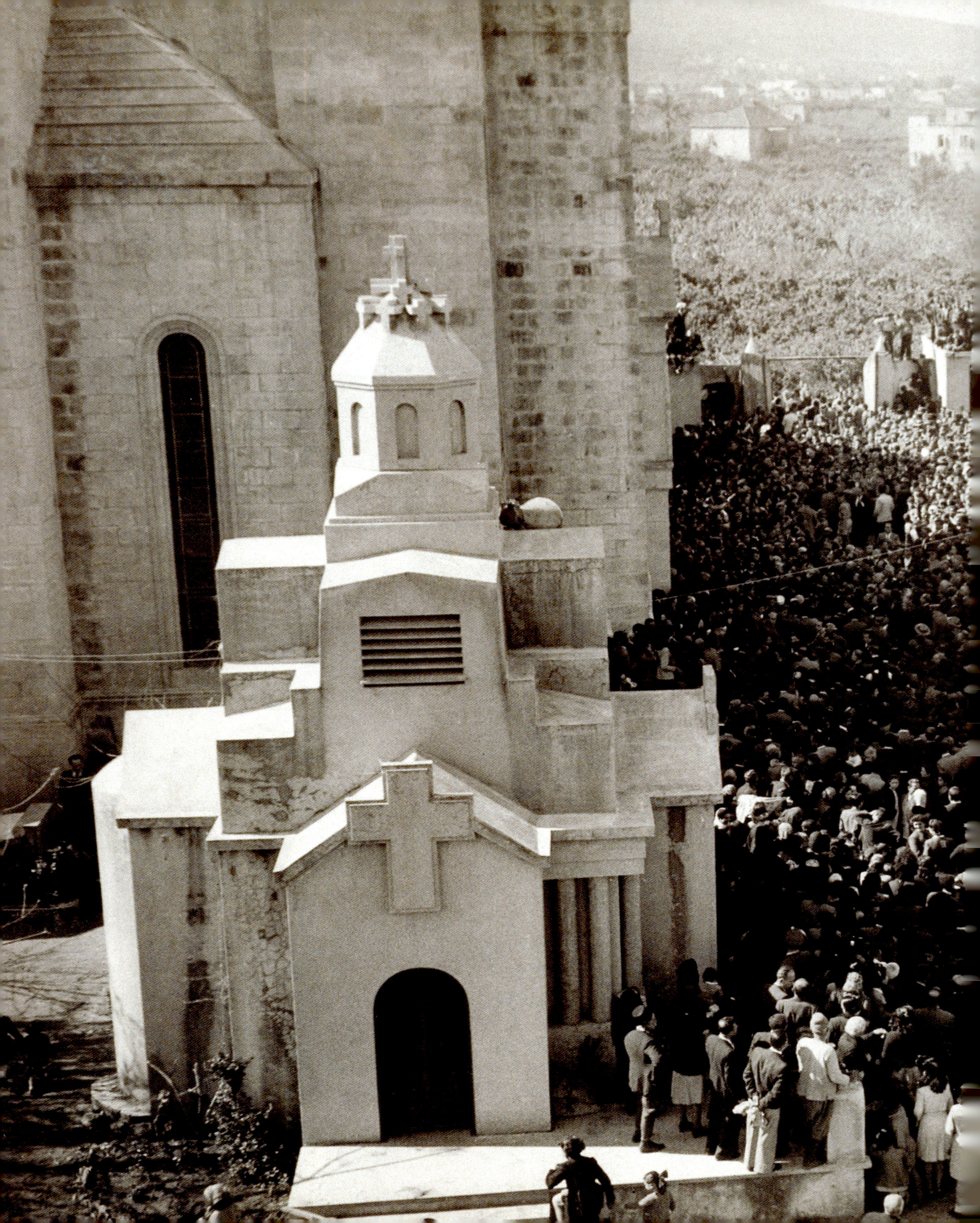

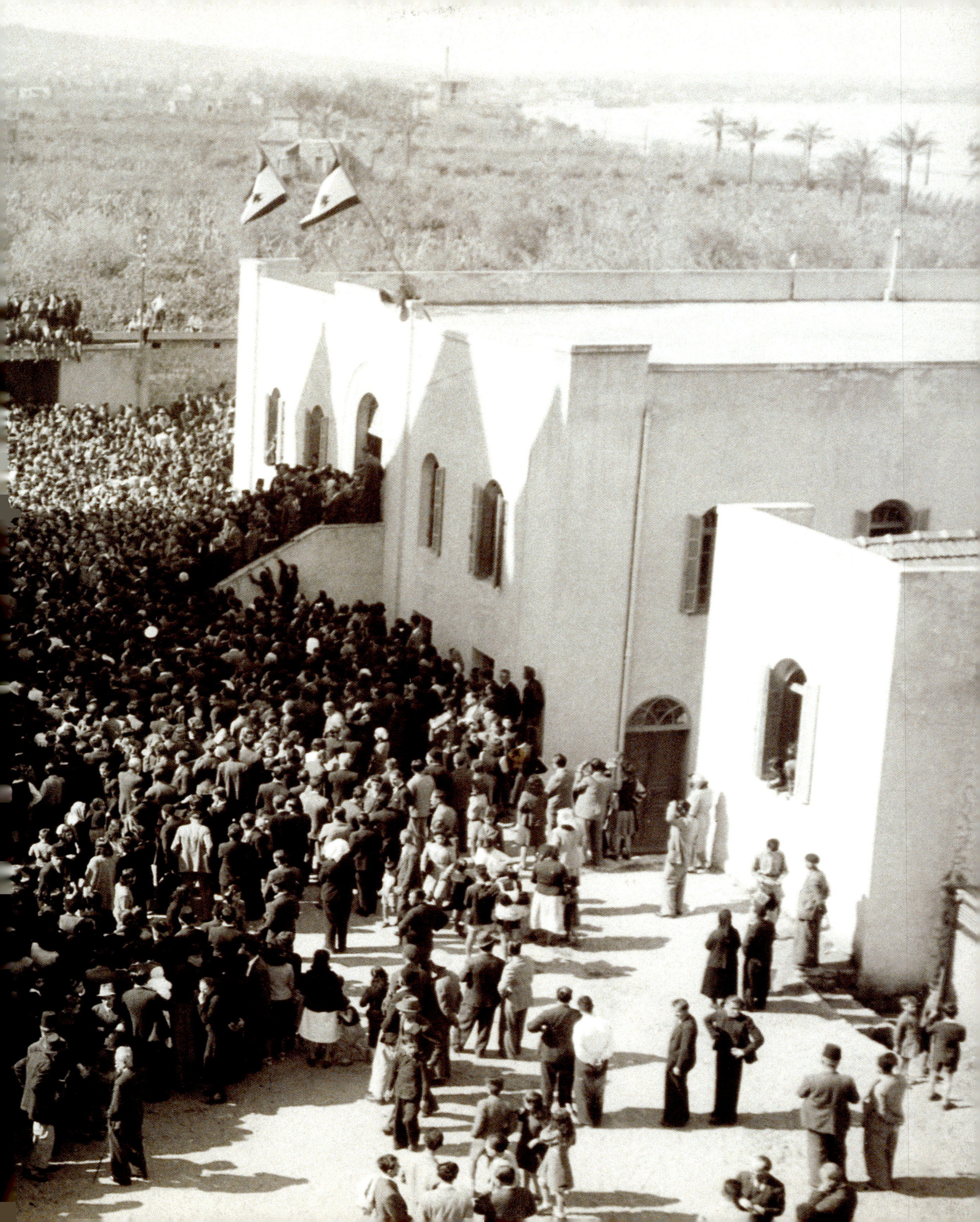

Am 24. April, einem symbolischen Datum, gedenkt das ganze armenische Volk jährlich der Opfer des Völkermordes von 1915. An diesem Tage wurden im Jahre 1915 nach sorgfältigem türkischem Plan etwa 600 führende armenische Intellektuelle Istanbuls, d. h. der Kopf der osmanisch-armenischen Nation, verhaftet, ins Innere Anatoliens verschleppt und ermordet. Lediglich von acht dieser deportierten armenischen Notabeln Istanbuls ist bekannt, daß sie durch Flucht oder Fürsprache diesem Schicksal in Inneranatolien entgingen.[38]

In Der Sor (Deir ez Zôr, Deir ez Zawr), der Stadt am Euphrat, heute auf syrischem Staatsgebiet, eine der letzten Stationen im Zielgebiet der Deportationen der Armenier in der mesopotamischen Wüste, findet sich alljährlich am 24. April eine große armenische Pilgermenge ein, um der Opfer des Völkermordes an den Armeniern zu gedenken. Der Sor, der Name dieser Stadt, ist für diejenigen, die die Geschichte des armenischen Volkes kennen, das Synonym für die »Endlösung« der Armenierfrage. Der Name Der Sor spielt im Gedächtnis des armenischen Volkes eine vergleichbare Rolle wie das Toponym Auschwitz im Gedächtnis des jüdischen Volkes. Zu jedem 24. April werden überall in den armenischen Kirchen, in der Republik Armenien und in der weltweiten Diaspora, Gedächtnisgottesdienste für die Opfer des Völkermords gehalten. Aus einer solchen Gedächtnisfeier stammt die hier folgende Rede S. H. Aram I., Katholikos des Großen Hauses von Kilikien seit 1995. Eine der Forderungen der Gerechtigkeit, die Katholikos Aram I. in seinem »Gelübde am 24. April« nennt, ist inzwischen erfüllt, die Räumung des Südlibanons von Truppen Israels.

DIE STIMME AUS NEU-KILIKIEN 2000
S. H. Aram I., Katholikos des Großen Hauses von Kilikien (Antelias, Libanon):

GELÜBDE AM 24. APRIL

Vor mehr als zwei Jahrtausenden gedachten die Kinder des hebräischen Volkes, fern von ihrer heimatlichen Erde, unter fremden Himmeln, in Vertreibung und Gefangenschaft, des Heiligtums ihres Glaubens und ihres Volkes, Jerusalem, Geheimnis ihrer Kraft und Beständigkeit. Und sie gelobten im Psalm, Jerusalem treu zu bleiben:
»*Vergesse ich dein, Jerusalem, so werde meiner Rechten vergessen. Meine Zunge soll an meinem Gaumen kleben, wo ich dein nicht gedenke ...*« (Ps 137, 5–6).
Diese aus der Tiefe der Geschichte hervorbrechenden Worte wandeln sich heute, an diesem Tag der Hoffnung, an diesem Tag des Willens und der beständigen Forderung, zu einem Gelübde für jeden Armenier, der entwurzelt fern von der Erde der Vorfahren ist, zu einem Gelübde im Leben des gesamten Armeniertums, zu einem Gelübde, das durch das Blut unserer Märtyrer geläutert und durch den Sinn unserer Geschichte vergeistigt ist.
Und in diesem sinnschweren Augenblick geloben wir als Nachkommen des durch das türkische Schwert hindurchgegangenen, aber nicht gestorbenen und nicht sterbenden Volkes, geloben wir allesamt, die wir durch Der-Sor hindurchgegangen, aber nicht zu Der-Sor geworden sind, im Hören auf die Stimme unserer Geschichte und getreu dem heiligen Vermächtnis unserer Märtyrer:

ERSTES GELÜBDE
Der-Sor, Der-Sor, vergesse ich dein, so sollen mir fluchen die abertausend Märtyrer der armenischen Geschichte. Wieviele schlagende Armenier-Herzen hast du im Meer des Sandes verschlungen. Wieviele Armenier-Wracks sind durch deinen feurigen Sand hindurchgezogen. Doch bist du nicht das Grab des Armeniertums geworden, o Der-Sor, sondern der Weg nach Golgatha, der zur Auferstehung führt. Aus deinen Abgründen des Todes ist das Armeniertum mit neuem Willen, mit erneuertem Glauben und mit neuer Vision wiedergeboren. Du hast den Willen des Armeniertums, zu leben und zu kämpfen, mit dem Hammer gehärtet, du hast den Glauben des Armeniertums, den Tod durch den Tod zu besiegen, mit kühlendem Wasser gefestigt. Wie könnte ich dich vergessen, Der-Sor, wenn noch keine Genugtuung geleistet ist für das unschuldige Armenierblut, das auf deinem Sand vergossen wurde, wenn ich noch immer höre, wie sich aus deinen Tiefen die Gerechtigkeit fordernde Stimme unserer Märtyrer erhebt.

ZWEITES GELÜBDE
Armenien, Armenien, wenn ich deiner vergesse, so soll mir fluchen die armenische Geschichte mit all ihren Riesen an Denken und Geist. Du bist der gehärtete feste Grund meines Seins, du bist der ursprünglich-echte Gesichtszug meines Lebens in der Zerstreuung,[39] die überirdische Kraft, die klar das Ziel weist. Du bist die immerströmende Quelle meiner reinsten Träume, meiner hellen Hoffnungen und meiner innigen Bestrebungen. Es ist durch dich, daß mein Leben

seine Nahrung, seinen Sinn und seinen Wert bekommt. Was auch immer ich bin, was auch immer du bist, für mich bist du Himmel auf Erden, mit deinem zum Himmel sich eilend erhebenden Ararat, mit deinem allheiligen Etschmiadzin, mit deinem immerkündenden Zizernakaberd[40] und dem immersiegenden Sardarapat.[41] Daher, solange Odem in meinem Leib ist, werde ich für dich leben, für dich kämpfen und für dich sterben mit der Forderung dessen auf den Lippen, was dir gebührt, o Armenien, mein Land, du Paradiesesort.

DRITTES GELÜBDE
Arzach, Arzach,[42] wenn ich deiner vergesse, so sollen mir fluchen alte wie neue Heilige und Märtyrer. Die anderen haben deinen Namen geändert, du aber bist Arzach geblieben. Die anderen haben versucht, dein Gesicht zu entstellen, du aber bist echt armenisch geblieben. Die anderen haben versucht, dich vom mütterlichen Baumstumpf des Armeniertums zu trennen, du aber bist mit der Mutter Armenien geblieben. Du gehörst daher nicht dir selbst, o Arzach, sondern zum ganzen Armeniertum, zum ganzheitlichen Armenien. Dein Leiden ist mein Leiden, dein Sieg ist mein Sieg, der Sieg von uns allen. Deine Märtyrer fielen für das ganze Armeniertum; deine Helden kämpfen für das ganze Armeniertum. In unserem Kampf für die Forderungen des ganzen Volkes bist du ein entscheidender Hafen, das Bollwerk der Verteidigung Armeniens, die Würde des armenischen Volkes. Nun, wie könnte ich von dir fernzubleiben, von deinem Ringen, von deinen Hoffnungen und von deinen Träumen.
Mit dir bin ich und mit dir werde ich sein, immer und mit meinem ganzen Wesen, an jedem Ort und in jeder Weise nehme ich teil an deinem gerechten Kampf.

VIERTES GELÜBDE
Libanon und *Syrien*, ihr mit derselben Geschichte, mit derselben Kultur und mit demselben Schicksal Brüder gewordene Länder, wenn ich euer vergesse, so sollen mir fluchen alle arabischen wie armenischen Märtyrer, die für die Würde und die Rechte unserer Völker auf eurer Erde gefallen sind. Wie könnte ich denn euer vergessen, Libanon und Syrien, die ihr warmherzige und gastfreundliche Heimat wurdet für meine heimatlose und obdachlose, für meine hungrige und durstige Seele. Ich habe eure Freiheit und Sicherheit genossen, ich nahm und nehme teil an eurem Schmerz und eurer Freude, an eurem Freiheitskampfe, am Aufschwung eurer Kultur und eurer Wirtschaft. Ich bin als Exulant nach Syrien und Libanon gekommen, aber bin nicht Exulant geblieben. Heute, als vollberechtigter Bürger, bin ich mir meiner Pflichten und Rechte bewußt. Heute stehe ich mit euch eng zusammen auf demselben Schutzwall und fordere die Rückgabe des vom Feind besetzten Südlibanon und Golan, ich fordere den auf Gerechtigkeit beruhenden, bleibenden und ganzheitlichen Frieden innerhalb der Region.

FÜNFTES GELÜBDE
Erde, Erde der Heimat, in den Krallen des blutdürstigen Feindes leidend, wenn ich deiner vergesse, so soll mir fluchen der Gott der Erleuchter,[43] der Vardans,[44] der Sahaks und Mesrops,[45] der Chrimeans,[46] der Gott des Armeniers.[47] Ihr seid der Ruf meines Blutes, das höchste Streben meines Lebens. Wie, wie könnte ich je vergessen die in der Fremde weinenden Ani[48] und Kars,[49] Van[50] und Zeitun, Sis und Adana. Diese sind für mich nicht nur Vergangenheit, sondern immer auch Gegenwart und besonders eine helle Zukunft. Auf dieser Erde haben meine Vorfahren gelebt, sie haben ihr Blut und ihren Schweiß mit dieser Erde gemischt. Dort sind in dieser Erde die nimmer schweigenden Überreste meiner Vorfahren. Wehe mir, tausendmal wehe mir, wenn ich dies alles vergesse. Heute stehe ich hier wiederum als Forderer der Rechte meines Volkes und fordere Gerechtigkeit. Heute klopfe ich wiederum an die Türen der verschlossenen Augen und Gewissen der Menschen und Staaten und fordere die legitimen Rechte meines Volkes. Das ist das innige Vermächtnis meiner abertausend Märtyrer und daher das Motto meines Kampfes, der Weg meines Lebens.

DIES IST DAS GEBOT DES 24. APRIL
Dies ist das Gelübde eines jeglichen Armeniers und des ganzen Armeniertums.
Und nun, du Pilgervolk, das du das Gelübde abgelegt hast, erneuere deinen Glauben, bekräftige deine Hoffnung, straffe deinen Willen und gehe vorwärts mit den ewigklingenden Worten des menschgewordenen Gottes: »Fürchte dich nicht, glaube nur ...« (Lk 8, 50).
Glaube an deine eigene Kraft, glaube an deine helle Zukunft.
Und siehe, dann wirst du stark, du wirst siegen und ewig bleiben.

Aram I. Katholikos, *Asg, Jekeghetzi, Hajrenik* (*Volk, Kirche, Heimat*), Antelias 1999, S. 35–38

Epilog

Das bevorstehende 1700jährige Jubiläum der Armenischen Apostolischen Kirche ist Anlaß, einen einzigartigen Kunstschatz in Europa auszustellen: den Kirchenschatz der Kathedrale von Sis in Kilikien, der heute im Kilikia-Museum in Antelias/Libanon verwahrt wird; dort, wo seit Anfang der dreißiger Jahre das armenische Katholikosat des Großen Hauses von Kilikien seinen Sitz hat. Erst seit wenigen Jahren ist dieser Schatz öffentlich zu besichtigen, orientalischen Boden hat er noch nie verlassen.

Die armenische Kirche ist die älteste christliche Staatskirche; zehn Jahre bevor im Römischen Reich das Christentum zur Staatsreligion erklärt wurde, ließ sich ein armenischer König taufen. Mit der Erfindung des armenischen Alphabets durch den Mönch Mesrop und der ersten Bibelübersetzung formte sich seit dem 5. Jahrhundert eine außergewöhnlich hochentwickelte geistige Kultur. Erstaunlicherweise ist heute über die armenische Geschichte und Kultur nur wenig bekannt. Viele literarische und kirchliche Quellen sind nicht übersetzt und somit unerschlossen. Verfolgung, Deportation und Vernichtung sind nur in groben Zusammenhängen bekannt, noch immer ist Franz Werfels Romans *Die Vierzig Tage des Musa Dagh* das beindruckendste Zeugnis vom Schicksal der Armenier.

Das armenische Volk hat, obwohl oder gerade weil es seit frühester Zeit verdrängt und verfolgt worden ist, in der Diaspora stets ein großes kulturelles Zusammengehörigkeitsgefühl bewahrt. Diese Identität, da sie nicht an einen Staat gebunden sein konnte, speist sich aus dem Wissen um das Schicksal, aus dem Bewußtsein für die eigene Geschichte, die Sprache, die Literatur und den Glauben. Am Schatz der Kathedrale von Sis lassen sich alle bedeutenden Aspekte der armenischen Identität ablesen und erklären: das tragische Los von Verfolgung und Rettung, die kirchliche Liturgie und die hohe künstlerische Entwicklung. Es offenbart sich eine Kultur, die nicht, wie man erwarten könnte, durch den Orient geprägt ist, sondern viele europäische Einflüsse aufgenommen hat. Ziel der Ausstellung des geretteten kilikischen Kirchenschatzes in der Staatlichen Galerie Moritzburg in Halle, dem Landeskunstmuseum von Sachsen-Anhalt, ist es, den europäischen Betrachter in die Welt der armenischen Kultur einzuführen, die kirchlichen Bräuche und Schriften zu erläutern und die Kultgegenstände der Liturgie zu deuten. Dem bisher unveröffentlichten, eindrucksvollen Augenzeugenbericht des Bischofs Chad Adschapahjan von der Klosterkarawane, der Rettung des Schatzes auf dem Treck von Sis nach Aleppo, sind eine Reihe seltener Dokumente, über weitere Vertreibungen an die Seite gestellt; hier handelt es sich um Materialien, die Franz Werfel zum Teil als Quellen für seinen Roman nutzte. Eine ausführliche kunsthistorische Einordnung der aus verschiedenen Jahrhunderten stammenden Kunstwerke des Schatzes wurde nicht vorgenommen. Dies ist einem Generalkatalog vorbehalten, der derzeit in Antelias und Genf erarbeitet wird.

Es ist kein Zufall, daß diese Ausstellung in Halle (Saale) gezeigt wird. Historische wie auch sehr gegenwärtige Verbindungen haben diese Stadt zu einem Zentrum der armenologischen Forschung werden lassen: 1981 wurden das Johannes-Lepsius-Archiv Halle und 1998 das Mesrop-Zentrum für Armenische Studien an der Wittenberger Stiftung Leucorea begründet. Die Kultur- und Wissenschaftsbeziehungen der Bundesrepublik mit Armenien werden heute federführend vom Land Sachsen-Anhalt koordiniert.

Der Theologe Johannes Lepsius, der deutsche ›Anwalt der Armenier‹, der 1914 in Berlin die Deutsch-Armenische Gesellschaft gründete, suchte als einer der ersten in der Armenierfrage auf die deutsche Außenpolitik einzuwirken. Ende des 19. Jahrhunderts studierte der spätere Katholikos Karekin I. Howsepianz in Halle Theologie. Bedeutend sind nicht nur seine Untersuchungen über die armenische Miniaturmalerei, sondern auch seine große Sammlung von Kopien nach berühmten armenischen Originalen, die in der Ausstellung gezeigt werden. Er war außerdem der erste, der die Idee einer musealen Präsentation des Kirchenschatzes von Sis faßte. Sein geistiger Erbe, Katholikos Karekin II. Sarkissian, veranlaßte den Bau des Kilikia-Museums; er wurde 1998 zum Ehrendoktor der hallischen Theologischen Fakultät promoviert. Unser außerordentlicher Dank gilt Seiner Heiligkeit Aram I., Katholikos des Großen Hauses von Kilikien. Seine Entscheidung, sich über Monate von seinem kostbarsten Besitz zu trennen, von einem Kirchenschatz, der nicht nur Kernbestand eines Museums ist, sondern noch heute lebendiger und symbolischer Bestandteil der Liturgie, die das Herzstück der armenischen Identität ausmacht, hat diese Ausstellung in Halle überhaupt erst ermöglicht. In den mittelalterlichen Gewölben der Moritzburg findet der Schatz aus dem Kilikia-Museum eine würdige Aufnahme.

Für ihr großes Entgegenkommen, ihre Gastfreundschaft, aber auch für ihre tatkräftige Unterstützung sei insbesondere dem Direktor des Kilikia-Museums Erzbischof Yeprem Tabakian, und seinen Mitarbeitern, Vardapet Massis und Frau Ani Boghossian herzlich gedankt. Von unschätzbarem Wert war die Hilfe und Zuarbeit, die Frau Prof. Manoushag Boyadjian, stellvertretende Vorsitzende des Museumskommitees, uns gewährte. Unser Dank gilt in gleicher Weise dem Sekretär für ökumenische Beziehungen des Katholikosats, H. Nareg Dz. Vardapet Alemezian, und Bischof Dirayr Panossian. Sie alle haben dazu beigetragen, daß aus dem Ausstellungsvorhaben sehr schnell ein deutsch-armenisches Gemeinschaftsprojekt wurde.

Die Anregung und Idee zu dieser Ausstellung stammt von Professor Hermann Goltz, Leiter des hallischen Johannes-Lepsius-Archivs Halle und Direktor des Wittenberger Mesrop Zentrum für armenische Studien, einem ausgewiesenen Kenner der armenischen Kirche und Kultur. Er hat die Kontakte hergestellt, die Vorbereitungen mit großer Leidenschaft getragen und begleitet und die Texte der vorliegenden Publikation erarbeitet. Hierfür wie auch für viele anregende und bereichernde Gespräche danken wir ihm von ganzem Herzen. Von Seiten des Museums wurde das Projekt durch den Kustos des Landesmünzkabinetts, Ulf Dräger, betreut. Ihm sowie Ulrike Graul M.A., die als Ausstellungsassistentin die Vorbereitungen auf eine solide Basis stellte, sei ebenso herzlich für ihr großes Engagement gedankt. Es ist uns eine große Freude, daß Frau Ursula Reichert, Leiterin des Dr. Ludwig Reichert Verlages, die deutsche und englische Ausgabe des Kataloges in ihre Reihe »Sprachen und Kulturen des Christlichen Orients« aufgenommen hat; für das Vertrauen, das sie uns schenkte, danken wir ihr vielmals. Die Publikation erfährt eine große Vervollkommnung durch die Photographien und die Gestaltung von Klaus E. Göltz; auch ihm, dessen Einsatz weit über das übliche Maß hinausging, sei sehr herzlich gedankt. Die Ausstellung lebt von dem architektonischen Konzept, das Johann Stief, Professor für Innenarchitektur an der Burg Giebichenstein – Hochschule für Kunst und Design Halle, entwickelte und umsetzte. Ihm sagen wir unseren besonderen Dank und schließen darin auch Simone A. Frank und Markus Schmidt aus Berlin ein, die die grafische Gestaltung der Ausstellung besorgten. Für die fachkundige restauratorische Betreuung der Ausstellung danken wir vielmals Ulrich Sieblist.

Ein Ausstellungsvorhaben dieser Größenordnung wäre ohne Unterstützung von außen nicht möglich gewesen. Die Lotto-Toto GmbH Sachsen-Anhalt gewährte uns die bisher höchste Summe, die ein Einzelvorhaben jemals erhielt, und machte es damit möglich, das Projekt in dem geplanten Zuschnitt zu realisieren. Weitere bedeutende Zuwendungen gaben die Stadt Halle (Saale) und das Auswärtige Amt Berlin. Ihnen allen sei für ihre großzügige Unterstützung sehr herzlich gedankt.

Dr. Katja Schneider
Direktorin

Anmerkungen

1 Schreibweisen auch (lateinisch) *Cilicia, Cilicien* oder *Zilizien*. In der armenischen Namensform Kilikia (*Kilikia*, westarmenisch phonetisch *Giligia*) lebt die griechische Sprachform fort.
2 Heute Mersin.
3 Türkisch Kozan.
4 So der offizielle Titel des kirchlichen Oberhauptes der kilikischen Armenier im Unterschied zu dem Katholikos Aller Armenier mit Sitz in Etschmiadzin (bei Jerewan).
5 Vgl. die Dokumentation der hamidischen Massaker von Johannes Lepsius, *Armenien und Europa*, Berlin 1896, erweiterte Ausgaben 1897.
6 Vgl. die früheste Dokumentation des Völkermords an den Armeniern, die noch während des Genozids in Deutschland erschien und von der deutschen Militärzensur aufgrund des Bündnisses Deutschlands mit der osmanischen Türkei verboten wurde: Johannes Lepsius, *Bericht über die Lage des Armenischen Volkes in der Türkei*, Potsdam 1916, die 2. Auflage und die weiteren Auflagen erschienen in Potsdam 1919, 1927 und 1930 unter dem Titel *Der Todesgang des Armenischen Volkes*. Diesem ersten großen Völkermord im 20. Jahrhundert fielen etwa 1,5 Mio Armenier zum Opfer.
7 Vgl. die zeitgenössischen Berichte im Lepsius-Archiv Halle: Ewald Stier, Die Bluttaten in Adana und Tarsus: *Der Christliche Orient* (ed. J. Lepsius) 10, 1909, S. 123–124; Paul Rohrbach, Die Wahrheit über Adana: ebd., S. 145–159 und den Aufruf des Internationalen Hilfskomitees für die Unterstützung der Notleidenden in Adana und Aleppo: ebd. S. 112.
8 Etwa 1700 m.
9 Türkisch Seyhan.
10 Türkisch Misis.
11 Ernst Lohmann, *Im Kloster zu Sis*. Ein Beitrag zu der Geschichte der Beziehungen zwischen dem Deutschen Reiche und Armenien im Mittelalter, Striegau in Schlesien (1902), S. 3–5; vgl. auch die polykopierte, erweiterte Ausgabe (masch.) von Bedros Dikiciyan, [West-]Berlin 1984.
12 Vgl. Claude Mutafian, *La Cilicie au carrefour des empires*, zwei Bde., Paris 1988; ders., *Le Royaume Arménien de Cilicie XIIe – XIVe siècle*, Paris 1993; ders., *Roma – Armenia*, Rom 1999.
13 Vgl. dazu unten im Dokumententeil *Kilikien 1915*.
14 D. h. aus Kilikien.
15 Vgl. J. Lepsius, *Deutschland und Armenien 1914–1918*, Potsdam 1919, S. 111.
16 *1849, †1939; Katholikos des Großen Hauses von Kilikien von 1903 – 1939.
17 Hermann Goltz und Axel Meissner, *Deutschland, Armenien und die Türkei 1895 – 1926*. Dokumente und Zeitschriften aus dem Dr. Johannes-Lepsius-Archiv an der Martin-Luther-Universität Halle-Wittenberg, Teil 1 Katalog, München 1998; Teil 2 Mikrofiche-Edition der Dokumente und Zeitschriften, München 1999; Teil 3 Thematisches Lexikon zu den Dokumenten und Zeitschriften des Dr. Johannes-Lepsius-Archivs (in Vorbereitung).
18 Chad, später armenischer Bischof in Damaskus und Erzbischof in Beirut, gehört der berühmten kilikisch-armenischen Familie der Adschapahjan an. Dieser Familienname kann wörtlich übersetzt werden als »Bewahrer der rechten Händen«, d. h. diese Familie wachte über die wichtigsten Reliquien des Katholikosats, besonders die rechte Hand Gregor des Erleuchters. Durch seine aktive Teilnahme an der Rettung des Schatzes von Sis, in welchem sich auch diese Hauptreliquien befanden, hat Chad Adschapahjan entsprechend seiner Familientradition gehandelt.
19 Katholikos Sahak II. hatte auch versucht, die Vertreibung der armenischen Bevölkerung von Zeitun zu verhindern.
20 Istanbul wird von den Armeniern »Bolis« genannt (von griechisch »Polis« – »die Stadt« – als allgemeine Ehrenbezeichung von Konstantinupolis, der »Stadt des Konstantinos«).
21 Kirakos »der Großtäter« oder »der Große« war als Kirakos I. von 1797–1822 Katholikos des Großen Hauses von Kilikien.
22 Türkisch Ceyhan.
23 Vardapet: armenischer kirchlicher Amtstitel, höheres monastisches Amt unter dem Bischofsrang. Vardapeten werden oft auf vakanten Bischofsstühlen als Vertreter eingesetzt.
24 Tschettehs: irreguläre Milizen.
25 Syrien und der Libanon entwickelten sich in den zwanziger und dreißiger Jahren zu neuen Heimstätten des Armeniertums nach dem Genozid. Die Flüchtlings-Camps bei Aleppo und Beirut wurden innerhalb weniger Jahrzehnte zu den pulsierenden Stadtteilen Meidan und Bourj Hammoud.
26 Lukas (Ghukas) I., Katholikos des Großen Hauses von Kilikien 1731–1737.
27 Jeprem I., Katholikos des Großen Hauses von Kilikien 1771–1784.
28 Dieses von Bischof Chad unterschriebene Manuskript ist ohne Datum. Es stammt, wie man aufgrund der Nachbemerkung vermuten kann, aus der Zeit um 1935. Eine Version ist im *Syrischen Album* abgedruckt worden, eine andere bei M. Keleschjan in dessen Buch über Sis in gekürzter Form, die wiederum in der Zeitschrift *HASK* (August-Oktober 1968, S. 306–308) abgedruckt wurde. Der Text unserer Übersetzung stammt von der originalen Handschrift, die von Byzand Eghiajan in seiner *Neuzeitlichen Geschichte des Katholikosats der kilikischen Armenier*, Antelias 1975 (armenisch), S. 166–169, abgedruckt worden ist.
29 Vgl. hier und im folgenden Friederike Köckert, *Sowrb Patarag – »Heiliges Opfer«*. Texte und Untersuchungen zur

Liturgie der Armenischen Apostolischen Kirche, Diss. theol., Halle (Saale) 1986, ebenso: *Divine Liturgy of the Armenian Apostolic Orthodox Church*, translated by Tiran Archbishop Nersoyan, Revised Fifth Edition, London 1984. Grundlegende Quellensammlung bei J. Catergian – J. Dashian, *Die heiligen Liturgien der Armenier* (armenisch), Wien 1897.

30 Vgl. im Dokumententeil die Briefe der Araxia Dschebedjian aus dem mesopotamischen Todeslager bei Der-Sor und das Gelübde am 24. April von Aram I. Katholikos.

31 *Hajk* ist der Name des Urvaters der *Haj*, so die Selbstbezeichnung der Armenier, die in *Hajastan*, also dem Haj(k)land, *Armenien* in persisch-griechischer Fremdbezeichnung, leb(t)en (vgl. z. B. Tschech als Urvater der Tschechen).

32 Die letzte Phase der Verfolgungsgeschichte spielte sich im Kaukasus ab, als nach dem Frieden von Brest-Litowsk die russische Armee sich zurückzog und den Kaukasus der Invasion der türkischen Truppen preisgab. Ueber die Vorgänge im Kaukasus vgl. *Deutschland und Armenien 1914–1918*. Sammlung diplomatischer Aktenstücke, hrsg. und eingel. von Dr. Johannes Lepsius, Potsdam 1919, Einl. S. XLV und die Aktenstücke d. Js. 1918, S. 365 ff. (Anm. von J. Lepsius).

33 Über die Vorgänge in Dörtjol sind nähere Berichte in dem deutschen Konsularbericht aus Adana vom 13. März 1915 gegeben. Lepsius, *Deutschland und Armenien 1914–1918* Nr. 19. (Anm. von J. Lepsius).

34 Vgl. zu dieser Deportation an den Chebor/Chabur, einen Nebenfluß des Euphrats in völliger Wüste, den Bericht eines neutralen Beobachters in *Deutschland und Armenien 1914–1918*, S. 486–493 (speziell S. 493). Da es unmöglich war, für 30.000 und mehr Deportierte dort am Fluß Chabur Lebensmittel aufzutreiben, war auch diese »Deportation« ohne den leisesten Zweifel eine Maßnahme, die bewußt auf die Vernichtung der deportierten armenischen Bevölkerung zielte.

35 Hier und im folgenden handelt es sich bei G. wahrscheinlich um den Prediger Vartan Geranian (so in westarmenischer Phonetik); vgl. unten dessen Brief.

36 Zu den armenischen Reformen vgl. Hermann Goltz, Die Armenischen Reformen im Osmanischen Reich, Johannes Lepsius und die Gründung der Deutsch-Armenischen Gesellschaft, in: *Fünfundsiebzig Jahre Deutsch-Armenische Gesellschaft*, Festschrift, hrsg. v. d. Deutsch-Armenischen Gesellschaft, Mainz 1989, S. 4–76.

37 Gemeint sind die »Brote« aus der neutestamentlichen Erzählung. »Brötchen« ist ein typischer Ausdruck in Karen Jeppes Deutsch.

38 Vgl. J. Lepsius, *Der Todesgang des Armenischen Volkes*, 4. Aufl. Potsdam 1930, S. 188–197, 301; J. Lepsius, *Deutschland und Armenien 1914–1918*, Potsdam 1919, S. XIX-XX; und Register S. 537 s. v. Armenische Notable und politische Führer.

39 Spjurk: Zerstreuung, Diaspora (d. h. die weltweite armenische Diaspora außerhalb der Republik Armenien).

40 Zizernakaberd (»Schwalbenburg«), die Höhe über Jerewan, wo sich seit 1965 das große Völkermord-Denkmal der Armenier befindet, an jedem 24. April Ziel einer riesigen Pilgerschar aus aller Welt.

41 Bei Sardarapat schlug 1918 in einem legendären Abwehrkampf die junge armenische Armee zusammen mit dem Volk und den Mönchen des nahen Etschmiadzin den eindringenden türkischen Gegner und bewahrte damit Armenien vor der völligen Vernichtung.

42 Arzach: der ursprüngliche armenische Name für Karabagh.

43 Der Gott derer, die Armenien christianisiert haben (Beiname der Apostel Thaddäus und Bartholomäus, der »ersten Erleuchter Armeniens«, und des Hl. Gregor Lussaworitsch [Illuminator; Erleuchter], des Haupt-Apostels der Armenier).

44 Der Gott derer, die Armenien gegen feindliche Übermächte mit ihrem Leben verteidigen (der Hl. Vardan und sein Gefolge werden als Märtyrer des Verteidigungskampfes der Armenier im 5. Jh. gegen die einen Religionskrieg führenden Perser verehrt).

45 Der Gott derer, die die armenische Schrift, die Bibelübersetzung und Literatur schufen, wie der Hl. Sahak und der Hl. Mesrop.

46 Der Gott derer, die in ihrem geistlichen Amt dem armenischen Volk beistanden und ihm geistig, sozial und politisch zu helfen versuchten, wie Chrimean Hajrik (»Väterchen Chrimean«), d. i. der Katholikos Aller Armenier Mkrtitsch Chrimean, eines der bedeutendsten armenischen Kirchenoberhäupter der Neuzeit, vertrat die staatslosen Armenier auf der Berliner Konferenz 1878.

47 Synonym mit: der Gott der Christen, da in der Tradition des armenischen Volk das Wort »armenisch« »christlich« bedeutet (für »taufen« verwendet man auch das Wort »armenisieren«).

48 Prachtvolle, zerstörte mittelalterliche Haupstadt Armeniens, deren auch als Ruinen noch bewundernswerte Reste heute auf türkischer Seite direkt an der Grenze zur Republik Armenien stehen.

49 Wichtige Festungsstadt, vor dem 1. Weltkrieg zu Russisch-Armenien gehörend, im Vertrag von Kars 1921 zwischen den russischen Bolschewiki und der Türkei Mustafa Kemals (Atatürk) gegen den Vertrag von Sèvres und die Versprechungen Woodrow Wilsons an die Türkei gegeben.

50 Van am Van-See in der heutigen Osttürkei und Zeitun in Kilikien, zwei der Städte, in welchen sich die Armenier zwar gegen die Deportation zur Wehr gesetzt hatten, aber dennoch dem Völkermord zum Opfer fielen. Zur punktuellen Selbstverteidigung der Armenier in Bitlis, Musch, Urfa, Schabin-Karahissar, Van und Zeitun, von der türkischen Seite als »Aufstände« qualifiziert, s. J. Lepsius, *Deutschland und Armenien*, Potsdam 1919, Register S. 537 s. v. Aufstände, armenische, auch unter den genannten Städten.

Literatur in Auswahl

Agémian, S.: *Manuscrits Arméniens Enluminés du Catholicossat de Cilicie*, Antelias (Libanon) 1991.

Dieselbe: *Kilikia Tangaran* (armenisch *Kilikia-Museum*), Antelias (Libanon) 1998.

Dieselbe: *Musée Cilicie* (französisch-arabisch), Antelias (Libanon) 1998.

Aram I. Katholikos des Großen Hauses von Kilikien: *Asg – Ekeghetzi – Hajrenik* (armenisch *Volk – Kirche – Vaterland*), Antelias (Libanon) 1999.

Armenien – Wiederentdeckung einer alten Kulturlandschaft. Katalog der Ausstellung im Museum Bochum, hrsg. vom Museum Bochum und dem Institut für Armenische Studien, Bochum 1995.

Aßfalg, J.; Krüger, P.: *Kleines Wörterbuch des Christlichen Orients*, Wiesbaden 1975.

Babgen (Gülesserian), Katholikos-Koadjutor: *Geschichte des Katholikosats von Kilikien von 1441 bis heute* (armenisch), Antelias 1939.

Dadrian, V. N.: *German Responsibility in the Armenian Genocide*, Watertown Mass. 1996.

Der-Zor Lujs Hagaw (armenisch *Der Sor ist lichtgeworden*), hrsg. vom Katholikosat des Großen Hauses von Kilikien anläßlich der Weihe der Kirche der Hl. Neomärtyrer, Antelias (Libanon) 1991.

Divine Liturgy of the Armenian Apostolic Church, translated by Tiran archbishop Nersoyan, Rev. 5th ed., London 1984.

Drost-Abgarjan, A.; Goltz, H.: *Information zum Projekt Scharaknotz – Armenisch-Deutsche Edition des Altarmenischen Hymnariums*, in: Annäherung an das Fremde, XXVI. Deutscher Orientalistentag 1995 in Leipzig, hrsg. im Auftrag der Deutschen Morgenländischen Gesellschaft von Holger Preissler und Heidi Stein (ZDMG-Supp. 11), Stuttgart 1998, S. 127-131.

Drost-Abgarjan, A.; Goltz, H.: *Scharaknotz – Hymnarium der Armenischen Apostolischen Kirche*. Armenisch – Deutsch, Halle (Saale), Halle (Saale) 1998 (Ms., wird zum Druck vorbereitet).

Gazer, H. R. (d. i. Lasarjan, Ch. R.): *Die Geschichte der Armenischen Apostolischen Kirche in Sowjetarmenien zwischen den Weltkriegen*. Untersuchung zur Anatomie einer Vernichtung, Habil. theol. masch. Halle 2000.

Goltz, H. [Hrsg.], *Akten des Internationalen Dr. Johannes-Lepsius-Symposiums 1986* an der Martin-Luther-Universität Halle-Wittenberg, Halle 1987.

Goltz, H.: Die »Armenischen Reformen« im Osmanischen Reich, Johannes Lepsius und die Gründung der Deutsch-Armenischen Gesellschaft, in: *Fünfundsiebzig Jahre Deutsch-Armenische Gesellschaft*, Festschrift, hrsg. von der Deutsch-Armenischen Gesellschaft, Mainz 1989, S. 4–76.

Goltz, H.: Zum System der Illuminierung des Scharaknotz, in: *Cutik Halleakan* – Kleine Sammlung armenologischer Untersuchungen, hrsg. von Walter Beltz und Armenuhi Drost-Abgarjan, Hallische Beiträge zur Orientwissenschaft 20, Halle/Saale 1995, S. 102–152.

Goltz/Meissner: *Deutschland, Armenien und die Türkei 1895–1925*. Dokumente und Zeitschriften aus dem Dr. Johannes-Lepsius-Archiv an der Martin-Luther-Universität Halle-Wittenberg, hrsg. von H. Goltz, München: Saur Verlag 1998–2000 (Teil 1 Katalog, zusammengestellt und bearbeitet von Hermann Goltz und Axel Meissner, 1998; Teil 2 Mikrofiche-Edition, zusammengestellt und bearbeitet von Hermann Goltz und Axel Meissner unter Mitarbeit von Ute Blaar, Jana Büttner und Leonore Kratzsch, 1999; Teil 3 Thematisches Lexikon, erarbeitet von Hermann Goltz und Axel Meissner, Publikation geplant für 2000)

Goltz, H.: Armenien und Deutschland – Ein Versuch, Zerrissenes zusammenzuknüpfen, in: *Armeni syn die menschen genant* … Eine Kulturbegegnung mit Armenien in der Staatsbibliothek Berlin, ed. Meliné Pehlivanian, unter Mitarbeit des Mesrop Zentrum für Armenische Studien (Stiftung Leucorea) an der Martin-Luther-Universität Halle-Wittenberg, Berlin 2000, S. 21–40.

Gust, W.: »... ob darüber Armenier zu Grunde gehen oder nicht« – Johannes Lepsius' revidierte Aktensammlung »Deutschland und Armenien«: *Mittelweg 36*, Nr. 5, 1999, S. 61ff.

Haj ekeghetzu gandsere – Sokrovischtscha Armjanskoi Zerkvi – Treasures of Armenian Church – Exhibition in the State Museum of the Moscow Kremlin, Catalogue (armenisch-russisch-englisch), ed. Nathan Hovanessian, Autoren Yvetta Mkrttschjan und Sejranusch Manukjan, Moskau 1997.

Hajkakan Aseghnagortzutjun (armenisch *Armenische Stickerei*), ed. Seta Khajag Khdeshian, Seta Mesrobian, Movses Herguelian, Beirut 1999.

Iskandar, A. J.: *La Nouvelle Cilicie – Les Arméniens du Liban*, Antelias (Libanon) 1999.

Karapetean, B. M.: Die Geschichte der Adshapaheans, Bewahrer und Sorgetragende für die Hl. Rechten (armenisch): *Hask*. Armenologisches Jahrbuch, Antelias (Libanon), Neue Reihe 6. Band, S. 301-308.

Köckert, F.: *Sowrb Patarag* – »Heiliges Opfer«. Texte und Untersuchungen zur Liturgie der Armenischen Apostolischen Kirche, Diss. theol. masch., Halle (Saale) 1986.

Lepsius J.: *Armenien und Europa*, Berlin-Westend, 1896, erweiterte Auflagen 1897.

Derselbe: *Bericht über die Lage des Armenischen Volkes in der Türkei*, Potsdam 1916; 2., erweiterte Auflage unter dem Titel: *Der Todesgang des Armenischen Volkes*, Potsdam 1919, 1927, 1930 etc., französische Ausgabe Paris 1918, armenische Ausgabe Istanbul 1919, verschiedene Reprints.

Derselbe: *Deutschland und Armenien 1914–1918*, Potdam 1919; Reprint ed. T. Hofmann, aus den Originalen vervollständigte Internet-Ausgabe von W. und S. Gust. Französische Teilausgabe in den Archives du génocide, Paris, Vorwort von Alfred Grosser.

Lohmann, E.: *Im Kloster zu Sis* – Ein Beitrag zu der Geschichte der Beziehungen zwischen dem Deutschen Reich und Armenien im Mittelalter, Striegau i. Schl. (o.J.)

Mahé, J.-P.: Armenien – Das Land, die Menschen und ihre Geschichte, in: *Armenien. Wiederentdeckung einer alten Kulturlandschaft*, Katalog der Ausstellung im Museum Bochum 1995, S. 9-18.

Mousa Ler – Ainjar 1939 – 1999 (armenisch-englisch-arabisch), hrsg. anläßlich des 60. Gedenktages des Exodus der Musa-Dagh-Dörfer von dem Festkomitee in Anjar (Libanon) 1999.

Mutafian, Cl.: *Le Royaume Arménien de Cilicie XIIe-XIVe siècle*, Paris 1993.

Mutafian, Cl. (Hrsg.): *Roma – Armenia*, Katalog der Ausstellung im Großen Sixtinischen Saale der Bibliotheca Apostolica Vaticana, Rom 1999.

Onasch, K.: *Liturgie und Kunst der Ostkirche in Stichworten* unter Berücksichtigung der Alten Kirche, Leipzig 1981.

Prinzing, G.; Schmidt, A. B.: *Das Lemberger Evangeliar* – Eine wiederentdeckte [kilikisch-]armenische Bilderhandschrift des 12. Jahrhunderts, Wiesbaden 1997.

Stephan, S.: *Karapet Episkopos Ter-Mkrttschjan (1866 – 1915)*, Materialien zu einem Kapitel armenisch-deutscher wissenschaftlicher Zusammenarbeit, unter Mitarbeit von Loretta Chr. Ter-Mkrttschjan, red. u. hrsg. von H. Goltz, Halle (Saale) 1983.

Winkler, G.: *Koriwns Biographie des Mesrop Maschtotz*. Übersetzung und Kommentar, Rom 1994.

Das Buch erscheint anläßlich der Ausstellung

Der gerettete Schatz der Armenier aus Kilikien
Sakrale Kunst aus dem Kilikia-Museum, Antelias, Libanon

Staatliche Galerie Moritzburg Halle
Landeskunstmuseum Sachsen-Anhalt

2. September bis 12. November 2000

www.armenien2000.de

AUSSTELLUNG

Idee und Konzeption Prof. Dr. Hermann Goltz, Ulf Dräger, Dr. Katja Schneider

Organisation Dr. Katja Schneider, Ulf Dräger, Ulrike Graul M. A.

Leihgeber Katholikosat des Großen Hauses von Kilikien, Antelias, Libanon

Gestaltung Prof. Johannes Stief

Grafik Simone A. Frank, Markus Schmidt

Plakat Klaus E. Göltz

Restauratorische Betreuung Ulrich Sieblist

Versicherung Aon Jauch & Hübener Berlin-Leipzig bei Axa Nordstern Art

Transport Hasenkamp

Sponsoren
Lotto-Toto GmbH Sachsen-Anhalt
Stadt Halle (Saale)
Auswärtiges Amt Berlin

Umschlagabbildungen
Taube für das Heilige Myron · *Myronathap Aghawni*
Reliquiare in Kreuzform · *Chatschadzew Masnatupner*

Frontispiz
Die Rechte des Erleuchters · *Adsh Lussawortschi*, Hauptreliquie des Katholikosats des Großen Hauses von Kilikien

BUCH ZUR AUSSTELLUNG

Konzeption Prof. Dr. Hermann Goltz, Klaus E. Göltz

Buchgestaltung und Photographie Klaus E. Göltz

Redaktion Prof. Dr. Hermann Goltz, Klaus E. Göltz, Ulrike Graul M. A.

Übersetzungen aus dem Armenischen Prof. Dr. Hermann Goltz, Frau Dr. Armenuhi Drost-Abgarjan

Englische Ausgabe, Übersetzung Alastair Bassett

Lithographie ScanColor Leipzig GmbH

Druck EBS Verona, Italien

© 2000 für die Texte: Autoren und
  Dr. Johannes-Lepsius-Archiv Halle
© 2000 für Photographien: Klaus E. Göltz
© 2000 für die abgebildeten Kunstwerke: Katholikosat des Großen Hauses von Kilikien, Antelias, Libanon

Dieses Werk ist urheberrechtlich geschützt. Sämtliche Arten der Vervielfältigung oder der Wiedergabe sind nur im Rahmen der gesetzlichen Bestimmungen zulässig. Dies gilt auch für alle sonstigen Arten der Nutzung. Zuwiderhandlungen werden verfolgt.

Die Deutsche Bibliothek – CIP-Einheitsaufnahme
Der gerettete Schatz der Armenier aus Kilikien: sakrale Kunst aus dem Kilikia-Museum Antelias, Libanon / Staatliche Galerie Moritzburg Halle, Landeskunstmuseum Sachsen-Anhalt. Hermann Goltz. Photogr. von Klaus E. Göltz. – Wiesbaden: Reichert, 2000. (Sprachen und Kulturen des christlichen Orients; Bd. 7)
ISBN 3-89500-194-5

Dr. Ludwig Reichert Verlag, Wiesbaden
Reihe: Sprachen und Kulturen des Christlichen Orients, hrsg. von Johannes den Heijer, Stephen Emmel, Martin Krause, Andrea Schmidt, Band 7

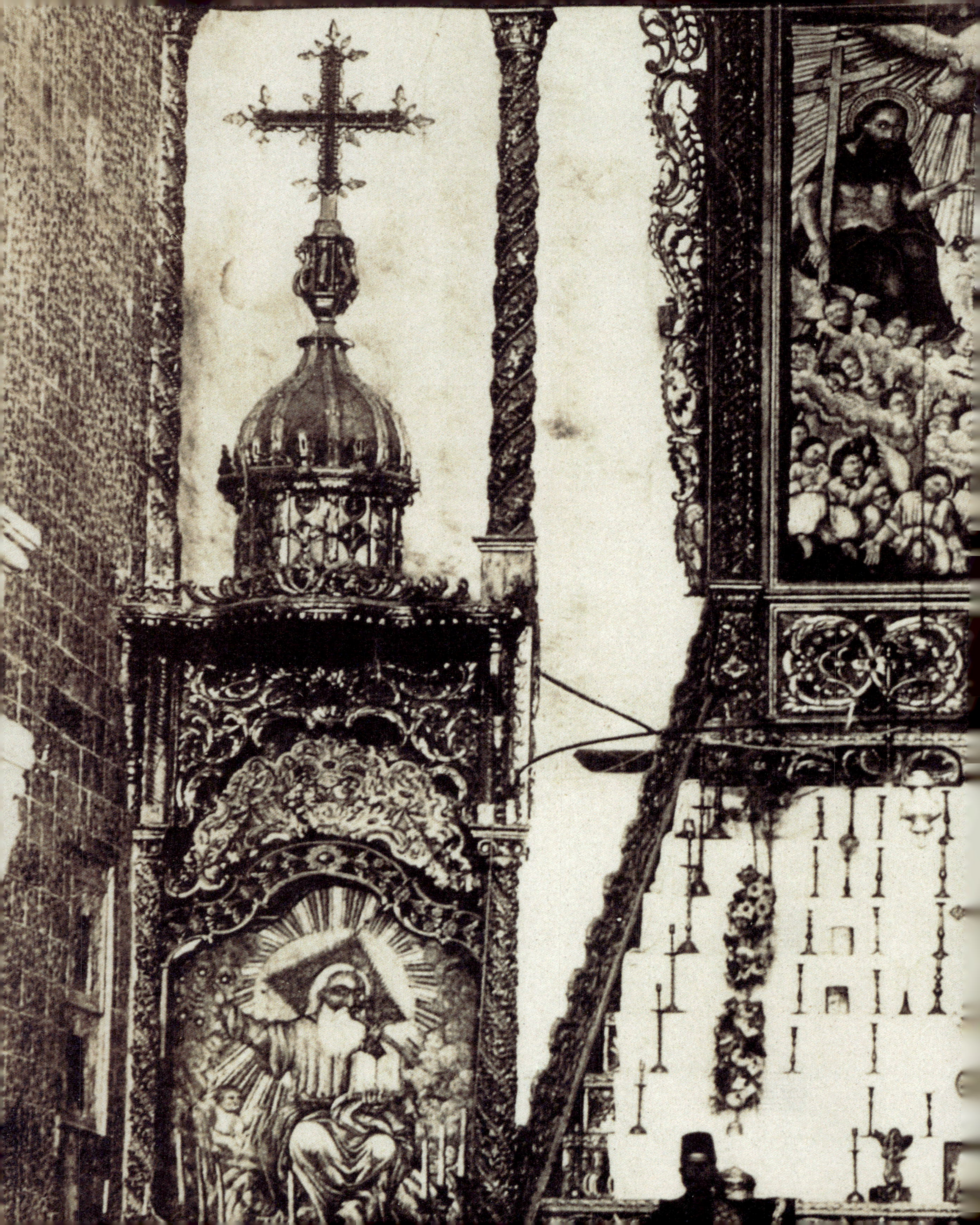

Sprache, Mythen, Mythizismen

Festschrift für Walter Beltz

zum 65. Geburtstag am 25. April 2000

Teil 1

hrsg. von

Armenuhi Drost-Abgarjan und Jürgen Tubach
in Verbindung mit Mohsen Zakeri

Halle (Saale) 2004

nun tatsächlich erlebt oder fiktiv, sei er der alleinige Protagonist oder "nur" Beschreibender von Verhaltens- und Redeweisen sowie des Habitus Anderer.

Hermann Goltz und Armenuhi Drost-Abgarjan (Halle)

DIE KLOSTERKARAWANE
Der Augenzeugenbericht von der Rettung des Schatzes der Armenier aus Kilikien während des Genozids 1915
(Armenischer Text, deutsche Übersetzung und Anmerkungen)

Der Edition des armenischen Textes und der deutschen Übersetzung liegt das armenische Manuskript des Augenzeugen Xad Ajapahean[1] (Chad Adschapahjan; 1883-1968), des späteren Beiruter armenischen Erzbischofs und Atʻorakicʻ (Coadjutor) des Katholikos von Kilikien zugrunde, der 1915 als 32jähriger Vardapet unmittelbar an den Ereignissen teilhatte, die in dem hier publizierten und übersetzten Dokument geschildert werden. Das Manuskript befindet sich im Archiv des Katholikosats des Großen Hauses von Kilikien (Antelias, Libanon) im Umschlag Nr. 52-227, Teil 9 und ist durch Biwzand Eliayean (Bjusand Jeghiajean) in seiner Monographie "*Die neuere Geschichte des Katholikosats der kilikischen Armenier 1914-1972*"[2] armenisch gedruckt worden. Das Manuskript selbst trägt kein Datum. Es stammt, wie man aufgrund der Nachbemerkung vermuten kann, aus der Zeit um 1935, beinhaltet aber in der Hauptsache einen früher niedergeschriebenen Text. Dies wird deutlich an der bereits 1929 armenisch im *Syrischen Album* publizierten Version. Eine gekürzte armenische Form ist von M. Kʻelešean (Keleschjan) in *Sis Matean* (*Das Sis-Buch*) und wieder in der armenologischen Zeitschrift des Katholikosats von Kilikien, HASK[3] abgedruckt worden. Wir danken Seiner Heiligkeit Aram I., Katholikos des Großen Hauses von Kilikien, für die Erlaubnis, die Archivmaterialien in Antelias benutzen zu dürfen, und Herrn Prof. Grigor Šahinean für die praktische Unterstützung bei der Arbeit.

Die Parallel-Edition von armenischem Originaltext und deutscher Übersetzung samt überarbeiteten Anmerkungen wird hier erstmalig publiziert.[4]

1914-Ի ՀԵԴՀԱՆԵՈՒՐ ՊԱՏՐԱՍՏՈՒՄՆ ՍՍՈՑ ՎԱՆՔԻՆ ՀԱՐՍՏՈՒԹԻՒՆՆ Ի ՆՉՊԵՍ ՀԱԼԵՊ ՓՈԽԱԴՐՈՒԵԼԻ

Վանքին կարաւանը

1914-ի ամառնամտին սկսող համաշխարհային պատերազմի Ա. տարին, Կիլիկիոյ այլևայլ քաղաքներէն արդէն սկսած էր տեղահանումը դէպի Հալէպ։ Սիսի բնակչութեան մեծ մասն ալ տարագրուած։ Հազիվ ապ մը հայուհիներէն մնացած Մայրավանքին միաբանութիւնը դադարանումով դեռ չէր հարուածուած Ելքի սարսափելի աղէտէն։

Սորին Ս. Օծութեան Տ. Սահակ Վեհափառ Կաթողիկոսը պատերազմին վաղորդայնին կը մեկնի իր Աթոռէն, պաղոմով վանքին իր աթոռը դէպ Ադանայ՝ Կիլիկիոյ մայրաքաղաքը, որպէսզի կարենար աղերսել Մօտ անձամբ կառավարին թելադրանքը իրեն ենթակայ մարդ այլ աղօթս Պոլսոյ Ադանայ վարչութեան Կեդրոնական իշխանութեան վրա, զորս մատակարար տեղահանումները բնաջնջման Հայերու։ Թշուառաբար կարավարաապետ տեղահանումները հաստատուած դէպի Մայրավանք մը ետևէ մէկ հարուածով զեղում էր Պատրիարքին, որ անմիջապէս կը հեռագրէ Վեհին պատմոական ստեփանի իսկութեան մասին, դէպ Հալէպ կը յարդարանա Մտրկուելիք Թուրք-Հայաստանէն, Կիլիկիայէն, Կ. Պոլսէն և այլ հարցուորիներու հակապատկեր վերկենալութեան ահաւոր մրրիկները։

1915 Սեպտեմբեր 3-ին, կաթողիկոսական Փոխանորդ Գերշ. Տ. Եղիշէ Արքեպիսկոպոս Կարոյեան Մարյ կատարապարնիկ գիրշ վերջարանիկ, մեծ կը բեր տարագրութեան հրամանը Աթոռին, մահ մը բերեր տալաթա ոպում երբ տասը օր պայման հայեյալ մանատարության Հալէպ։ Պոլսէն հասած այս հրամաան անսահման խիստ ըլլալով, արդէն մեղեյալ մեր հոգիքին պատրաստութեանց վերջահասան ենք եղել գանձերով կարեւոր Մարյ ուխտագրական, Մաքատանիին պահպանուած Աթոռի նախօրեանից ու ձանածո հեղինակային անհանդարտ գանձերն։

Die Klosterkarawane

Im ersten Jahr des Weltkrieges, der im Sommer 1914 seinen Anfang nahm, hatte bereits auch aus verschiedenen Städten Kilikiens die Armenier-Deportation nach Aleppo begonnen.[6] Der größte Teil der Bevölkerung von Sis[7] war schon vertrieben worden. Nur die kleine Mönchsbruderschaft des Mutterklosters von Sis[8] samt einer Handvoll übriggebliebener Armenier wähnte sich von der schweren Katastrophe des Exodus nicht betroffen.

Zu Anfang des Krieges verläßt der hochgeweihte Katholikos, Seine Majestät Sahak[9], seinen Sitz und begibt sich von Sis in die kilikische Hauptstadt Adana in der Hoffnung, bei der Provinzregierung seinen persönlichen Einfluß geltend machen zu können, daß die von der osmanischen Zentralregierung in Istanbul ergangenen Befehle zur Vernichtung der Armenier teilweise gemildert würden. Unglücklicherweise nahm die Armenier-Deportation nach und nach größere Ausmaße an, so daß der greise Patriarch, verzweifelt darüber, daß seine wiederholten Bitten bei der Regierung ohne Folgen geblieben waren, nach Aleppo ging, einen Sammelort der Exulantenströme, wohin allmählich gewaltige Karawanen deportierter Armenier aus Türkisch-Armenien, Kilikien, Istanbul und anderen Gebieten gelangen.

Am 3. September 1915 bringt der Vertreter von Katholikos Sahak, Seine Gnaden Erzbischof Elišē Karoyean (jeghische Karojan),[10] bei seiner Rückkehr von dem Vertreter der Regierung in Sis die den Tod bedeutende Hiobsbotschaft der Vertreibung. Der Mönchsbruderschaft wird eine Frist von zehn Tagen für die Abreise nach Aleppo gesetzt. Da dieser aus Istanbul eingegangene Befehl endgültig war, sind wir in der gesetzten Frist sehr hart beschäftigt mit der seelenquälenden Arbeit, die kostbaren Gefäße und schweren Gewänder als auch die alten Bücher des achthundertjährigen historischen Stuhls von Sis in speziell dafür vorbereitete

große Kästen unterzubringen. Nachdem wir den wichtigsten Teil des Klosterbesitzes als Lastgut zusammengepackt hatten, warten wir auf den Befehl zum Aufbruch.

Der 13. September [1915], der Festsonntag der Kreuzerhöhung, wird zum historischen Tag des Weinens und Klagens, sowohl für die Mönchsbruderschaft wie auch für die in Sis verbliebene Handvoll von Armeniern. Am selben Tage wird der Schlüsselbund des Klosters der Regierung übergeben. Dieser Anblick war herzzerreißend: Nun, als die letzte Stunde des Aufbruchs kam, stürzten die Tränen in Strömen aus unseren Augen. Unter Tränen küssen wir als letztes Lebewohl die heiligen Steine der Mutterkirche des kilikischen Katholikosats und brechen zu einer Reise ohne Wiederkehr auf. Wir überlassen barbarischen Händen das wunderbar gefügte Mutterkloster des Jahrhunderte alten Stuhls von Sis, errichtet in den Tagen des glückseligen Katholikos Kirakos Mecagorc[11]. Ebenso verlassen wir auf immer den majestätisch-prächtigen Palast des Katholikos von Kilikien samt allen dazugehörigen Gebäuden.

Hier ist besonders der Erinnerung wert der wunderschöne, kreuzgeschmückte Hochaltar im Allerheiligsten der Mutterkirche[12] und der schön geformte Thron[13] des Katholikos. Der Hochaltar war wunderbar skulptiert und völlig mit Gold überzogen, ein Chef-d'œuvre der armenischen Kunst. Der Hochaltar, drei Meter in der Breite, hatte zwölf Stufen,[14] wobei sich über vier feinskulptierten Säulen ein riesiges und ansehnliches Ziborium erhob, dessen Vorderseite mit einem armenischen Adler geschmückt war.[15] Auch über den zwei Seitentüren im Altarraum befand sich jeweils ein Ziborium, in Form und Gestalt dem Ziborium des Hochaltars entsprechend.[16] Besonders der Thron des Katholikos war einmalig in seiner Art: Auf der Höhe von zwei Stufen stand er auf einem Postament. An seinen Seiten waren skulptierte, marmorne Steinplatten aus einem Stück angebracht. Deren Außenseiten schmückten die Darstellungen der vier Lebewesen, Symbole der Evangelisten. Auf den vier Ecken des Postaments erhob sich über vier marmornen Säulen der Baldachin in Form einer Kat'ołikē[17] von zwölf Arkaden mit den Bildern der zwölf Apostel darin.

Wir lassen diese für den kilikischen Stuhl historisch wertvollen Heiligtümer von Sis zurück und brechen am selben Tage auf. Kaum daß wir den Stadtrand erreicht haben, bricht durch ein Mißgeschick das Myron-Gefäß[18] und der geweihte Boden von Sis wird noch ein letztes Mal mit drei Litern des heiligen Myron-Öls gesalbt. Daß dieser Unfall gerade am Tage des Aufbruchs stattfindet, wird für uns zu einem bösen Vorzeichen auf dem blutigen Wege der Vertreibung. Denn von jenem Tage an sind wir von Verzweiflung ergriffen, und die Aussicht des nahen Todes läßt uns schaudern. Dennoch vertrauen wir auf die Hilfe des Herrn, vergraben das auf der kilikischen Ebene ausgeflossenen heilige Myron-Öl in einer eigens dafür ausgehobenen Grube und setzen unseren Weg fort.

Am ersten Tag steigen wir in einem Ort namens Kayan ab, kaum zwei Stunden zu Fuß von Sis entfernt, um am nächsten Morgen unseren Weg fortzusetzen. Gegen Abend erreichen wir das Ufer des Flusses Ceyhan. Dort warten Tausende aus verschiedenen Gegenden Kilikiens vertriebene Armenier darauf, an die Reihe zu kommen, um mit einem Floß an das andere Ufer des Flusses zu gelangen. Die Polizeiwache, vielleicht aus Respekt vor unserem kirchlichen Stand, gewährt uns außerordentliche Erleichterungen, so daß wir ohne tagelanges Warten sofort mit dem Übersetzen der Güter beginnen. In diesem Augenblick jedoch ereignet sich ein neues Unglück. Als wir einen von den Maultier-Wagen, auf welchem sich alle Kästen mit den Schätzen des Klosters befanden, auf das Floß kutschieren, reißt ein Drahtseil, und das Floß, getragen von der heftigen Strömung des Wassers, entfernt sich ziemlich weit vom Ufer und der Wagen sinkt auf den Grund des Flusses. Beim Anblick dieser bösen Überraschung wirft sich aus der Menge der deportierten Armenier eine Gruppe von jungen Leuten aus Hadjen[19] und Vahka[20] sofort in den Fluß. Unter Verachtung der Gefahr des Ertrinkens tauchen sie in das 4-5 Meter tiefe Wasser. Zuerst nehmen sie die Deckbretter von dem Wagen ab und dann holen sie unter langen und kräftezehrenden Mühen die Kästen, einen nach dem anderen, aufs Trockene, darunter auch den silberbeschlagenen und feinziselierten Kasten, schön geschmückt mit den Bildern der alten Patriarchen,[21] in welchem sich die verzierten Armreliquiare befinden, die rechte Hand Grigor des Erleuchters[22] und die Reliquien der heiligen Bischöfe Nikolaus des Wundertäters[23] und des Papstes Silvester[24].

Das Übersetzen über den Fluß Ceyhan dauert lange, so daß es spät wird. Daher übernachten wir am selben Tage noch am anderen Ufer des Flusses. Nach Fortsetzung der Reise erreichen wir nach Verlauf eines Tages Osmaniye, wo sich uns ein völlig anderer Anblick eröffnet. Eine Riesenmenge, die einem Ozean gleicht, von mehr als 10.000 aus der Türkei und anderen Regionen deportierten menschlichen Gestalten wartet nicht weit von der Stadt auf offenem Feld mit aufgeschlagenen Zelten auf den Befehl zum Aufbruch. Es ist wohl nichts Erstaunliches daran, wenn ich sage, daß die riesigen Karawanen der vertriebenen Armenier einigen brutalen und kriminellen Polizisten ausgeliefert sind, welche jeden Morgen, die Peitsche in der Hand, die Zelte mit Schlagen, Beschimpfungen, Verleumdungen und Entehrungen überfallen, bis die Verschickung an ihr Ziel gekommen ist.

Zwei Tage bleiben wir in Osmaniye, danach werden auch wir, wie die anderen, nach Hassan-Beyli auf die Reise geschickt, wo wir - unter dem Vorwand, zerbrochene Wagenteile erneuern zu müssen - ein paar Tage länger bleiben können. In der Zeit, als wir dort waren, äußern die Exulanten aus Hadjen den Wunsch, mit dem zu unserer Mönchsbruderschaft gehörenden Vardapet Barsel Mankrean (Barsegh Mankrjan), der aus Hadjen stammt, als geistlichen Begleiter zusammen an ihren Bestimmungsort weiterzuziehen. Da Erzbischof Eliśē Karoyean[25] wegen Krankheit seiner Mutter gleich am ersten Tage sich von uns getrennt hat und nach Aleppo gefahren ist, bleiben nur noch ich, der Schreiber dieser Zeilen, und Wardapet Kirakos Margarean, der zur Mönchsbruderschaft des armenischen Jakobus-Klosters von Jerusalem gehört, als Führer der Karawane mit dem Klosterschatz übrig.

Der Weg von Hassan-Beyli nach Islahiye ist schwieriger und anstrengender, so daß wir erst am Abend die Höhen von Eintily erreichen, nachdem wir bei Morgenrot aufgebrochen sind. Als wir von dort weiterziehen wollen, brechen nach nur wenigen Schritten bergab die Räder von zwei Ochsenwagen. Und da eine Reparatur unmittelbar am Ort nicht möglich war, sind wir gezwungen, dort zu bleiben. Am nächsten Tag, als es dunkel

wurde, beschleicht uns allmählich die Furcht vor der Einsamkeit, besonders als wir von zufällig Vorüberziehenden erfahren, daß vor einigen Tagen auf derselben Anhöhe ein Dutzend Armenier von türkischen oder kurdischen Tschettehs[26] massakriert wurde.

Diese schlimme Nachricht hat uns noch mehr in Angst versetzt, wir sind ratlos und wissen nicht, was wir tun sollen. Lange überlegen wir, wie wir, ohne eine Minute zu verlieren, aus dem Schlachthaus[27] von Eintily wegkommen können. Verzweifelt kommen wir endlich zu dem Entschluß, daß einer von den Kutschern mit jemandem von uns dableibt, was immer uns auch geschehen möge, und die anderen den Weg bis zur Ayran-Schlucht fortsetzen sollen, damit sie bei dort kampierenden armenischen Deportierten ein Zugtier oder einen Wagen besorgen und zu uns senden.

Nachdem wir einen Teil der Karawane spätabends auf den Weg geschickt haben, warten wir, vorsichtshalber in dem nahen Gestrüpp versteckt, in der furchterregenden Stille der Nacht von Minute zu Minute eher auf den Tod als auf Hilfe. Stunden vergehen, aber keine Nachricht von den Fortgegangenen. In dieser Zeit quälen uns tausendundeine schlimme Ahnung, Schauder vor dem Tode läßt unseren ganzen Körper stark zittern, der blutige Dolch des Türken blitzt in unseren Vorstellungen. Und gerade in diesem Zustand, wo wir schon die Hoffnung auf jegliche Hilfe verloren haben und wir auf das Rudel der Menschenfresser warten, in diesem Moment hören wir Schritte. Der bei mir befindliche Kutscher, einer der Erfahreneren, geht einen Augenblick fort, um zu hören, woher die Laute kommen, und siehe, kurz darauf kommen zwei tscherkessische Kutscher, die auf dem Wege meinen Namen schreien: "Rahib Chad". Von diesem Ruf ermutigt kommen wir in mit Furcht gemischtem Wagemut aus unserem Versteck heraus und nähern uns den Kutschern. Nachdem wir ein vom Vardapet mit den Tscherkessen mitgesandtes Schreiben gelesen haben, beeilen wir uns, belebt wie der aus dem Grab herauskommende Lazarus, die Kästen auf den Wagen zu verstauen, um nach Mitternacht aufzubrechen. Zum Morgenrot erreichen wir sicher

Ayran, wo wir nur wenige Stunden rasten, die gebrochenen Räder der Wagen reparieren lassen und unseren Weg nach Islahiye fortsetzen.

Am dritten Tage nach unserer Ankunft in Islahiye benachrichtigen uns die armenischen Deportierten früh, daß diese Nacht ein armenischer Geistlicher unter der Aufsicht von berittenen Gendarmen dorthin gebracht worden ist. Wir interessieren uns dafür und wollen uns erkundigen, wer er ist und eilen sofort zu dem Wagen, der ziemlich weit von der Deportationsstation angehalten hatte. Eine Person in Zivil mit einem einfachen Hut auf dem Kopf sitzt in dem Wagen, vollkommen niedergeschlagen und verzweifelt. Auf unsere Frage, wie er heißt, gibt er die Antwort: "Bischof Xosrov Pehrikean (Chosrow Pehrikjan)".[28] Unsere Begegnung mit dem Hochwürdigen dauert lediglich einige Augenblicke, dann trennen uns die Gendarmen, da die Stunde des Aufbruchs für den Bischof gekommen ist. Der Wagen setzt sich in Bewegung, die Berittenen dahinter, aber wir wissen nicht, wohin ...

Die Reise von Islahiye nach Aleppo findet unter etwas ruhigeren Bedingungen statt. Nach mehreren Tagesreisen, täglich vier bis fünf Stunden unterwegs, erreichen wir die Station Katma.[29] Die riesige Zeltstadt der Deportierten, die sich auf der Südseite des Weges auf dem offenen Feld erstreckte, setzt uns in Erstaunen. Katma ist ein Zentrum der Verschickung, ein Ort, bestimmt für die Vertreibung der armenischen Deportierten in die Wüsten Syriens und Mesopotamiens, wo wir das erste Mal die frischaufgeworfenen Grabhügel von Tausenden von Armeniern mit trä- nenvollen Augen schauen, die vorzeitig wegen Hunger, Elend und unterschiedlichen Krankheiten umgekommen sind. Eine Nacht bleiben wir in Katma und am nächsten Tag fahren wir nach Kefer-Altun, sechs Stunden zu Fuß von Aleppo entfernt.

Auf dem Weg von Kefer-Altun nach Aleppo, in der Nähe eines arabischen Dorfes, umzingeln uns Beduinen, die aber – wie sich herausstellt –

glücklicherweise zu unserer Sicherheit gekommen sind, um uns zu begleiten. Wenn Gefahr im Verzuge scheint, beginnen sie zu schießen, und dank ihrer mutigen Verteidigung auch von der letzten Gefahr befreit, erreichen wir in derselben Nacht die Stadt Aleppo.

Unser Weg von Sis nach Aleppo dauerte 23 Tage. Trotz mehrerer Abenteuer, Missgeschicke und Überfälle, die auf dem Wege geschehen sind, bringen wir den Schatz des Klosters mit Gottes Hilfe nach Aleppo und übergeben ihn unbeschadet und ohne Verluste an Seine Majestät, Katholikos Sahak.

[Spätere Nachbemerkung von Bischof Xad, ca. 1935:]

Die Wiedererrichtung des zerstörten Stuhls von Kilikien vor einigen Jahren [1930] in Antelias, einem libanesischen Ort bei Beirut, ist ein tröstliches Ereignis für das Armeniertum Syriens aus doppelter, nationaler und kirchlicher Sicht. Wir wünschen, daß dieser Stuhl, auf dem Patriarchen wie Łukas, Ep'rēm und Kirakos thronten, mit jedem Tag blühe und gedeihe - zur Erbauung des Volkes und zum Glanz der Heiligen Armenischen Apostolischen Kirche.

Bischof Xad Ajapahean[30]

1 Die Transliteration der armenischen Eigennamen in der deutschen Übersetzung folgt dem international eingebürgerten Transliterationssystem der armenologischen Zeitschrift *Révue des études arméniennes* (REArm); gelegentlich wird in Klammern eine deutsche phonetische Umschrift geboten.
2 Antelias 1975, S. 166-169.
3 "Die Ähre", Antelias, August-Oktober 1968, S. 306-308.
4 Nachdem obenstehender armenischer Text von uns im Januar 2000 in Jerusalem, im Schatten der *Hagia Maria Sion*, übersetzt und der armenisch-deutsche Text dem Jubilar, Prof. Beltz, im April 2000 in der Kassette der wissenschaftlichen Festgaben überreicht worden war, ist die ihm gewidmete deutsche Übersetzung bereits in einer Monographie verwendet worden: Hermann Goltz, Photographien von Klaus Göltz, *Der gerettete Schatz der Armenier aus Kilikien*, Wiesbaden-Halle 2000, S. 10-18; englisch in H. Goltz und K. Göltz (Photographs), *Rescued Armenian Treasures from Cilicia*, Wiesbaden-Halle 2000, S. 10-18.
5 Die Orthographie des armenischen Originals ist unverändert wiedergegeben.
6 Zur Deportation der gesamten armenischen Bevölkerung aus der angestammten kilikischen Heimat vgl. die klassischen Genozid-Dokumentationen von Johannes Lepsius: *Der Todesgang des Armenischen Volkes*, 4. Aufl., Potsdam 1930 (die erste Auflage, erschienen im Sommer 1916 unter dem Titel *Bericht über die Lage des Armenischen Volkes in der Türkei*) und *Deutschland und Armenien. Sammlung diplomatischer Aktenstücke*, hrsg. und eingeleitet von Dr. Johannes Lepsius, Potsdam 1919. Eine durch Wolfgang und Sigrid Gust präzisierte Edition von *Deutschland und Armenien* ist im Internet zugänglich. Auszüge aus diesen von J. Lepsius edierten Dokumenten auch bei H. Goltz, *Der gerettete Schatz*, S. 130-141 (englische Version in *Rescued Armenian Treasures*, S. 130-141). Beide Dokumentationen von J. Lepsius, sowohl der Bericht bzw. *Todesgang* wie auch *Deutschland und Armenien* sind nun auch vollständig auf Mikrofiches zugänglich in: Hermann Goltz (Hrsg.) unter Mitarbeit von Axel Meissner, Dokumente und Zeitschriften aus dem Dr. Johannes-Lepsius-Archiv an der Martin-Luther-Universität Halle-Wittenberg, München (K. G. Saur) 1999 (Teil 2: Mikrofiche-Ausgabe).
7 Zur Sandjak-Hauptstadt Sis (heute türkisch Kozan), der kilikisch-armenischen Königsstadt, vgl. R. H. Kévorkian, P. B. Paboudjian, "Les Arméniens dans l'Empire Ottoman à la veille du génocide", Paris 1992, S. 290-292.
8 Sis war seit 1298 auch Sitz des armenischen Katholikosats, welches nach den seldschukischen Eroberungen nach Westen ausgewichen war und sich an verschiedenen Orten niedergelassen hatte. Nachdem 1375 dem

kilikisch-armenischen Königreich durch die Mamluken ein Ende gesetzt worden war, ließ sich der Katholikos Aller Armenier 1441 wieder in Ejmiacin in Ostarmenien nieder, während sich das kilikisch-armenische Erzbistum von Sis als Katholikosat des Großen Hauses von Kilikien bis zu Deportation und Völkermord 1915 weiterhin in Sis befand. Zur Geschichte des Kilikisch-Armenischen Königreichs vgl. Cl. (A.) Mutafian, *La Cilicie au carrefour des empires*, 2 Bde., Paris 1988; ders., *Le Royaume Arménien de Cilicie XIIe – XIVe siècle*, Paris 1993; ders., *Roma-Armenia*, Rom 1999 (Katalog der Ausstellung im Vatikan).
9 S. H. Sahak (Χαραγεαν) Katholikos des Großen Hauses von Kilikien, geboren 1849, 1903 zum Katholikos Kilikiens gesalbt, gestorben 1939. Historisches Photo dieses Katholikos, der die Massaker von Adana (Kilikien) 1909 Abdül-Hamid II. 1894-1896, das Massaker von Adana (Kilikien) 1909 und den Völkermord 1915 sowie die Heimatlosigkeit des Katholikosats bis zu dessen Wiederansiedlung in Antelias (Libanon) zu durchleben hatte, bei H. Goltz, *Der gerettete Schatz*, S. 131.
10 Eliša Karoyean, 1873-1943, 1940-1943 At'orakic' (Coadiutor) des Großen Hauses von Kilikien.
11 Kirakos Mecagorc (der "Großes Wirkende"), Katholikos des Großen Hauses von Kilikien 1797-1822, unter welchem Kloster und Kirche von Sis rekonstruiert wurden.
12 Historisches Photo bei H. Goltz, *Der gerettete Schatz*, S. 11.
13 Historisches Photo bei H. Goltz, *Der gerettete Schatz*, S. 12.
14 Offenbar werden hier alle Stufen, einschließlich des Bema, mitgezählt, da der Altartisch selber schon die relativ große symbolische Zahl von sieben Stufen hatte (vgl. das in Anm. 12 angegebene historische Photo aus der Zeit vor dem Ersten Weltkrieg).
15 Nach einer Information, die wir in Antelias erhielten, befindet sich dieser Adler, ein Heiligtum des Katholikosats von Kilikien, heute im armenischen Patriarchat von Jerusalem.
16 Vgl. das in Anm. 12 angegebene historische Photo.
17 Kat'ołike: eigentlich "Hauptkirche", "Dom" – vom griechischen καθολική (ἐκκλησία). Hier gemeint: in Form eines überkuppelten Heiligtums. Angesichts des Gesamtverlustes des marmornen Katholikos-Throns dürfte von Interesse sein, daß wir anhand der historischen Photos ein Detail des Throns entdecken konnten, das doch gerettet wurde. Wenn wir uns nicht täuschen, ist das auf dem Photo die Kuppel des Baldachins krönende Kreuz identisch mit dem Kreuz, das im Kirchenmuseum in Antelias vorhanden ist und bisher als "T'ap'ori mec xač" bezeichnet wird (vgl. das Photo bei H. Goltz, *Der gerettete Schatz*, S. 29). Bisher war nur aufgefallen, daß die Montage des Kreuzes im Kirchenmuseum auf einem nicht passenden Fuß sekundär sein muß. Die Form des Thronkuppel-

Kreuzes auf dem Photo ist der des sogenannten "Prozessionskreuzes", gleich. Daß dieses laut Inschrift 1815 in Sis geschaffen wurde, also in der Zeit des durch Katholikos Kirakos initiierten Neubaus der Kathedrale, macht die Identifizierung noch sicherer.

18 Photos des geretteten Gefäßes für das heilige Myron bei H. Goltz, *Der gerettete Schatz*, S. 13, 80 und 83. Dieses Myron-Gefäß aus der Sophien-Kathedrale zu Sis, welches auch heute in Antelias (Libanon) zur Feier der Myron-Weihe benutzt wird, ist 1817 in Polis/Bolis (Konstandnupolis/Istanbul) von dem armenischen Goldschmied Eleazar Baldasarean (Jegheasar Baghdassarian) gefertigt worden. Gestiftet wurde es für die Kirche der Heiligen Sophia zu Sis in der Amtszeit des Katholikos Kirakos Mecagorc von drei Konstantinopler armenischen Notabeln, den Tschelebi Grigor und Sargis Duzean (Dusjan) sowie dem Amira Harut'iwn Bezjean (Harutjun Bedschanjan). Letzterer hatte 1817 auch die prachtvollen liturgischen Gewänder für Katholikos Kirakos Mecagorc gestiftet, die ebenfalls durch die "Klosterkarawane" 1915 gerettet wurden (vgl. die Photos bei H. Goltz, *Der gerettete Schatz*, S. 31 und 32).

19 Zu Hadjen (armenisch: Haĉn), neben Zeitun einer der berühmten kilikisch-armenischen Bergorte, vgl. R. H. Kévorkian, P. B. Paboudjian, *Les Arméniens dans l'Empire Ottoman*, S. 295-298.

20 Zu Vahka, dem kilikisch-armenischen Ort am Antitaurus, der durch seine bedeutende politische und militärische Rolle als Hauptstadt des armenischen Fürstengeschlechts der Rubeniden (1095-1182) bekannt ist, vgl. R. H. Kévorkian, P. B. Paboudjian, *Les Arméniens dans l'Empire Ottoman*, S. 294.

21 Von diesem, aus den Tiefen des Ceyhan geretteten Kasten der berühmten drei Segnungs-Armreliquiare des Großen Hauses von Kilikien, in welchem zudem das vierte Reliquiar mit der Hand des Hl. Barsauma aufbewahrt wurde, finden sich Photos bei H. Goltz, *Der gerettete Schatz*, S. 15 und 92. Der Reliquienkasten, der an seiner Unterseite mit Inschriften bedeckt ist, wurde im 18. Jahrhundert von dem kilikischen Katholikos Gabriel von Sis zum Gedächtnis seiner Vorgänger im Katholikos-Amt, Lukas (Ghukas) und Mik'ayēl (Mikajel) gestiftet. Der armenische Goldschmied Harut'iwn fertige in Antiochien die feinziselierten Silberbleche, mit welchen der Holzkasten beschlagen ist, samt deren vielfältigen Darstellungen, so u. a. der vier Evangelisten, des Martyriums Grigor des Erleuchters, des Heiligen und des Stifters samt seiner Vorgänger.

22 Hauptheiligtum des Großen Hauses von Kilikien, vgl. die Photos bei H. Goltz, *Der gerettete Schatz*, S. 2 (Frontispiz) und S. 88, mit welchem heute wie damals zusammen mit den Armreliquiaren des heiligen Nikolaus und des heiligen Papstes Sylvester die Gemeinde des kilikischen Katholikosats gesegnet wird. Das Armreliquiar Grigor des Erleuchters dient

23 auch zum Mischen der Ingredenzien und zum Segnen des Heiligen Myrons bei der Myron-Weihe. Zu der an Peripetien reichen Geschichte dieser Hauptreliquie und der anderen beiden Armreliquien sowie der Familie Ajapahean (dieser Name bedeutet wörtliche *Bewahrer der Rechten*, meint also die Aufgabe der Familie Adjapahean, die drei Armreliquiare der heiligen Rechten [Hände] zu schützen und zu pflegen) vgl. den armenischen Aufsatz von B. M. Karapetean, *Die Geschichte der Familie Ajapahean, Bewahrer und Fürsorger der heiligen Rechten [Hände]*: HASK (Antelias, Libanon), 1994, N.S., 6. Band, S. 301-308.

24 Vgl. das Photo bei H. Goltz, *Der gerettete Schatz*, S. 16 und 91. Laut armenischer Inschrift auf dem Nikolaus-Armreliquiar wurde dieses bereits 1325 in Sis restauriert, dann erneut – nach den Beschädigungen auf der Deportation während des Armenier-Genozids – im Jahre 1926 wahrscheinlich in Aleppo. Vom teilweise sehr schlechten Zustand der Armreliquiare nach deren Rettung aus dem Ceyhan zeugt ein wertvolles historisches Photo im Archiv des kilikischen Katholikosats (publiziert bei H. Goltz, *Der gerettete Schatz*, S. 14).

25 Photo bei H. Goltz, *Der gerettete Schatz*, S. 90. Dieses Sylvester-Reliquiar hat laut Inschrift der kilikische Katholikos Ep'rem (Jeprem) von Bałeš (Baghesch), *Geschichte des Königs Trdat* (1569), Ms. Jerewan Matenadaran Nr. 1920: Begegnung Kaiser Konstantins mit König Trdat und Grigor des Erleuchters mit Papst Sylvester) – Von dem vierten, im "Kasten der Rechten" aufbewahrten Reliquiar, der Hand des Hl. Barsauma, findet sich ein Photo bei Goltz, *Der gerettete Schatz*, S. 96.

26 Vgl. zu diesem oben Anm. 10.

27 Tschettehs: irreguläre Milizen.

28 Zu dem Begriff des "Schlachtens" bzw. des "Schlachthauses" im Kontext des Völkermords an den Armeniern vgl. H. Goltz, Armenien und Hayastan, in: *Armeni syn die menschen genant ... Eine Begegnung mit Armenier*, hrsg. von M. Pehlivanian (unter Mitarbeit des Mesrop Zentrum an der Stiftung Leucorea zu Wittenberg), Berlin: Staatsbibliothek zu Berlin – Preußischer Kulturbesitz, 2. Auflage 2001, S. 9-20, speziell S. 19f.

– Offensichtlich begegnete die Klosterkarawane von Sis hier Bischof Chosrow Pehrikean von Kayseri – Caesarea in Kappadokien; vgl. die Liste der 1915 ermordeten, deportierten und eingekerkerten armenischen

[29] Bischöfe und Vardapeten im Bischofsrang bei J. Lepsius, *Der Todesgang des Armenischen Volkes*, 4. Auflage, Potsdam 1930, S. 172 (dort in westarmenischer Phonetik "Behrigian")

[30] Katma wurde als Station der Bagdadbahn 1912 fertiggestellt, die drei Jahre darauf für die Armenier-Deportationen mit Hilfe der berüchtigten "Hammel-Waggons" instrumentalisiert wurde. Die Bahnstation Katma spielte dabei eine zentrale Rolle. Das große Lager, wo nach den Angaben von Lokalhistorikern etwa 60.000 armenische Deportierte umkamen, befand sich westlich von der Bahnstation (vgl. Texte und Photos von der Station Katma in: *Routes and Centers of Annihilation of Armenian Deportees in 1915 within the Boundaries of Syria*, hrsg. von R. Jébéjian, Aleppo 1994, S. 72-75).

Ein historisches Photo von 1940, auf welchem der 57jährige Erzbischof Xad Ajapahean bei der Salbung von S. H. Petros (Bedros) IV., Katholikos des Großen Hauses von Kilikien, zu sehen ist, bei H. Goltz, *Der gerettete Schatz*, S. 173.

Hallesche Beiträge zur Orientwissenschaft Heft 32 (2001), Teil 1

Folgende Nummern sind noch lieferbar:
7, 8, 9, 10, 30, 34

Bestellungen sind zu richten an:
Fachbereich Kunst-, Orient- und Altertumswissenschaften
Institut für Orientalistik, Prof. Dr. W. Beltz
Mühlweg 15
D – 06099 Halle

Der Versand erfolgt durch die Universitäts- und Landesbibliothek Halle-Wittenberg gegen ein Entgelt von 15 € (per Nachnahme)